上图 / 1931年，母亲宋爱真抱着林华宝，旁边站立者为大哥林华清
下图 / 1933年，2岁的林华宝

上图 / 1949年，林华宝（后排左一）与父亲林天和（前排右二）、母亲宋爱真（前排右三）、二姐林华颜（后排右二）、二姐夫杜洪作（后排右三）、四姐林华娴（后排右一）、妹妹林华玫（前排左一）、弟弟林华峰(前排右一)及二姐女儿杜伊林合影，摄于重庆

左下图 / 1950年，林华宝考入清华大学

右下图 / 1951年，林华宝在清华大学宿舍内学习

上图 / 1953年，五名中国留学生（从左至右：戚元靖、裘民川、林华宝、裴黎、王墨耕）在苏联列宁格勒郊外休养时合影

中图 / 1956年，林华宝（二排右三）与同学们在苏联列宁格勒建筑工程学院门前毕业留影

下图 / 1956年，林华宝苏联列宁格勒建筑工程学院毕业照

上图 / 1960年5月，林华宝与余雪敏在上海结婚
中图 / 1980年5月，林华宝在南太平洋海域参加我国首次导弹全程试验
下图 / 1986年，林华宝出席508所青年座谈会

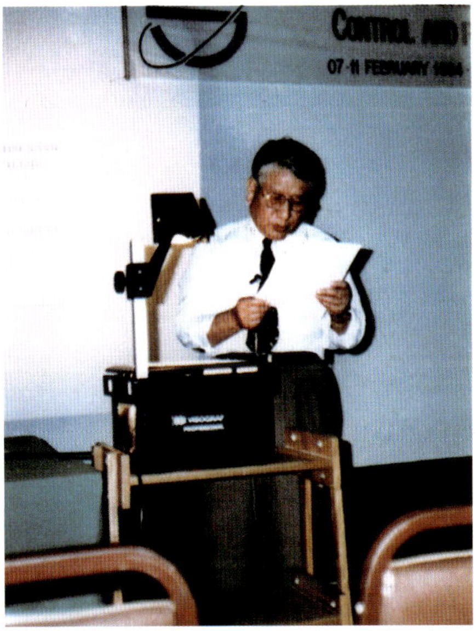

上图 / 1992年7月18日，林华宝（左）向任新民（中）汇报返回式卫星研制情况（右为王希季）
中图 / 1993年10月，林华宝（右）与王希季（左）在酒泉卫星发射中心
下图 / 1994年2月，林华宝在巴西圣何塞参加国际航天器地面控制和飞行力学研讨会

上图 / 1994年9月8日，林华宝（左四）与有关领导观看卫星照片
下图 / 1998年，林华宝（左）与柯受权（右）陪同杨南生（中）参观北京航天城后留影

上图 / 1998年，林华宝（中）与研究生合影

左下图 / 2001年，林华宝在中国空间技术研究院讲解返回式卫星

右下图 / 2000年7月，林华宝夫妇在挪威奥斯陆皇宫前留影

1995年，林华宝与家人在北京合影

林华宝院士传记

Academician Lin Huabao's Biography

《中国航天院士传记丛书》总编委会 组织编写

朱 晴 著

中国宇航出版社

·北京·

版权所有　侵权必究

图书在版编目(CIP)数据

林华宝院士传记 / 朱晴著 ;《中国航天院士传记丛书》总编委会组织编写. -- 北京 : 中国宇航出版社, 2017.8

(中国航天院士传记丛书)

ISBN 978-7-5159-1369-8

Ⅰ. ①林… Ⅱ. ①朱… ②中… Ⅲ. ①林华宝—传记 Ⅳ. ①K826.16

中国版本图书馆 CIP 数据核字(2017)第 207353 号

责任编辑　黄　莘
责任校对　牟宁宁　刘　凯　　**装帧设计**　宇星文化

出版发行　中国宇航出版社
社　址　北京市阜成路 8 号　**邮　编**　100830
(010)60286808　(010)68768548
网　址　www.caphbook.com
经　销　新华书店
发行部　(010)60286888　(010)68371900
(010)60286887　(010)60286804(传真)
零售店　读者服务部
(010)68371105
承　印　三河市君旺印务有限公司

版　次　2017 年 8 月第 1 版
2017 年 8 月第 1 次印刷
规　格　787×960
开　本　1/16
印　张　24　**彩　插**　8 面
字　数　341 千字
书　号　ISBN 978-7-5159-1369-8
定　价　78.00 元

本书如有印装质量问题，可与发行部联系调换

《中国航天院士传记丛书》
总编委会名单

编审委员会

主　　任　许达哲　高红卫

副 主 任　雷凡培　曹建国

委　　员　李金生　方向明　袁　洁　李　跃　包为民

编撰委员会

总 主 编　许达哲　高红卫

副总主编　李　跃　包为民

委　　员（按姓氏笔画排列）

于世元　马礼谦　王亚文　邓宁丰　朱芝松

朱忠元　任玉琨　孙玉斌　李　明　李　锋

陈学钏　张连成　周晓飞　侯　晓　贾　可

梁小虹　谭永华

总编委会办公室

主　　任　周晓飞　朱忠元　邓宁丰

成　　员（按姓氏笔画排列）

丁雅清　于　宁　于　希　王来成　李卫东

杨利伟　辛大广　张铁钧　范占英　唐　燕

徐　睿　戴品华

《林华宝院士传记》
编审委员会名单

编审委员会

主　任　张洪太

副主任　赵小津　李　明

委　员　张廷新　杨孟飞　高耀南　徐福祥　侯深渊

　　　　卢春平　王作为　李　杰　李君三　傅　钢

编审委员会办公室

主　任　卢春平

成　员　张秋梅　魏　强　李　民　陈国宇　刘之辉

　　　　王　硕　王春香

序 一

Preface I

中国航天事业自1956年创建以来，已经走过50多年的发展历程。在党中央、国务院、中央军委的亲切关怀和英明领导下，中国航天人团结一心、顽强拼搏、勇于创新、无私奉献，不仅取得了以“两弹一星”、载人航天工程和月球探测工程为代表的辉煌成就，孕育形成了航天传统精神、“两弹一星”精神和载人航天精神，也造就了一支技术精湛、作风优良的航天人才队伍。

航天系统的中国科学院院士和中国工程院院士就是这支队伍的杰出代表。中国航天科技集团公司和中国航天科工集团公司先后有50多位科学家和航天工程专家当选为两院院士。其中，有7位院士获得过“两弹一星”功勋奖章，2位院士获得过国家最高科学技术奖。他们不仅是航天成就的主要创造者，也是航天精神的重要孕育者和忠实践行者。

中国航天事业是在新中国成立不久，工业实力、科技实力、综合国力都很薄弱，帝国主义严密封锁，苏联撕毁协定、撤走专家的情况下发展起来的。以航天院士为代表的中国航天人，自力更生，艰苦奋斗，奋发图强，顽强拼搏，在一穷二白的基础上，独立自主地创建起了中国的航天事业。

航天型号研制是复杂的系统工程，涉及很多领域，需要众人参与，必须大力协同、集智攻关才能完成。以航天院士为代表的中国航天人，在航天工程研制实践中，齐心协力，密切配合，实现了一次又一次技术突破，铸造了一项又一项辉煌成就。他们为祖国的航天事业作出了巨大贡献，却淡泊名利，不计得失，将个人利益置之度外。

航天事业属于尖端技术领域，难度大、风险高、技术复杂，在发展历程中碰到过很多难题，经历过各种坎坷，甚至遭受过重大失利。以航天院士为代表的中国航天人，在困难和失败面前不动摇、不退缩，树立百折不挠、锲而不舍、脚踏实地、严谨务实的工作作风，不断攻坚克难、勇攀高峰，取得了一个又一个胜利，树立了一座又一座丰碑。

今天，在由航天大国向航天强国迈进的征程中，航天院士的科学思想、创新意识、坚定信念和爱国情怀是全体航天人宝贵的精神财富。中国航天科技集团公司和中国航天科工集团公司决定出版《中国航天院士传记丛书》，不仅是为了宣传航天院士的科研成就，总结航天院士的成长规律，更是为了传承航天院士的宝贵精神，使之生生不息、薪火相传，为“续航天梦、筑强军梦、圆中国梦”的伟大实践提供精神动力和思想源泉。

许达哲

2014 年 1 月

序　二
Preface Ⅱ

中国航天事业创建半个多世纪以来，培养和塑造了一大批功勋卓著、德高望重的中国科学院院士和中国工程院院士。他们具有坚定的理想信念和强烈的爱国情怀，理论功底深厚，技术水平高超，善于引领科学发展和技术创新，在中国航天事业发展的关键时期发挥了重要作用，为中国航天事业取得辉煌成就、孕育航天精神作出了突出贡献。

为了全面、系统地总结航天院士的成长规律，把航天院士的科学思想和创新方法记录下来、传承下去，为中国航天事业积累精神财富，为航天强国建设提供有益借鉴，中国航天科技集团公司和中国航天科工集团公司研究决定，组织编写一套《中国航天院士传记丛书》（以下简称《丛书》）。

党的十八大描绘了坚持中国特色社会主义道路、全面建成小康社会、实现中华民族伟大复兴的宏伟蓝图，同时也为加强国防和军队现代化建设、推进我国由航天大国向航天强国迈进指明了方向。在中国航天事业“续航天梦、筑强军梦、圆中国梦”的新形势下，出版这套《丛书》，具有重大的现实意义和深远的历史意义。

记载航天历史。航天院士是中国航天事业的宝贵财富，他们的成长历程反映了航天事业的发展轨迹。这套《丛书》不仅是航天院士个人的传记，也从不同侧面记载了中国航天从技术到管理、从思想到精神的真实历史。

弘扬航天文化。宣传航天院士，就是站在科学的高度，向社会各界全面宣传航天事业，弘扬航天文化，使其成为中华民族文化宝库的重要组成部分，增强中华民族的自信心、自豪感和凝聚力，提升国家的软实力。

传承航天精神。航天精神是包括航天院士在内的几代航天人，在中国航天事业发展历程中，不断积累、提炼、传承而逐渐形成的，是民族精神、时代精神与航天实践相结合的产物，是中国航天事业之魂。《丛书》全面反映了航天院士的学术成就、科学作风和思想品格，有助于航天精神薪火相传。

培育航天人才。中国航天事业已经完成了新老交替，一代航天新人正在茁壮成长。《丛书》是泽被后世的人才工程，对于培育航天人才、发展航天事业、铸造新的辉煌将产生积极的促进作用。

总之，《丛书》是一套具有航天特色的爱国主义教材，是不可多得的精神食粮。相信这套《丛书》的出版发行，必将吸引更多的年轻人热爱航天、投身航天、奉献航天，以饱满的热情和昂扬的斗志再攀高峰，使中国航天事业后继有人，蓬勃发展，续写辉煌。

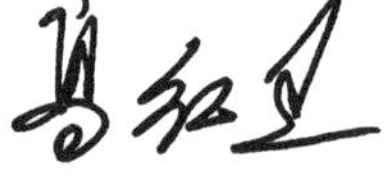

2014 年 1 月

目　录
Contents

引 子

“地瘦栽松柏，家贫子读书”，这是莆田人世代恪守的古训。重教兴学的优良传统使得该地文化昌盛，名家辈出，人文荟萃，不仅是福建著名的历史文化名城，还当之无愧地享有“文献名邦，海滨邹鲁”的美誉。

自唐朝确立科举制至清末废止，莆田举进士者多达2400余人，文武状元22名。学而优则仕，其中官至宰相者15人，尚书70人，最盛时六部尚书中竟有五部由莆田人氏担纲。当地至今还流传着许多科甲佳话，譬如“一家九刺史”“一门五学士”“一科文武两状元”，以及同科状元与榜眼均为乡党的“魁亚占双标”，一家祖孙二人均为状元的“龙虎榜头孙嗣祖”等。

先贤曾经“占尽天下科举风流”，当代莆田人也非等闲之辈：填补了我国半导体材料空白的科学女杰林兰英、打破多项世界纪录的桥梁专家林元培、蝉联十余年世界华人首富的李嘉诚……据不完全统计，当今遍布全国各地的教授以上高级职称者，莆田籍人才有7000余人，含两院院士16位，空间返回技术专家林华宝即其中之一。

林华宝不仅是中国工程院院士，还是国际宇航科学院通讯院士。自1958年以来，他一直工作在我国空间技术战线的第一线，是我国第一位生物火箭系列箭头总体和箭头结构系统负责人，为我国高空生物试验火箭发射成功和载人航天发展先期探索作出了重要贡献。

他还是我国卫星回收技术领域和返回式卫星的开拓者与技术带头人之一，负责研制成功我国第一个卫星回收着陆系统，为中国成为世界上第三个掌握卫星回收技术的国家作出了重要的贡献。他主持研制成功了我国第三代返回式卫星“FSW-2”，并创建出日后成为院里卫星研制工作典范的周期最短、经费最少、安全度最高的新研制程序和模式。

林华宝

林华宝院士传记

Academician Lin Huabao's Biography

第一章

三代牧师 慈善传家济世长

他不仅传承了父母聪颖的天资，学习成绩总是名列前茅，也秉承了他们善良仁慈的爱心，温和宽厚，乐于助人，身边的人无论谁生活中或学习上有困难，他都会尽自己所能地伸出援手。

位于莆田市东南部的南日岛是省内第三大岛，虽不像毗邻的湄洲岛那样享有“东方夏威夷”和“东方麦加”的美誉，却当之无愧地是莆田第一大岛，而且山海兼优，景色丝毫无逊于湄洲岛。站在南日岛上的皇帝山巅，北览千畴绿林枝叶婆娑的蓊郁，南观万顷碧波水天一色的辽阔，心旷神怡，美不胜收。

林华宝的曾祖林振珍原本是长年生活在船上靠捕捞海鱼为生的疍民，因渔船失事而破产后，才举家迁移到南日岛草湖村落户，以打铁锏为主业，间或也外出卖些草药。铁锏是一种装在车轴上，用来减少轴与毂之间摩擦的铁条。

1862 年，由基督教新教派美以美会、坚理会和美普会合并而成的卫理公会传入福建，致力于在民众中宣传圣洁生活和改善社会的主张。次年，在福州小岭堂外设摊卖药的林振珍，聆听堂内牧师宣讲福音后心灵受到感化，虔诚地接受了洗礼，成为莆田历史上的第一位基督教信徒。

接受了耶稣为自己生命的主之后，他不仅引领全家人“归主”，还献身教会以宣传福音为己任。十几年中，他倾心竭力地奔走于城乡之间传教布道，劝诫民众弃绝邪恶，戒吸鸦片烟，倡导“为主而活，过圣洁的生活”。

为此，他不仅脚步遍及莆田、福清、福州、泉州、惠安、永春、德化、仙游等地，

林华宝的曾祖父林振珍（1808—1877）

还多方寻求支持，在草湖村建立了兴化卫理公会的第一座教堂——草湖堂。这期间，他屡受烟贩及信仰不同者的拳打石击，不单被劫匪刺伤过，还曾遭诬告而身陷囹圄，被打得血肉模糊，几近毙命，却始终坚守信念，矢志不移。

成为正职牧师时，林振珍已经六十出头，却全然不顾老之将至，倾全力悉心“看守和照顾着上帝的羊群”，直至最后因病去往天国，享年 69 岁。为彰扬其功德，卫理公会组织教友们举办了庄重的追悼会。

百余年后，拨乱反正的中华大地落实宗教政策，南日岛重新修建昔日被野蛮拆毁的草湖堂。开堂庆典上悬挂着林振珍的遗像，主持人追述其当年业绩以示怀念。2013 年，草湖堂成立 150 年庆典活动上，1300 多位信徒共同缅怀林振珍，感激这位上帝的使者将《圣经》的种子播撒在岛上。

林振珍夫妇育有两个儿子、一个女儿，两个儿子均在省城的学校里接受教育，毕业后子承父志出任卫理公会牧师，女婿亦为宣教师。长子林明山一度主持草湖堂教务，成立南日牧区后成为首任教区长，后受派莆田笏石一带传教，因病卒于任所，享年 59 岁。

次子林明泉系林华宝的祖父，曾为兴化年议会仙游教区首任教区长，除传

林华宝的父亲林天和于1918年大学毕业时留影

教布道外，还致力于教会慈善机构的建设，以美以美会名义向美国教会慈善机构提议，在兴化设立妇女学校和善育堂，教化妇女及培育孤残儿童。其英年早逝，48岁病逝于仙游，遗下两子一女，次子林天和即为林华宝的父亲。

林明泉逝世时，林天和只有5岁，因家道贫寒，很小就在教会开办的美兴印刷厂当童工。进入哲明小学读书后，他迫于生计只能半工半读，且时读时辍，小学毕业时已经是18岁的大小伙子了。

升入哲理中学后，他依然只能半工半读。美籍华人曾校长怜惜其天资聪颖又热衷学习，遂每月贴补膳食及学杂费至中学毕业，随即又承诺负担他入读汇文大学（燕京大学的前身）的全部费用，但要签订毕业后回本教会服务的契约。

虽说大学毕业后若留在北平发展，可以有更多的就业选择，但诚实本分重诺守信的林天和还是遵

1931年，母亲宋爱真抱着林华宝，旁边站立者为大哥林华清

照约定回到莆田，在母校哲理中学任教，并奉母命与宋爱真女士成婚。

宋爱真是位在善育堂成长并接受教育的姑娘，从小养成了吃苦耐劳和认真学习的习惯，上完小学又被教会送到华南大学的中学部就读，毕业后成为一名自食其力的小学教员，直到婚后做了母亲，才辞去工作专事家务。

林天和在哲理中学的工作并不顺利，曾校长离职后，新任校长作风粗暴，激起学生诸多不满，几次学潮导致大家相继离校，一度学生锐减至三十余人。入不敷出的学校濒临关闭，他只好转至道学院任教。

卫理公会不同意学校停办，改派新的校长履职，并调林天和回校任副校长，主管行政。他上任后审时度势，下大力气整顿校风、修葺校舍、增聘教师，一系列行之有效的措施及时扭转了学校的颓势，第一学年入校就读的学生就逾二百，几年后学生更是扩充至五百余人。由于劳累过度，导致原本肺部就有疾患的林天和旧病复发，时常咳血不止，不适宜再留在学校里继续操劳，被调往上海美华圣经会任职，负责宣传推广圣经及办理文牍工作。

1931 年 5 月 29 日，林华宝出生于上海四川北路的余庆坊，此前家中已有一个哥哥、四个姐姐。由于母亲接连生了四个女孩，他的降临不仅受到哥哥姐姐们的欢迎，还得到了父母更多的关爱。据姐姐们回忆，这个弟弟几岁的时候

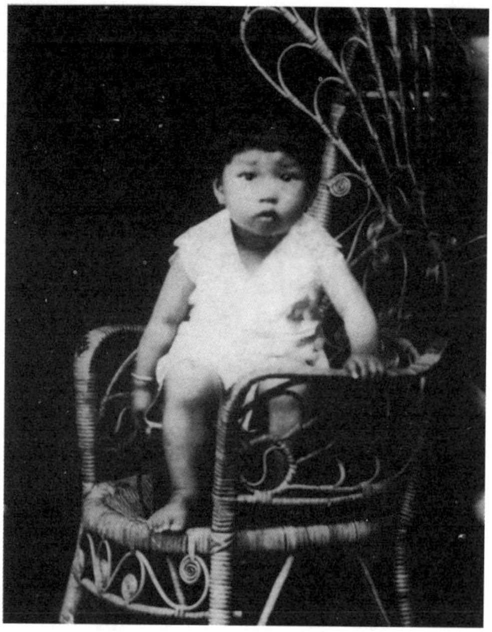
1933年，2岁的林华宝

就穿着由裁缝定做的西服，这在当时的上海也算是相当摩登的行头了。

童年留给林华宝最深刻的记忆，莫过于战争期间的危险动荡与艰苦卓绝。

1937年8月13日，是上海历史上不容忽略的一天。侵华日军以“虹桥机场事件”为借口，悍然发起海陆空全面进攻，上海军民开始了为期3个月的浴血奋战。虽然淞沪会战我方付出了惨烈的代价，并以失败而告终，却粉碎了敌寇“3个月灭亡中国”的疯狂叫嚣。

上海沦陷，南京失守，为了躲避侵略者铁蹄的践踏，人们纷纷逃离家园，踏上风声鹤唳的逃难旅途。已调往南京担任华东圣经分会负责人的林天和因咳血，正在庐山肺病疗养院就医，急忙安排陪侍的长子林华清返回上海，将家人接来庐山避难。

此时，林华宝下面又添了妹妹华玫，弟弟华峰

1937年，林华宝（右一）与大哥林华清（左二）、四姐林华娴（左一）、妹妹林华玫（右二）在上海合影

则正在母腹孕育中。正常年景，人丁兴旺固然是幸事，兵荒马乱之中，一大家子人又是儿童又是孕妇，逃亡旅程自是舟车劳顿、辛苦异常，总算从上海到了庐山。小弟出生后不久，父亲接任新落成的重庆圣经分会负责人职务，全家再次迁徙至这座山城。

空袭可算是战争中杀伤力最强、破坏力最大、近乎摧毁性的血腥手段。作为抗战期间的国都，重庆成为敌机轰炸的主要目标。从 1938 年 2 月到 1943 年 8 月，日军对这座山城进行了为期五年半的“战略轰炸”，先后出动飞机近万架次，跑警报几乎成了人们生活中的常态，有时甚至一日数惊。

惨无人道的侵略者还经常变本加厉，将飞机分成若干批，每两小时一批地进行“疲劳轰炸”，以致空袭警报长时间不能解除。人们一整天躲在阴暗的防空洞内，空气污浊且无食无水，一直要熬到晚上才能借着夜色出来透透气，简单吃点东西，日子过得苦不堪言。

每次空袭过后，一片片民房变成火海，一家家财产化为灰烬，空气中弥漫着刺鼻的硝烟，充斥着伤残者痛苦的哀嚎呻吟。瓦砾遍地的废墟残垣，血肉模糊的伤肢断臂，惨绝人寰的轰炸场面，令人怵目惊心、毛骨悚然。

林华宝一家在重庆的住所——中华圣经会

其中两次空袭给林华宝留下了终身难忘的记忆。一次，一枚重磅炸弹落在家对面的安息日会，三层楼的礼拜堂顷刻间被夷为平地，另一枚小炸弹落在他们住的圣经会墙角不远处，令房屋受损。趁警报尚未解除之际，警察破门而入，搬走了屋内除圣经外的全部西式器具，家中损失惨重。

还有一次情况更糟。每次警报拉响，家人都是就近到宽仁医院旁的防空洞避难。这一日警报拉响数次都是虚惊，来回往返多次也未见敌机来袭，警报再次响起时，大家都不耐烦了，没再跑出去避难。结果敌机真的来了，一枚炸弹落在该防空洞入口处，倒塌的泥土封住了洞口，洞内所有人均窒息而亡。留在家中没有去防空洞的林家人，侥幸躲过了这场灭顶之灾。

战争导致了空前规模的人口大迁徙，机关学校纷纷疏散，黎民百姓举家逃难，重庆几近人满为患。林家住在圣经会的楼上，房屋相对宽敞，又以慈善为家风，尽管自家生活过得很艰辛，还是倾其所有地接待着来自各地流亡的亲友，以及亲戚的亲戚，朋友的朋友，到成都华西坝和到西南联大读书的都要从重庆中转，家中临时搭的地铺上经常睡满了人。

从上小学开始，林华宝就住校，每个星期回家一次，从而锻炼出很强的自理能力。学校每餐只供应主食，菜品需要学生自己从家带，用来佐餐的大多都是便于存放的咸菜之类，他总是让妈妈多放些辣椒，不是因为喜欢吃辣，而是嘴里一辣，饭就容易下咽了。

从小他就好学上进，是个懂得自律的孩子，不单严于律己，对弟弟妹妹也不掉以轻心。街头经常有人摆小人书摊，花点小钱就可以坐在小板凳上看，杂七杂八各种内容的都有。他不允许他们去看，说这些书内容不健康。放假期间，他带着弟弟妹妹在外面做游戏，看到街上有流里流气的人出现，马上就停止游戏，领着他们跑回家去。

假期中，他除了辅导弟弟妹妹学习之外，还教他们背诵一些古典诗词，带着他们唱抗日的歌曲。妹妹华玫一直记得当年二哥教的南唐后主李煜的《虞美人》:“春花秋月何时了，往事知多少，小楼昨夜又东风，故国不堪回首月明中……”，以及他借古喻今地给他们讲解战乱时“故国不堪回首月明中”的哀婉与凄凉。

林天和服务于教会薪酬并不高，牧师之家没有骄人的财富，却从不缺少歌声与欢乐。慈爱的父母对孩子们从不疾言厉色，而是用心营造和睦宽松的家庭氛围，兄弟姐妹间也没有任何隔阂，闲暇时大家聚在一起或说说笑笑，或弹琴唱歌，买不起昂贵的钢琴，一架风琴足以熏陶出孩子们对音乐的热爱，何况还有妈妈甚至爸爸参与其中，独唱、合唱、男女声二重唱，琴声、歌声、欢笑声，

1949年，林华宝（后排左一）与父亲林天和（前排右二）、母亲宋爱真（前排右三）、二姐林华颜（后排右二）、二姐夫杜洪作（后排右三）、四姐林华娴（后排右一）、妹妹林华玫（前排左一）、弟弟林华峰（前排右一）及二姐女儿杜伊林合影，摄于重庆

一家人总是其乐融融。

除了风琴之外，林家还有一台留声机，以及大姐林华媛和大姐夫林汝良从东南亚陆续寄回来的诸多古典音乐的唱片。林家的孩子们对音乐有着与生俱来的热爱，兄弟姐妹几乎都会弹钢琴或拉小提琴，林华宝虽然不擅乐器，却天生拥有一副好歌喉。即便是在战火连天的艰难岁月，每天晚饭后，林家依然会传出阵阵优美动听的旋律和婉转动人的歌声。

林华宝不仅传承了父母聪颖的天资，学习成绩总是名列前茅，也秉承了他们善良仁慈的爱心，温和宽厚，乐于助人，身边的人无论谁生活中或学习上有困难，都会尽自己所能地伸出援手。尤为难得的是他将这一习性保持了终生。

1949年9月2日，重庆朝天门一带的街道发生火灾。由于此前多日无雨，天干物燥又有风，火势借着风力迅速蔓延开来，加之当日因故自来水停供，导致大火殃及多条街道，持续烧了18个小时，焚毁了8000余栋住宅，死伤者逾万，近十万人无家可归。

此时，林华宝刚刚考入重庆大学不久，同学们还都不大熟稔，学校要求住校的学生都疏散，或回家或到亲戚朋友家避难。患难之中见真情，看到一些家在外地又无亲友可投靠的同学无处安置，他便自告奋勇："你们都跟我来吧！"

于是，男男女女一大帮都被他带回家中，好多同学连换洗的衣服都没有带。他就把自己的衣服拿给男同学们穿，姐姐们也拿出衣服分给女同学们。大家非常感动，有人开玩笑说："真不愧是牧师之家，把教堂都开到家里来了"。

林华宝

林华宝院士传记

Academician Lin Huabao's Biography

林华宝院士传记
Academician Lin Huabao's Biography

第二章

德育为先 奠定人生好基础

除了传授知识和强健体魄之外，学校还注重民族精神的培育，劳动习惯的养成，艺术兴趣的启发，品格性情的陶冶。在这样的学习环境中，他如鱼得水，大胆尝试，多方涉猎，全方位地接受养成教育。

林华宝初中就读于博学中学。这是一所来自武汉的著名学校，前身系由英国基督教伦敦会牧师杨格非教授创办于1899年的博学书院，为我国最早的西式学校之一，在盛行科举八股文的时代，便有着“重理算，授生化，近自然，习英文，强体魄”的先进办学理念。

迫于战争的威胁，博学中学几经迁徙落地于重庆，虽早已改制为国人的私立学校，但仍秉承了先师“勤朴博学”的校训，沿袭了教会学校的育人理念，在文理课程之外，还特别重视体育锻炼和英语教学。

无论冬夏，早上6点学生们必须准时起床，十分钟后在操场集合做早操。每天清晨，起床铃一响，训育主任就出现在宿舍中，手里拿着一根竹片，毫不留情地掀起那些赖床不起者的被子，驱赶着他们出去锻炼。

学校规定，期末考试倘若其他课程不及格都可以补考，唯英语不及格者必须留级。迫于留级的压力，学生们都不敢对英语课掉以轻心，因此，该校毕业生大都体魄强健，且拥有良好的英语基础。

初中一年级的第二个学期，班上转来一位新同学，被老师安置在林华宝旁边的空位子上就座。这位新来的同桌，就是日后大名鼎鼎的“世界杂交水稻之父”

袁隆平。林袁二人不仅很快就建立起友谊，还商定了一个互助互惠的君子协定。

林华宝学习不偏科，各科成绩都很优秀，尤以数学最为突出。袁隆平则不然，英语成绩特别好，数学则非常糟糕。这并不是因为他脑子笨，不擅长计算，而是别有缘由——上小学时，他曾认真地请教数学老师："负负为什么得正呢？"

不知是这位老师自己也搞不清楚缘由，还是懒于跟一个小孩子多费口舌，一句简单粗暴的话就把他打发了："没有为什么，你只要记住负负得正就行了！"

他当然不会想到，这是个有着旺盛的求知欲、凡事都喜欢探求个究竟的孩子，听到这样的答复就觉得数学是一门不讲道理的课程，由此便失去了学习它的兴致。

袁隆平课外的兴趣爱好十分广泛，打排球、下象棋、拉小提琴，尤其擅长游泳，小小年纪不但掌握了各种泳姿，还具备横渡长江的体能。林华宝则是只"旱鸭子"，一直不敢贸然下水。于是，二人达成协议，取长补短，互教互学。这个听上去很不错的双赢计划，结果却不尽人意。

日后袁隆平笑言："我教林华宝游泳，他教我数学，他很快就学会了游泳，我却还是不会解数学题，苦思冥想了整整一个晚上都没能解出来的题，到了林华宝那里居然五分钟就搞定了。"

袁隆平、林华宝，当年同用一张课桌的这两个人，日后都因突出的业绩与贡献而先后入选工程院院士，共同为培育他们的母校增了光，添了彩。抗战胜利后迁回汉口原址的博学中学，后来改名为武汉四中。时至今日，该校的校史馆中还陈列着他们当年合用过的那张课桌和那条长凳，各届校友间更是广泛传颂着"一张课桌走出两位院士"的佳话。

初中毕业后，林华宝考入了重庆南开中学。与战时匆匆迁来重庆的学校不同，南开中学是著名教育家张伯苓先生 1936 年在重庆著名文化区沙坪坝创办的学校，以校园环境好、教学水平高、杰出人物多而被后人誉为"人才的沃土，

1947年，林华宝在重庆南开中学宿舍里看书

院士的摇篮”。

别的方面姑且不说，该校1952年前的毕业生中仅两院院士就有26位，其他各界精英更是不胜枚举。老校友“两弹一星”功勋奖章获得者朱光亚就曾不无自豪地说过：“‘两弹一星’的核心成员有四分之一都是我们中学毕业的！”

在中国的教育史上，民国是最灿烂的时期之一，“崇科学，重文艺，讲实用”的教育理念成为不同办学主体的共同选择。育人为本，德育为先，大部分学校都将校徽、校训和校歌视为“立校之基”，其中尤以校歌为重，享有“校魂”之谓。南开体系的各学校更是如此，新生入学伊始，先要接受相关的养成教育。

初次踏入这所学校的大门，林华宝就有耳目一新之感，一流的教学楼和图书馆，标准的运动场，宽敞美丽的校园，整洁明亮的教室，无不超出先前的想象。接受了入学后的养成教育后，他更认识到了她的不同凡响。

言简意赅、曲调悠扬的南开校歌，唱起来和听上去都让人感觉豪迈激昂、荡气回肠：“渤海之滨，白河之津，巍巍我南开精神。汲汲骎骎，月异日新，发煌我前途无垠。美哉大仁，智勇真纯，以铸以陶，文质彬彬，大江之滨，嘉陵

1949年夏，张伯苓校长（中间）与49届部分同学在重庆南开中学校园鱼池畔合影（前排左二为林华宝）

之津，巍巍我南开精神。”

“允公允能，日新月异”八个字的校训则很好地体现了“南开精神”。“公”是社会道德的培养，令学生能知晓尊重公共利益之重要，舍身为公之可贵，藉以养成为爱国爱群之公德，以及为国家民族牺牲之精神。“能”是个人能力的锻炼，充分授予生活必需之知识、技能、体能、才能，让每个学生都具备应付环境、服务社会的能力与责任。

“日新月异”就是进取，创新，求变。张校长希望学生们“不但每个人要接受新事物，而且还要能够成为新事物的创始者，不但能赶上新时代，而且还要能走在时代的前列，每日每月都在进步，要有不断进取的精神，永不停息。”

由紫白两色组成的校徽构思精巧，寓意深远，紫气东来，洁白无瑕，圆圈内的八角形既表示学生们来自四面八方，也喻示着行方智圆、德才兼备、知行统一的育人理念。而以菊花为校花，则取其凌霜不凋之意。

此外，教学楼和办公楼的重要通道处均设有大镜子，提醒过往师生注意仪容仪表，镜框上还镌刻有镜箴。由张校长亲自订立的这40个字的镜箴，要求新生一入学就要背诵下来：“面必净，发必理，衣必整，钮必结；头容正，肩容平，

1948年，林华宝（右一）与同学在重庆南开中学校门前合影

胸容宽，背容直。气象：勿傲、勿暴、勿怠；颜色：宜和、宜静、宜庄。”

镜箴很好地概括了南开学子应有的精神面貌及风度气质，学校的训育目标是使他们养成“生活须刻苦，纪律须严明，精神须振奋，思想须缜密”的好习性。

一心要以教育救国的张伯苓校长认为“强国必先强种，强种必先强身”，强调“必须除掉‘东亚病夫’之骂名”。因此，与博学中学相比，南开中学对体育课的重视程度更胜一筹——文化课不及格可以补考，体育课不及格则一律“默退”，即必须退学，只是不做为开除处理。

无论是出于官宦门第，还是来自贫寒人家，学生没有贫富贵贱之别，一律住普通的校舍，穿简朴的校服，吃寻常的粗茶淡饭，早餐就是稀饭加胡豆。

1948年，林华宝在重庆南开中学操场上锻炼身体

无冬历夏都要清晨六点起床，十分钟整理内务，十分钟洗漱，然后由体育老师带领在大操场跑步做操。

每天下午 3 点半到 5 点半，是雷打不动的“强迫运动”时间，学生全部都被“轰”到操场上，天气不好时还有“风雨操场”备用。篮球、排球、足球、垒球、田径、体操……各项运动任君自选。谁要是胆敢偷懒儿，即便是躲在教室里看书写作业，只要被训导老师发现了，就会被记大过一次。

学校拥有一个标准运动场，400 米跑道环绕着的足球场，跳高、跳远设备齐全，可以举办正式运动会。另有一个大足球场，上体育课时，这两个足球场可分作四个小足球场，也可作为垒球场使用。篮、排球场更多，“风雨操场”则可做体操运动。体育部每天都要准备好几十份篮排足垒球，包括垒球棒、手套等，供各班学生按时领取。

不知是进入了高中的缘故，还是南开的教师队伍确实精英荟萃，林华宝开始有了一种前所未有的感悟——上课和听讲座不仅是积累知识、拓展视野的途径，更是能够滋养头脑、愉悦精神、温润灵魂的美妙享受。

老师们都是注重性灵启发的有识之士，虽所授科目不同，讲课风格各异，却无不精彩：有的层层剖析，环环相扣，条理清楚，论证严密，用缜密的逻辑力量吸引你的注意力，在学到知识的同时，还得到了思维方法的训练；有的如叙家常般娓娓道来，将课堂内容融于简朴、真实的情景之中，让你在静静的思考、默默的首肯中获得知识；有的情绪充沛，讲到精彩处慷慨激昂，口若悬河，扣人心弦，引起你强烈的情感共鸣，师生共同营造出渴求知识、探索真理的热烈气氛；还有的机智诙谐，妙语连珠，善于用生动形象的比喻为你开启智慧之门。

从市区到沙坪坝很远，除寒暑假之外，平时的星期天林华宝很少回家，一则浪费时间，二则车费也是一笔开销，三则校园里的生活多姿多彩，总有活动能激活年轻生命中潜在的兴趣，吸引人兴致盎然地投入其中。

南开中学既有严格的校规、学则和管理制度，又有精神独立和思想自由的好学风，并不提倡学生读死书和死读书，而希望能够全面发展，因而课外活动十分丰富，学生社团名目繁多，演出活动层出不穷，各类壁报五花八门，演讲辩论唇枪舌剑，体育比赛高手如云。

除了学生们自发组织的活动之外，每周五下午的周会，学校还会邀请社会各界名人来开不同主题的讲座，举办音乐会、放映电影。诸位名流思维活跃、见解独到，政治立场不同，思想观点各异，涉及的问题更是不拘一格。

正值人生中可塑性最强的时期，年轻的学子有机会聆听贤达们谈天说地，评古论今，针砭时弊，放言人生，由各种不同观点的碰撞引发思索，对增长知识，开阔眼界，启迪心智，提高思辩能力，拓展兼包并蓄的胸怀，都能起到很好的促进作用，起码步入复杂的社会后，既不会囿于一己之见，更不至于盲从一家之言。

除了传授知识和强健体魄之外，学校还注重民族精神的培育，劳动习惯的养成，艺术兴趣的启发，品格性情的陶冶。在这样的学习环境中，林华宝如鱼

1948年5月28日，林华宝（五排左二）参加重庆南开中学合唱团筹募清寒助金音乐会

1949年，重庆南开中学49届部分同学合影（四排左二为林华宝）

得水，大胆尝试，多方涉猎，全方位接受养成教育。

听了无线电知识讲座，看到同学们自己动手组装的收音机、扩音器，他也被激发出动手的兴趣。寒暑假回到家里，他参照物理课上学过的电学部分，试着动手组装收音机，先是矿石的，后来是电子管的，从一灯机到二灯机逐步升级，不断深入。

父亲的书房成了他的工作间，书桌上堆满了电阻、电容、变压器等元器件。当时还没有电烙铁，只能用小炭炉烧烙铁进行焊接，也没有现成的集成电路板，要自己画线路图，自己绕线圈。

自制的收音机只能用耳机收听，而且必须架天线才能收到信号。对二哥心怀钦佩的弟弟华峰是位得力的小助手，帮着一起到四楼屋顶去架天线。架天线也是因陋就简，只需将两根竹竿竖起来，绷上一根漆包线引到二楼即可。

父亲是位开明而随和的家长，书房被侵占了，书桌上摆满散乱莫名的各种元器件，非但不气不恼，被塞上耳机听到简陋的收音机中短波播放的英语节目后还很高兴，乐呵呵地夸赞儿子长本事了。

林华宝与父亲一样，也是性情温和宽厚，为人热情善良，真诚开朗，加上各科成绩均优秀，谁学习上遇到困难都喜欢找他辅导。他来者不拒，讲解起来不厌其烦，认真负责的态度俨然一位小老师，从而为自己赢得了广泛的友谊，被同学们亲切地唤为“宝儿”。

课余时间，学校图书馆是他经常光顾的地方，大量的阅读不仅丰富了头脑，也滋润着心灵。中外文学作品之外，他还喜欢看科学家的传记，心中最为钦仰、视为偶像的就是詹天佑和茅以升，两位大长中国人志气的科学家。

“勿屈己以徇人，勿沽名而钓誉”“各出所学，各尽所能，使国家富强不受外侮，以自立于地球之上”，詹天佑的遗训成为了林华宝的座右铭。留美归来的茅以升博士主持修建中国人自行设计建造的第一座现代化大型钢铁桥梁的故事，

1949年，林华宝重庆南开中学毕业照

更是让他看得热泪盈眶。

林华宝逐渐形成一个信念，那就是要做一个有理想、有抱负的人，而自己的理想与抱负究竟是什么却并不明晰。在这两位先贤事迹的感召下，他开始树立了人生的第一个目标——做一名水利专家，为改造自然、造福人类的水利事业奉献自己的一生。

高中时期正是人生最重要的成长阶段，心理与身体的发育未必完全同步，心中难免会产生困惑和彷徨，特别需要友情的滋润。在融洽无间、齐心向学的班集体中，他结交了多位意气相投的同学，课余时间经常聚在一起探索社会，憧憬人生，分享心情，共同成长。心灵上的共鸣与契合，令彼此间的情感不亚于兄弟手足，从而缔结下终生不渝的真挚友谊。

在南开中学受到的良好教育，奠定了林华宝积极探索、努力创新、不畏艰难的坚定信念和乐观性格。他也用自己忠贞勤奋、无私奉献的一生，很好地践行并弘扬了“允公允能，日新月异”的南开精神。

林华宝

林华宝院士传记

Academician Lin Huabao's Biography

第三章

北上求学 入读清华学水利

最让他兴奋不已的，是有机会当面聆听茅以升先生亲自讲述建设钱塘江大桥的经历，还观看了实况记录电影。这更加坚定了他献身祖国水利事业的决心，憧憬着将来能参加建设大桥和水电站那样的宏伟工程。

林华宝的理想是成为一名水利专家，高中毕业报考大学时，首选专业就是土木建筑。优异的成绩令他如愿以偿，成为重庆大学工学院土木系的一名新生。

由一代枭雄刘湘主持创建的重庆大学成立于1929年，早在1942年就改为国立大学，并成为全国十所国立重点大学之一，至林华宝入学时，已经发展成拥有文、理、工、法、医、商六个学院和三个研究所、一个专修科的综合性大学。

这所“人文与科学相济而衍”的大学环山带水，独特的地理优势令校园环境格外幽静秀雅，工学院是学生人数最多的学院，校舍也是校园中最具特色的建筑——整座楼房的墙体完全由条石砌筑，入口处为六边形塔楼，将欧式风格与本土色彩巧妙地结合为一体。

环境条件好，所学又是心仪的专业，林华宝每天都按部就班地认真听课和完成作业，也保持着一贯的好成绩和好人缘，却没能拥有安于现状的满足感。重庆大学并不是心中所向往的学府，他有着更高的目标，渴望去见识更广阔的社会，憧憬着“海阔凭鱼跃，天空任鸟飞”的未来，只不过此时的重庆尚未解放，水陆交通又都处于中断状态，报考大学别无选择。

因而，交通刚一恢复正常，他便断然决定放弃已经读了一年的学业，重新再考一次大学，首选目标直指名声显赫的全国最高学府——清华大学。心想事成靠的不是运气而是本事，本来他就是成绩优秀的高才生，再次参加高考如同探囊取物，即便是首屈一指的名校，也还是毫无悬念的一考即中，依然就读土木系。

不过，林华宝在清华也没有久驻，只读了一年半就被选派去苏联留学。

水清木华的清华园堪称读书求学的圣地，旖旎幽静的风光景致，恢弘典雅的建筑群落，静水流深的文化底蕴，很好地诠释出钟灵毓秀这一成语。入学不久，他就深深地爱上了这里。

忆起当年的情形，荣膺院士后的林华宝这样说：“1950 年初秋，我怀着非常激动和无比幸福的心情进入清华园，成为土木系一年级的学生。我在清华园里度过了难忘的一年半时间，一年半在人生旅途中只是短暂的瞬间，却给我留下了那么多美好的回忆……我的一些思想品德、习惯爱好主要是在这里孕育的，我的体格和知识，特别是力学方面的知识，也是在这里打下了比较扎实的基础。”

1950年，林华宝考入清华大学

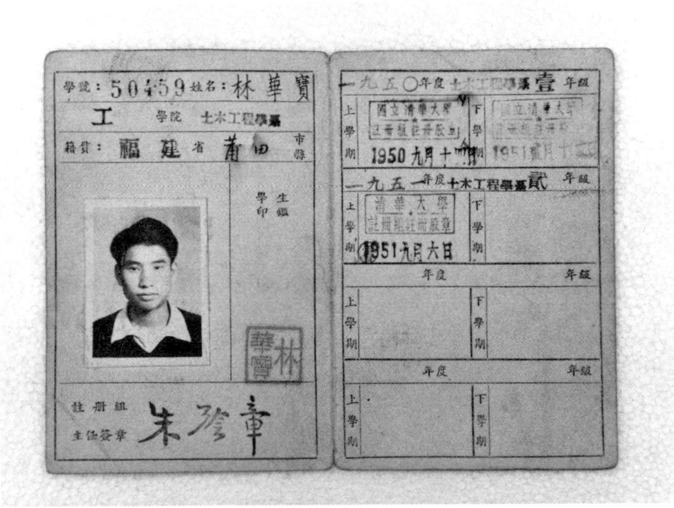

工学院院长施嘉炀系颇具传奇色彩的著名工程教育家。其在美留学五年获取了三个专业的四个学位，28 岁即担纲土木系教授兼系主任，设计并主持建成了清华水力实验馆。土木系的教师队伍人才济济，既有从教多年的资深教授，也有才从国外深造归来的新锐才俊。

正值共和国刚成立不久，人们思想观念还比较混乱，因此学校特别重视对新生的思想教育，实行政治辅导员制度。辅导员由高年级党员学生担任，负责新生们的政治学习，了解他们的思想活动，指导进行包括党团生活在内的各种活动，帮助解答思想上和学习中的疑惑。

土木系的辅导员是四年级的谢吉庭，这位深得学弟们推崇的老大哥，后来留校当了一名教师。正是在他和班里几位团员同学的关心帮助下，林华宝得到了许多锻炼和进步的机会，入校后迎来的第一个青年节就获准成为了一名青年团员。

除了实行辅导员制度外，学校还时常邀请一些社会贤达来为新生们作报告。最让他兴奋不已的，是有机会当面聆听茅以升先生亲自讲述建设钱塘江大桥的经历，还观看了实况记录电影。这更加坚定了他献身祖国水利事业的决心，憧憬着将来能参加建设大桥和水电站那样的宏伟工程。

林华宝性格开朗，为人热情，天生一副好歌喉，还会说快板、拉洋片，不仅文艺方面才能出众，体能上也有不俗的表现，入学不久，就被同学们推选为年级的文体委员，系里的长跑队成立后，又当上了队长。

清华素有重视体育的优良传统，不仅拥有设施齐全的高端体育馆，还有大名鼎鼎的“体坛宗师”马约翰，以及他创立的“第一堂体育课”——每到新学年开学，他都要在大礼堂中为新生们作一次报告，告诉大家体育锻炼的重要意义、清华的体育精神和体育课要求。许多年以后，林华宝都清楚地记得马老那带有浓重广东口音的普通话，以及听报告时自己摩拳擦掌跃跃欲试的激情。

林华宝每周率领长跑队训练三次，每次从学校规定的三条往返路线中任选一条跑：从大操场到西校门、大操场到南校门、从大操场出北门到圆明园。首次上路前，年近古稀的马教授亲自主持开跑仪式，从准备动作到结束后洗澡，详尽地为大家讲解所有程序的细节和注意事项。

文体委员林华宝恪尽职守，除无冬历夏坚持领跑之外，夏季还组织同学们去颐和园内的昆明湖游泳。为了确保安全，事先他与水性好的张津生同学一起去实地勘察水情，插好标杆，并在大家游泳时担当救生员，密切关注每一个人在水中的状况。

一年级的大多课业已在重庆大学学过了，林华宝入读最高学府后，非但没觉得有压力，反倒有种如鱼得水的欢畅感。进入二年级开始上专业基础课，土木系可供选择的专业有土木、水利、环境卫生、铁道等，他毫不犹豫地选定了水利，成为即将成立的水利系学生。

最吸引他的专业课是工程力学，这是理论性较强的技术基础学科，也是解决工程实际问题的重要基础。教这门课的张维教授是先后在英国与德国留过学的工学博士，著名的结构工程和固体力学专家，他的教学经验非常丰富，讲课重点突出，条理分明，深入浅出，引人入胜。教授教得透彻，学生学得深入，

1951年，林华宝在清华大学宿舍内学习

师生间能形成“共鸣”，教与学便成为一种愉快的精神享受。

林华宝对辅导老师卢谦也有着很好的印象，每次交流总能得到茅塞顿开之喜悦。这位刚毕业留校不久的助教确实也不是等闲之辈，日后享有“清华奇才”之誉，靠自学通晓了英、俄、德、法、日等多门外语，成为业绩卓著的建筑技术与建筑经济专家，还创立了独特的外语速成教学法。

虽然走入社会后并没有从事土木工程建筑方面的工作，在清华打下的坚实的力学基础，还是让林华宝受益终生。50年后，在中国工程院的一个小型会议上，他又见到了自己尊崇的张维教授，激动地趋前行弟子礼。当得知他是当年土木系的，如今在航天领域工作后，老先生欣慰地笑道：“看来学什么专业并不太重要，主要是要打好基础。”

大学并不是世外桃源，大学生经常要参加社会活动。抗美援朝战争打响后，学校多次停课，组织学生们到郊区农村作抗美援朝宣传，同学们先后到过清河、卢沟桥、门头沟等地，既做宣传鼓动工作，也借此了解基层百姓的生活状态。

在卢沟桥的下营村进行宣传时，林华宝发挥自己的文艺才能，在台上演唱一曲北方小调《杨柳青》：“高粱叶子青又青，九月十八来了日本兵……”情真

1950年，林华宝（后排左一）同在北京学习的重庆南开中学同学合影

意切的表演打动了台下的几位老大娘，令她们忆起当年日本兵在村里的残暴行径，禁不住泪流满面。

暑假期间，他和一些同学被派到永茂建筑公司，参加反把头的斗争。永茂公司是北京市第一家国营建筑公司，经理由市政府副秘书长兼任。学生们被分配到各个建筑工地，深入工人群众，发动大家参加工会，反对封建把头。

升入二年级后，林华宝又被团组织安排到西郊四季青当夜校老师，每周两次骑自行车前往授课。没过多久，“三反五反”运动开始，清华有大批学生被调到城里参加打击不法资本家的斗争，他和另外两名同学被分配在北京市节约委员会指挥所的人事组工作。

指挥所设在中山公园内的中山堂，负责人是北京市委统战部部长崔月犁。他们的任务是将各个单位调来的人员加以搭配分组，然后分派去各个被检查的单位，有时还要下去了解各个检查组的工作情况。这些工作虽然完全与学业无关，他也都持认真严谨的态度对待，将其视为深入了解社会现实的好机会。

大约过了一个月，林华宝正在专心工作，突然接到电话通知，让他马上回

1995年，林华宝（前排左一）在清华大学与同班同学合影（后排右二为陈厚群院士）

学校参加留苏选拔考试。突然降临的好机遇让他大喜过望，一时间竟不敢相信自己的耳朵，匆匆赶回学校落实后才确信并非是场梦。

新中国成立后，社会主义建设既缺乏资金和技术，又缺少人才和经验，面对西方各国的经济封锁，借鉴苏联的经验和寻求其援助似乎是唯一可行的途径。于是，社会上掀起了全面向“老大哥”学习的热潮，赴苏留学成为诸多学子的首选目标。但因选拔条件十分严苛，能够如愿前往的仅是少数幸运者。

班里与林华宝一起参加考试的还有陈厚群和商镇两位同学，三人都顺利地通过了考试和政审。出国前，他们先要集中在北京的留苏预备部，接受半年的俄语强化培训。这个留苏预备部可是个不可小觑的处所，此乃经周恩来总理亲自批准，并指定由教育部钱俊瑞、组织部安子文和外交部伍修权三位部长共同负责筹建起来的、专为留苏学生强化俄语的培训机构。

在这里，从上第一堂课起就开始全部用俄语讲，没有基础的人完全不知所云。俄语不大好学，尤其卷舌音特别不好掌握，语法也很复杂，名词的变格，动词的变位，对于初入门者都是拦路虎。

除了下功夫尽可能多地背单词外，林华宝还采取课前预习的办法，一个词一个词地抠，一句话一句话地记，开动脑筋摸索规律，努力掌握发音要领，再加上敢于张口说，很快便渐入佳境，强化期满后，应对日常的听说读写已经不成问题。

林华宝

林华宝院士传记

Academician Lin Huabao's Biography

第四章

留学苏联 放弃攻读研究生

能够留下来继续深造，是非常难得的好机会，拿到更高的博士或者副博士学位再回国，身份待遇都会有很大的不同。然而他却不为所动，考虑的不是个人的得失，而是国家的需要。

1952年初秋的一天，怀着对世界上第一个社会主义国家的憧憬，肩负着祖国和民族的重托，林华宝三人与诸多学子一起登上了K19次国际联运列车，在《莫斯科——北京》的乐曲声中，开始了人生中一次重要的旅行。

这是一趟漫长的旅行，北京至莫斯科行程近8000公里，需耗时整整一周。这也是一段壮美辽阔的旅程，沿途多变的风光冲淡了日夜兼程的劳顿。火车离开满洲里就进入苏联境内，行驶在横贯欧亚大陆的西伯利亚大铁路上，即将穿越乌拉尔山脉和西伯利亚针叶林地带。

车窗外的景色绚丽多姿，洁白的桦树林繁茂葱茏，碧绿的大草原苍茫辽阔，金黄的沙漠广袤无垠，湛蓝的贝加尔湖浩瀚壮观，再加上散落其间那些具有异域风情的城市与村庄，展现在眼前的如同一幅色彩斑斓的风景画长卷。

抵达莫斯科之后，陈厚群被分配到莫斯科动力学院继续学习水利水电，商镇被分配到诺沃切尔卡斯克工学院改学汽车和拖拉机专业，林华宝和来自山东大学的裘民川被分配到列宁格勒建筑工程学院，三位同窗只好分道扬镳。

列宁格勒即今日的圣彼得堡，是苏联第二大城市，距离莫斯科还有600多公里。这座沙皇俄国的旧都不仅是文化艺术名城，还是世界最大的科学和教育中心之一，拥有各类高等学府 30 余所。

林华宝就读的列宁格勒建筑工程学院，即今天的圣彼得堡国立建筑工程大学，系 1832 年遵照尼古拉一世的指示而建立，亦是俄罗斯建筑方面最古老的高等学府。学院图书馆不仅藏书丰富，还因藏有著名设计大师瓦隆尼斯、罗斯、斯塔索夫等人的原始图纸，而成为该校的骄傲。

为了让两位中国学子能第一时间领略到该城的优美风光，来接他们的人特意让车子在涅夫斯基大街和花园街绕了一圈儿，给他们留下了赏心悦目的第一印象。报到注册后，二人却着实被吓了一大跳，不知为什么接待人员竟然让他们到宿舍里去找“国民党”，难道是被当成台湾来的了？经过一番求证询问之后，二人才明白纯属误会，原来“国民党”在俄语中是宿舍管理员的意思。

学生宿舍四人一间，林华宝的同屋，一位是建筑系四年级的波里亚，一位是来自匈牙利的二年级同学约瑟夫，还有一位是来自乌克兰的同班同学托利亚。托利亚身材高大，性情憨厚，熟稔之后，林华宝常和班上小个子的瓦洛佳联合起来与他摔跤，二对一也不是对手，每次都被他轻而易举地摔倒在地上。

学校里有三位去年来就读的中国学生，戚元靖、裴黎和王墨耕，清一色都

1952年，林华宝（右）在列宁格勒建筑工程学院与同学托利亚（左）合影

是男生。三位责无旁贷地对新来的学弟在方方面面提供帮助。由于在国内已经学过大学一年级的课程，尤其林华宝都已经上过两届大一了，更希望能够直接插班读二年级。

戚元靖自告奋勇带他们去见校长，当面提出要求。虽然他们的要求让这位校长颇感意外，却没有遭到断然的回绝。稍加思忖后，他和蔼地说："我要请几位老师来考一考，看看你们的水平究竟如何，才好做出正确的决定。"

第一个来考他们的是教理论力学的李弗希兹教授，很快就在黑板上写出了一道流体力学题。恰好林华宝在离开清华前刚学过相关内容，便轻松顺畅地先用矢量分析方法列出运动方程，再经行列式求解给出准确的答案。教授赞赏地说："用矢量分析来解这道题是最好的方法，我们一年级的学生们还没有学过矢量分析，行列式也没有学呢。"

第一题就这样轻松拿下，接下来材料力学、大地测量等科目的临时测试，他们也都顺利通过。经校长特许，二人直接插班读二年级，这样在该校学习的几个中国学生就在同年级上课了。正值中苏两国关系的"蜜月"期，教授们对中国学生十分关心，他们和苏联同学的关系也很融洽，五个中国同胞更是情同手足。

第一年的学习非常艰苦，主要的困难还是语言，教授们讲课语速非常快，许多专业名词听不懂，晚上既要查着字典补笔记，还要完成作业和预习第二天要学的新课，几乎每天都要忙到深更半夜才能休息。

这里的校园生活状况与清华园严整有序的情形大相径庭，不仅宿舍里早晚没有起床和熄灯的信号，而且每个寝室都装有有线广播喇叭，一天 24 小时不停地大声播音，苏联同学又特别活跃，大家说说笑笑十分喧闹。好在年轻人对环境的适应性很强，一两个星期之后，他们就都修炼得“充耳不闻”了，不管四周多么吵闹，都可以心无旁骛地做作业，以及让自己在喧嚣中酣然入睡。

班上的男同学大部分都吸烟，看到林华宝不会吸烟，都感到很惊讶，甚至有人开玩笑地奚落他：“连烟都不会吸，还算个男子汉吗！”

可到了五年级时，他们却又羡慕地说：“华巴什卡，你是好样的，我们现在想戒烟也戒不掉了。”

他们不光有烟瘾，大多还很贪杯，每次聚会总少不了酒，还千方百计找各种理由劝酒，一会儿是“为斯大林的健康干杯”，一会儿是“为毛泽东的健康干杯”，让你不喝都不行。入乡随俗，渐渐地从来滴酒不沾的中国学生们，也学会了喝啤酒，甚至饮用烈性的伏特加，好在都能把持住量，总是浅尝辄止，绝不开怀畅饮。

苏联青年大多性格开朗外向，待人坦诚热情。一个星期日，林华宝正在宿舍里做功课，一位名为萨沙的同学闯进来，非要拉着他出去逛街，几番推脱都不奏效，只好勉为其难地随之前往。

漫步在列宁格勒街头，仿佛置身于一座巨大的露天博物馆，华贵典雅气派非凡的冬宫，富丽堂皇美轮美奂的夏宫，气势恢弘具有童话般色彩与造型的滴血大教堂，寓意深刻匠心独运的青铜骑士，千姿百态随处可见的城市雕塑，材质不一异彩纷呈的大小桥梁，无不是造诣高超的艺术经典。

萨沙俨然是位称职的导游，每到一处名胜古迹都要详细地介绍相关的历史背景、建筑风格、落成时间等。到了下一个星期日，她又把林华宝拉出去故地重游，却由谆谆的讲解改为频频的提问。几次这样有来有往的游览，让林华宝既逛街放松了心情，又熟悉了这座文化名城，还掌握了许多相关的历史知识，真算得上是用心良苦了。

正是通过萨沙的介绍，林华宝才了解到列宁格勒是一座伟大不屈的城市。二战期间纳粹军队占据冬宫、凯瑟琳宫等四座宫殿约两年半，撤退时不仅全部付之一炬，而且四处装置地雷，埋下的炸药多达一吨有余。战后，当地人在马铃薯都填不饱肚子的情形下，勒着裤带开始了废墟上的重建，仅用了三年时间，就重塑了无数毁坏的雕塑，修复了宫殿中的天花板金顶，把花园中彼得大帝的肖像碎片拼装得天衣无缝。

这种对文化传统、历史文物的尊重，不仅表现该市民众对人类文化遗产的责任感和使命感，也是他们文明水平的重要标志之一。

林华宝天生一副好嗓子，歌唱水准也很高，在学习俄文的过程中，还学会

1952年，林华宝（右）与王墨耕（左）、柯利亚（中）参加苏联十月革命游行

了不少俄语歌曲。一天课间休息时，他在教室里随口轻声唱起了俄罗斯民歌《草原啊草原》，没想到刚唱完第一段的最后一句，突然全班同学异口同声地合唱起副歌来。第二段他索性放开歌喉大声唱，大家也把副歌唱至高潮，天衣无缝的配合让他非常兴奋，感觉自己已经完全融入到这个班集体中了。

暑假期间，学校工会特意安排五位中国学生到北部远郊卡芙戈洛沃休养，这里山清水秀鸟语花香，一派北欧风光。他们白天在湖面上荡舟，森林里散步，晚上跳舞看电影，度过了一段轻松惬意难以忘怀的闲暇时光。

身处异国他乡，林华宝仍旧没有忘记少年时水利专家的梦想。出国之前，经常能在报纸上看到有关苏联“伟大的共产主义建设”的宣传介绍，其标志性工程就是大型水电站建设。他对那些报道非常感兴趣，希望在不久的将来，自己也能投身那样热火朝天的工程建设中。

三年级的暑假，他独自一个人乘火车前往斯大林格勒实习，目的就是要亲眼目睹斯大林格勒水电站建设的宏伟场面。晚上车厢里灯光昏暗，中途上来一位老奶奶坐在了对面的座位上，两人随意地聊起天来。你来我往了几句之后，

1953年，五名中国留学生（从左至右：戚元靖、裘民川、林华宝、裴黎、王墨耕）在苏联列宁格勒郊外休养时合影

1954年，林华宝（右一）与同学在苏联列宁格勒北部滑雪场

她突然问林华宝：“你是不是阿斯特拉罕人？”

他如实回答：“我是中国学生，来苏联刚两年，从未到过阿斯特拉罕。”

老奶奶瞪大眼睛打量着他，诧异地说：“噢，原来你是中国人，我怎么听你讲话有伏尔加河下游的口音呀！”

阿斯特拉罕是俄罗斯南部伏尔加河汇入里海处的一个城市，距斯大林格勒还有400多公里，虽然不知道自己怎么会带有那里的口音，但俄语的口语表达能得到这样的认同，已经足以令林华宝喜出望外了。

他来到斯大林格勒最南端运河边上的一个工地实习。工地主任热情友好，安排他担任施工员，负责一栋房屋的施工。一个星期天，这位主任特意带来了夫人和孩子，邀请林华宝与他们一起驱车沿伏尔加河——顿河运河北岸到顿河畔去野餐。

上中学时，林华宝曾读过肖洛霍夫的长篇巨著《静静的顿河》，心灵深深被其宏大磅礴的构思，生动感人的描写，以及顿河两岸哥萨克人在战争时代的生活与命运所震撼。此刻，得以置身顿河之畔，看着清澈的河水从容平静地流淌着，他的脑海中浮现了高大英俊、骁勇彪悍的哥萨克骑兵，恍惚间仿佛融入了那激动人心的历史画卷中。

实习结束后，他从该城最南端乘火车到最北端，再渡过伏尔加河，为的就是一睹斯大林格勒水电站建筑工地上的壮丽景象。位于伏尔加河下游的这座水电站，当年是欧洲最大的水电站，在我国的报刊上被称为“伟大的共产主义建设的标杆工程”。面对千军万马你追我赶的恢弘劳动场面，他的内心感到一阵阵强烈的悸动，真想自己也能投入进去挥汗如雨地大干一场。

1954 年 10 月 1 日，我国国庆 5 周年，列宁格勒城各界人士在高尔基文化宫举行盛大的庆祝晚会。林华宝临时接到通知，要他与一位苏联女演员共同担任节目主持人。二人商量好出场的细节后，做事认真细致的他又把节目单仔细看了一遍，以便对每一个节目的中文译名做到心中有数。

虽然事先做了“功课”，却还是出现了节外生枝的状况：一位歌唱演员唱完预定的曲目后，由于大受欢迎又临时加唱一支歌，女主持用俄文报完曲目后，林华宝一时想不出合适的中文译名，本应译为“诙谐小调”，慌忙间却译成了“滑稽的歌”，引起在场中国同学们的一阵哄笑。苏联朋友则面面相觑，不明白怎么诙谐小调还未开唱，他们就都笑起来了？

从四年级开始，林华宝担任了校内中国学生的团支部书记，参与学校共青团委员会的工作。这也使得他有更多的机会丰富自己在学校中的见闻。

通过大使馆，他了解到自己回国后将会被分配到煤炭工业部工作。因此，四年级的暑假他就申请到顿巴斯矿区实习。位于顿河下游的顿巴斯是苏联的重工业中心之一，顿巴斯矿区则是世界七大煤田之一，不仅储量丰富，而且煤质优良，采掘历史悠久。

在顿巴斯首府，他偶遇一批从河南洛阳矿山机械厂到此来对口实习的同胞。他们诸多人只配有一位俄文翻译，还是位刚从学校毕业不久、对相关技术名词和术语都不大熟悉的年轻人。他们得知林华宝已留苏多年，很希望他能提供一些帮助。

1956年，林华宝（中）在顿巴斯矿区实习

于是，他请假到顿巴斯矿山机械厂，义务充当他们的临时翻译，帮助各位与厂方落实了实习计划，并协助安排好相关的一切，使得双方都很满意。他也为自己做了件有益的事情而感到非常欣慰。

留学期间是不能回国探亲的，本来有个机会可以与姐姐小聚一下，却被以学业为重的林华宝放弃了。在中央乐团工作的四姐华娴要前往波兰华沙，参加在那里举行的世界青年联欢节，途中会经过莫斯科。事先姐弟二人商量好借此机会见上一面，华娴还问弟弟需要带什么东西，得知他所有的零用钱都用来买了书，衬衫不够穿却没钱买了，便给他买了几件带来。

当年通信尚不发达，国内城市之间长途电话联络都很困难，更遑论国际间了，基本是不可能的。到了莫斯科华娴才知道，弟弟正在黑海实习，无法赶过来赴约。无奈，她只好把衬衫带去华沙，再带回国寄给他。

在矿区实习的时间虽然不长，收获还是不少的，亲临生产第一线，林华宝不仅切实体验了煤矿工人的劳累和艰辛，还见识了井巷工程的布局构成、煤炭开采的生产流程，了解了瓦斯浓度监测、通风防爆等高危行业排除安全隐患的一系列措施，并初步领悟到在实际工作中如何灵活应用书本知识。

实习结束后，距离开学还有一段时间，他又顺路到“花园城市”基辅、“黑

1956年，林华宝在苏联列宁格勒某孤儿院

海明珠”奥德萨和多瑙河入海口伊斯玛尔游览了一番，不仅欣赏了各具特色的城市风光，还领略了异彩纷呈的民俗风情。

即将毕业了，班上的同学们轮番邀请几位中国同学，周末时间不是到家中做客，就是举行各种聚会、郊游和联欢活动，充满了依依惜别之情。四年的和睦相处，令彼此间建立了深厚的友谊，暌违几十年后，林华宝有机会出差前往俄罗斯，还抽暇拜访了几位老同学，愉快地重温旧谊，共话当年。

曾任列宁格勒中国留学生会主席和党总支书记的戚元靖询问林华宝：“我看你学习成绩不错，想不想留下来继续读研究生，我可以向大使馆写推荐信。”

他不假思索地坦诚作答：“谢谢你，老戚，我想回国参加第一个五年计划建设。如果有可能，工作几年后再读研究生可能会更好些。”

弹性力学的辅导老师维雅棉斯基副教授也提起了类似的建议：“你知道加斯切夫教授是国际上知名的力学家，愿不愿意做他的研究生，我们教研室可以为你写推荐信。”

林华宝婉言谢绝了：“谢谢您的关心，我当然很愿意跟加斯切夫教授学习深造。不过我想先回国工作一段时间再读研究生，这样效果或许会更好一些。”

能够留下来继续深造，是非常难得的好机会，拿到更高的博士或者副博士

1956年，林华宝在毕业论文答辩会上

1956年，林华宝（二排右三）与同学们在苏联列宁格勒建筑工程学院门前毕业留影

学位再回国，身份待遇都会有很大的不同。然而他却不为所动，考虑的出发点不是个人的得失，而是国家的需要。他认为自己目前掌握的知识已经可以在工程实践中发挥作用了，迫不及待地想要投身祖国的建设事业中，到了知识不够用时，再针对工作需要有的放矢地去深造。

1956年7月，在列宁格勒建筑工程学院学习的五位中国留学生同期顺利通过了毕业考试，归心似箭地踏上了回国的旅途。从小就酷爱音乐，林华宝的行囊中除了一批大部头的俄文专业典籍之外，还有一台精心选购的苏式电唱机和不少古典音乐唱片。

1956年，林华宝苏联列宁格勒建筑工程学院毕业照

1992年，当年一起留苏的同学在北京欧美同学会上留影（从左至右：林华宝、裴黎、王墨耕、裘民川）

1992年，林华宝（左三）在列宁格勒与同学们相聚

林华宝

林华宝院士传记

Academician Lin Huabao's Biography

第五章

一锤定音 结下终生不解缘

所长钱学森浏览了他的学习档案后，微笑着说："你就搞航空结构力学吧！"这句话可谓一锤定音，学土木建筑的林华宝由此契机得以进入航天领域，并且与空间技术结下了一生的不解之缘。

赶得早不如赶得巧，1956 年，全国掀起了“向科学进军”的热潮，急需招兵买马扩充队伍的中国科学院看好归国留学生，经教育部同意从中挑选一批品学兼优者。林华宝有幸被选中，成为中国科学院力学研究所中一名年轻的研究实习员。

显然水利专家是当不成了，也未能结缘煤炭行业，但能够进入国家最高学术机构确是求之不得的大好事，至于具体从事什么工作则无需多虑——对他们那一代人而言，服从组织分配是理所当然之事，祖国的需要就是自己的理想！

直到进入力学所之后，林华宝才知道自己有多么幸运！

刚成立不久的力学研究所，是钱学森回国后牵头创建的第一个科研机构，并亲自担任所长，目的是要让自己在美国科研与实践二十年间收获的“良种”在这里生根开花结果，设定的方向任务是为“上天、入地、下海”三大目标做学科准备。

建所初期暂借哲学所的半座小楼办公，不仅人员短缺，连个实验室都还没有，林华宝来得可算是正逢其时。钱学森浏览了他的学习档案后非常满意，微笑着说：“不错，你就搞航空结构力学吧！”

这句话可谓一锤定音，学土木建筑的林华宝由此契机得以进入航天领域，并且与空间技术结下了一生的不解之缘。初出茅庐就能在钱学森、钱伟长、郭永怀、杨南生、程世祜等著名大科学家麾下工作，真是做梦都不敢想的幸事。

与这些科学巨擘的近距离接触，他不仅学识上受益匪浅，还从他们身上感悟到高尚的人格魅力，学习到严谨的治学态度及不断开拓进取与实事求是的科学精神。钱所长亲自为新分来的大学生授课，不单讲专业领域的前沿课题，还讲科学和音乐的关系，告诉他们艺术修养可以开拓科学创新思维，教大家如何欣赏钢琴协奏曲。

林华宝被分配到弹性力学组，组长是毕业于加利福尼亚理工学院的郑哲敏博士，研究方向为“航空结构的热应力分析”。在芝加哥伊利诺伊理工学院毕业的力学博士程世祜的指导下，他系统地学习了弹性壳体的非线性理论、气动力加热理论和热传导理论等。

结合壳体工作的需要，所里正筹建热应力实验室。除日常的学习与课题研究之外，他还参与实验室的建设，由部队复员的刘朝元充当助手，两个人从采购材料设备，到加工试验用的零部件，大包大揽大胆尝试，终日忙得不亦乐乎。

高温测量仪、高温弹性模量测定、静动力应变仪等，当时在我国还都属空白。好在程世祜先生既有深厚的理论功底，又有多年在国外工厂实际工作的经验，以及机械制造、设计和实验方面的相应知识。在他的具体指导下，实验室很快初具雏型。

此外，林华宝在俄语方面的优势也得到了很好的发挥。中苏友谊尚未破裂，时常有苏联专家应邀来所里访问或讲学，所里没有专职翻译，每次都由他来兼任，快捷机敏的反应，清晰流畅的表达，恰如其分的双语转换，总能赢得宾主双方的满意。

1956年，林华宝（右）陪同由钱学森邀请的苏联专家在北京参观

力学所发展势头很好，在不到两年时间内，不仅人员增加不少，力学大楼平地而起，各种实验室也陆续建成，就在林华宝沉浸在力学世界中，意趣盎然地深入探究着时，命运之神悄然而至，改变了他及身边许多人事业发展的轨迹。

1957 年 10 月 4 日，苏联第一颗人造卫星飞上天宇，从而揭开了人类空间活动的序幕。时隔半年，在竺可桢、钱学森、赵九章等科学家的建议下，毛泽东主席发出了高瞻远瞩的伟大号召："我们也要搞人造卫星！"

1958 年新年伊始，中国科学院部署了研制火箭和卫星的任务，并将其定为当年的头号任务，代号为"581"，力学所的科研方向也随之转向为国防尖端科研服务。"581"领导小组由钱学森任组长，赵九章、卫一清为副组长，任务是研制以“东方一号”火箭为运载器的高空地球物理火箭箭头。

程世祜率林华宝等人被分派到新成立的“581”组，程世祜担任火箭结构分系统的技术负责人。在他的指导下，只用了不到一个月的时间，他们就完成了这枚代号为“T-1”的箭头结构系统的方案设计。

接下来，以力学所部分人员为主，又从清华、北大、哈工大等高等院校，借调来一批尚未毕业的学生及青年教师，组建起负责卫星总体设计和运载火箭研制的中科院第一研究院，代号为1001设计院，郭永怀为院长、杨南生为副院长。

这是我国的第一支航天技术队伍，有幸成为其中的一员，林华宝感到非常兴奋，虽然尚不了解航天领域的具体状况，但知道空间技术既是一个国家综合国力及科学技术发展的重要标志，也是保卫国家安全必不可少的战略构成。能够有机会亲身参与开创这一宏伟的事业，让他内心充满使命感与自豪感！

正值“大跃进”的狂热年代，全国上下都要让“一天等于二十年”，行行业业都在争先恐后地“放卫星”，从事卫星火箭研究的人，当然也不能畏首畏尾裹足不前。这些从未见识过火箭，甚至连普通产品都没搞过的青年人，雄心勃勃地进驻了西苑大旅社10号楼的临时办公地点，准备热火朝天地大干一场。

这里原本是慈禧太后禁卫军的兵营，为保密起见，大门口不挂牌子，但是有军人24小时站岗。大家被告知所从事的是需要绝对保密的工作，即使对父母配偶等最亲密的人也不能有点滴的泄漏，不仅工作内容绝密，工作地点也不可外泄，通信地址是一个信箱号。

这样一个高级别的涉密单位，人们却连个正式的出入证都没有，进出大楼的凭据仅是一张从笔记本上撕下来的小纸条，上面由杨南生手书出入者姓名，并盖有他的私章。当初简陋的情形可见一斑。

既缺乏火箭卫星的基本知识，又不具备工程设计经验，大家的心气却很高，敢想又敢干，把指标定得高得惊人，卫星重量要超过美苏第一颗卫星的重量，火箭的推进剂要采用世界上还没人敢用的高能推进剂，还要在第二年的“十一”前完成发射，为的是向国庆十周年献礼。

近百名仓促集合起来的“外行”们，没日没夜地苦干了一个月，奇迹般地完成了据说可以发射100千克卫星的三级液体推进剂运载火箭“T-3”的结构总图，与加工出来的“T-1”箭头模型一起，在中国科学院举办的“自然科学跃进成果”展览会上展出，得到了中央领导的高度评价。

进行理论探讨和完成图纸设计相对而言还算简单，要真真切切把火箭打造出来并发射上天，可就不是仅凭部分科研人员加班加点动脑筋就能够实现的了。集诸多复杂的尖端技术于一身的火箭制造，需要大量严谨的试验验证与精湛的工艺加工，如若不能按部就班地逐项予以落实，“上天”的任务无异于纸上谈兵。

北京是一座历史悠久的文化古都，但工业基础非常薄弱，根本找不到能够胜任火箭精密部件加工任务的工厂。上海既是文化名城，亦是民族工业的发祥地，我国最早的工业重镇。为了把中科院的科研力量与上海的工业基础技术能力结合起来，确保卫星和火箭的研制工作能够顺利展开，经与上海市委协商，决定将刚成立几个月的1001研究院从北京迁到上海，更名为上海机电设计院，由中科院和上海市共同领导。

以柯庆施为首的上海市领导及上海市科协，非常重视与中国科学院的这一合作，不仅把位于该市最好地段——原法租界淮海中路的淮中大楼拨给上海机电设计院作办公楼，把岳阳路上过去法国人住的小洋楼充当该院职工宿舍，还调来最好的服务人员提供后勤保障。

市政府将T-3火箭的零部件及试验设备的加工生产任务，分别下达给上海柴油机厂、四方锅炉厂、空军某修配厂等企业。这几家定点厂都为此而成立了相应的保密车间，形成一个完整有力的生产加工协作网。除此之外，凡该院工作上有需要，市里总是一路绿灯地大力协助和提供方便。

因院长郭永怀另有任务在身，由副院长杨南生率领百余位员工来到上海。在此基础上，上海机电设计院又从各大学、中专和技校调集了部分即将毕业的学生，并从上海各厂调来一些有丰富实践经验的工程技术人员和政工干部，还调来上海机床厂厂长艾丁担任党委书记，汇聚成600余人的团队。

这是一支非常年轻的队伍，技术人员的平均年龄只有21岁。领导技术队伍的两位主帅杨南生与王希季，也才不过37岁。二人同为西南联大机械系毕业生，前者的行政职务是副院长（院长空缺），后者先是技术总负责人，后来任总工程师。

杨南生祖籍福建海澄县（今龙海县），在英国曼彻斯特大学获得力学博士学位后回国，先后在长春第一汽车制造厂、中国科学院数学所和力学所工作，是钱学森筹建力学所的得力助手。王希季系云南大理白族人，美国弗吉尼亚理工学院硕士研究生毕业，先执教于大连工学院，后随院校调整进入上海，调入上海机电设计院前为上海交通大学副教授。

1998年，林华宝（左）与柯受权（右）陪同杨南生（中）参观北京航天城后留影

几十年后回顾往事时，见贤思齐从善如流的林华宝曾坦言：“杨南生与王希季是我人生中两位重要的贵人”。

在他心目中，比自己年长整整十岁的这两位不仅是领导，更是兄长，是益友良师。他常以自己的亲身经历告诫后辈：“一个年轻人刚参加工作时，能得到经验丰富的长者指点是非常重要的，要懂得珍惜这种机遇，不断提高和完善自己，学会培养宽广的视野，站在更高的层次上看问题。”

当年，温文尔雅、平易近人的杨南生是力学所里从国外留学回来的高级研究员中唯一的共产党员，也是林华宝心中暗自仰慕的偶像和效仿的榜样。不论当初在西苑旅社为“T-3”的结构总图而狂热奋战阶段，还是南迁上海后为“T-7M”及“T-7”冲上云天而艰苦创业期间，在其麾下工作心情都非常舒畅，言传身教、耳提面命中收获了颇多的启迪与教益，以致多年以来只要不是正式场合，他从不叫“杨院长”，而总是尊称“杨先生”。

王希季可以说是林华宝事业上的引路人，一起工作了几十年，大半生为人处世都受到他以身垂范的影响。王希季很早就相中了这个聪明好学、既踏实肯干又严谨诚信的年轻人，经常有意识地交付些重要的任务，并精心地加以点拨和培养，使之在工作实践中不断得到锻炼和提高，从而成为自己最信

1993年10月，林华宝（右）与王希季（左）在酒泉卫星发射中心

任、最得力的助手。

德高望重的王希季为人耿直率真，工作中容不得半点瑕疵与懈怠，广受尊崇与爱戴的同时，私下也不免被一些人称为“倔老头儿”。说起与其40多年的共事，林华宝用了一个很特别的词来概括自己的感受，那就是“幸福”。

在与这位长者的长期接触中，他不仅及时将汲取到的学识经验、行事风格、治学态度和人格品质落实在日常的工作与行为中，还将不断得到的种种关爱与栽培悉数珍藏在内心的深处，并投射在更年轻的同事们身上。

中国科学院党组书记张劲夫与相关市领导，出席了机电研究院的成立大会。他们热情洋溢的讲话，深深鼓舞着这些刚刚步入社会的年轻人，更加坚定了大家不怕艰难险阻、勇于为祖国尖端科研事业献身的信念。

所有开创事业的第一代都很艰难，会有许多意想不到的问题和矛盾需要解决。在尖端科技领域，旧中国留下的是一张白纸，而年轻的共和国又处在西方的封锁与孤立中。不具备火箭方面的专门知识，既没有相关的技术资料，又不可能得到任何外援，他们全部的拥有只是开创祖国航天事业的豪迈激情，勤于学习勇于探索的蓬勃朝气，以及“初生牛犊不怕虎”的大无畏精神。

1001设计院带到上海的方案是计划用来发射我国第一颗人造卫星的运载火箭，第一级火箭为"T-3"，第二级火箭为"T-4"。"T-3"设计为大型高能液体火箭，采用液氟和甲醇为推进剂。这种推进剂虽然有很高的比推力，但液氟具有剧毒和强腐蚀性，连美苏这样的科技强国，都还从未在航天工程中使用过。

不要说这些刚刚走出校门的年轻人，就是杨南生与王希季这样的"老"先生，对火箭和卫星研制也不具备任何现成的经验。院里从中科院和相关高等院校请来专家教授，系统地为大家讲授空气动力学、飞行力学等相关的理论知识。

杨南生、王希季都是工科研究生毕业的才子，受过严格的学术训练，有着扎实的理论基础，对以前没有接触过的学科，触类旁通地掌握起来也不是很吃力。通常是他们针对工作中的需要有的放矢地学习，领悟后就及时传授给年轻的技术人员们付诸实施。院内各科室风气都非常好，每一个人都既好学又肯干，大家边学边干，边干边学，学了就干，不懂再学。

八层高的淮中大楼曾是上海最奢华的公寓之一，地理位置非常好，东边毗邻国泰电影院和襄阳公园，南边面对上海音乐学院，不仅楼内设施齐全，后院还建有车库和餐厅。自从成为机电设计院的大本营后，每天从傍晚直到半夜，大楼各层的窗户都是灯火通明。别的年轻人大都在电影院或公园消磨闲暇时光，林华宝他们却还埋首于书本或图纸中，勾勒着向太空冲刺的蓝图。

白天大家忙于各自的工作，或潜心研究探索，或埋首数据处理，或认真分析测试，或前往协作单位开展工作，过了吃饭时间也不知道饿，忘了喝水也不感觉渴。尽管劳累了一天，晚饭后却谁也不肯去宿舍休息，就像约好了似的都回到办公室继续工作，当他们拖着疲乏的身子走出大楼时，通常都到了皎月西沉、夜阑更深的时辰。

与刚迈出校门的新同事们比起来，27 岁的林华宝算得上是有一定资历的老大哥了。他沉稳干练，先后被委任为结构动力学小组的组长和结构试验大组的组长，负责探空火箭的结构设计与研制，以及相关的力学分析和环境试验。

根据领导指示，他率先在组内开展学术讲座，给大家讲结构动力学、如何去设定边界条件、结构试验中的各种测量技术、电阻应变仪及各种类型振动传感器的原理和使用、锥壳的计算方法等，还用从力学所带来的丹麦应变仪给大家做材料力学性能检测的示范操作。这些内容并非都来自大学时期的知识储备，

1959年8月6日，242组全体人员欢送顾玉林、颜廷富（前排左一为林华宝、二排左一为余雪敏）

不少都是他利用业余时间刻苦自学的，有的甚至就是“现买现卖”。

刘朝元长期与林华宝住在同一间宿舍里，对他坚持不懈的好学精神留有极深刻的印象：“他几乎没有一天不看书，除了专业书籍外还自学外语，不单学英语，还学法语、德语和日语，再加上本来就精通俄语，各种外文资料拿过来就看，不光自己看，还把用得上的内容翻译出来给同事们参考……”

工作条件很艰苦，没有现成的资料，他带领着满怀激情的青年们摸索着边学边干；没有现代化的计算机，大量数据处理就靠一台小型手摇计算机和计算尺；火箭结构的强度需要进行试验，别说测试设备，就连实验室也没有，他们就尝试着自力更生动手制作镜式引申仪，想方设法创建实验室。

说起来简直令人难以置信，我国现代火箭研制史上第一个结构实验室，竟诞生在上海龙华十三厂的一间旧厂房中。该厂是空军的飞机修理厂，林华宝他们入驻后，一头扎进了废品仓库，一番搜寻后，修旧利废、因陋就简地建起了一间小小的实验室，一台报废的压床经过装配和调试后，再配上一个千斤顶，就成了最早的结构静力试验设备。缩小比例的“T-3”火箭壳体的静力试验，以及一些弹性薄壳的研究性试验，都是在这间简易实验室里完成的。

随着研制工作的全面铺开，淮中大楼日渐显现出局促，且不再具有扩展的余地。经上级协调，机电设计院于 1959 年 5 月迁往虹口区四达路。这里是上海财经大学旧址，东西两个宽敞的院子，各有办公大楼和配套设施，打通后成为一个两幢楼的独立大院，保密性非常好。大院北面东西走向的祥德路上有几栋楼，原是财经大学的教职员宿舍，正好用作设计院的职工宿舍。

办公大楼系日伪时期的建筑，南面是走廊，北面是办公室。结构动力学组的办公室在西大楼一层，顶西头南面有一间 70 多平方米的大房间，正好可以用作实验室。房间内原本是铺着木地板的，要改建成实验室必须浇水泥地面，以便安装大压床等。

没有安装及建筑工人，连电焊都是研制人员自己动手干。身强力壮的林华宝带着组里的陈成荣、胡稿川、戴永德、于真有、刘朝元、谈怀根等人，自己动手搞土建，挖土方、打石子、扛沙子。三伏天从事重体力劳动，大家中午也不肯休息，有的人伤了手指还坚持轻伤不下火线。

没有吊重设备，配重用的大块铸铁都是靠人工搬运。一向身先士卒的林华宝当仁不让，搬了一块又一块，一个不小心，沉重的铁块坠落下来砸在脚上。同事们见他不哼不响的样子，也没以为伤得有多重，到了医院脱下袜子，才发现脚部一片血肉模糊。医生诊视后断定伤势最重的那个脚趾已不可能康复，必须将骨头被砸碎的部分截掉。

都说“伤筋动骨一百天”，脚趾受伤更需要卧床休息，可这位缺少了半截脚趾的伤员却根本躺不住，只休息了短短的几天，就一瘸一拐地现身于劳动现场，真真切切地达到了忘我的境界。

这个克服了许多困难建成的结构实验室，与空军修理厂的实验室相比算得上是“鸟枪换炮”了，不仅面积扩大了不少，还拥有了正式的压床和电磁振动台等设备。在这里先后完成了 T-5 火箭尾段静力试验，以及尾翼的静、动力试

1960年，上海机电设计院21大组荣获“青年红旗突击队”称号（后排右一为林华宝，二排右一为余雪敏）

验，还做了“T-7M”和“T-7”火箭结构部件的静力试验等。

由于贡献突出，林华宝领导的集体获得“上海市先进集体”和“青年红旗突击队”的光荣称号，他还作为代表出席了上海市先进工作者大会。不久，上海机电设计院党委又为他颁发了“1959年—1961年我院先进工作者”奖状。

为了配套齐全，进一步发展航天事业，机电设计院再度搬迁，来到了位于上海西南近郊的松江。这里完全是依据该院的需要，“量身定制”建造的“航天大院”，一条马路将办公区与生活区隔离得泾渭分明，办公区主楼是行政大楼，东西两翼为各研究室的办公地点，后面是各室的试验室；生活区除了三栋宿舍楼外，食堂、澡堂、医务室、托儿所一应俱全。

迁到新址后，最让林华宝兴奋的是筹建起了一个颇具规模的实验室。这个基建面积 1500 平方米的实验室不仅宽敞明亮，而且完全是按结构组提出的技术指标、由上海华东设计院的专业团队负责设计和施工、建成的非常正规的结构实验室。

为了各种试验的需要，他申请到一笔不菲的经费，订购了振动台、热工仪表、压扭试验机、德国进口的八线笔录仪等一批先进的设备。在这个代号为 202 的实验室中，先后完成了多种探空火箭结构的全套静动力试验，还完成了某型号导弹试制批的全套静动力试验，以及导弹发射架的静力试验。

由于院内各室都还没有类似设备，除满足本组的试验需要外，其他科室有需要时，他不仅提供设备，还不计较分内分外地协助工作。发动机室热试车时，他多次带着振子示波器前往江湾机场内废弃碉堡改成的土试车台，帮助测量发动机的推力曲线。空气压缩机不清楚转速，他主动用闪光测速仪协助进行测量，事无巨细，只要有需求，就会鼎力相助。

对林华宝而言，工作没有分内分外，只要有需要就不惜效力，而且绝对认真负责。他应邀到上海科技大学力学系讲授火箭结构力学，整整讲了一个学年。没有教材，他自己编写教材，没有复印机，他用蜡纸在钢板上一字一字地刻写，刻完后再用油印机一份一份地印出来，装订好送到学生们手中。

迅速赶上世界先进水平的愿望十分强烈，却忽略了现实的工业基础和技术实力。一干人马呕心沥血地完成了“T-3”的方案设计，一些部件已经下厂试制了，由于选用的高能推进剂尚处于化学家在实验室里做出样品的阶段，且毒性太大，根本找不到能够生产的厂家，无奈这枚大型高能火箭“胎死腹中”。

就这样，为国庆十周年献礼发射卫星的良好愿望泡汤了，虽然让人深感遗憾，大家却没有因此而变得消极沮丧。这些航天界的开路先锋们，具备不怕输、不服输的良好心理素质，怀着必胜的信念，越挫越勇，知难而进，不达目的决不罢休。

国家进入“三年困难时期”，中科院党委根据中央的指示精神，提出“大腿变小腿，卫星变探空”的工作方针，决定暂停大型运载火箭和人造卫星的研制，以探空火箭开路，开展高空探测活动，以便通过实际工作了解空间技术和培养相关人才，扎扎实实地为发展人造卫星打好基础。

探空火箭是发展空间技术不可缺少的试验工具，具有结构简单、成本低廉、用途广泛、发射方便的优点，适用于对近地空间进行环境探测和科学实验，因探空任务的不同而分为气象火箭、生物火箭、核试验取样火箭等多种类型。

上海机电设计院设计研制的第一枚探空火箭代号为“T-5”，比“T-3”小很多，推进剂为酒精和液氧，这两种原料国内都有。“T-5 ”虽然不能用来发射卫星，但可用来做飞行试验，并由此进一步掌握火箭技术。

林华宝对“T-5 ”的特别贡献在于动力学分析上——用黎茨法和伽略金法，计算了全箭的横向、纵向和扭转振动固有频率与振型。

相对于我国当时的国情，“T-5 ”的技术指标仍然偏高，攻克了难度相当大的一些技术问题，终于完成了设计、制作和总装工作，却因发动机没有试车条件，能承受 -180℃以下低温的供氧软管无法落实等，无法达到发射状态，而最终成为一件漂亮的展品。

尽管如此，大家做的也不是无用功，“T-5”的研制，加深了技术人员对探空火箭复杂性的认识，这对以后的研制工作具有重要的指导与借鉴意义。

林华宝

林华宝院士传记

Academician Lin Huabao's Biography

第六章

勇闯高空 探空火箭入云端

一群饥肠辘辘的人，一天三顿烂糊面加咸菜，经常还要在半饥饿状态下工作到深夜。他们绞尽脑汁考虑的不是如何填饱自己的肚子，而是怎样艰苦奋斗、白手起家，让中国的探空火箭早日飞上高空。

机电设计院领导层认真总结了经验教训，认为要想在短时间内取得突破性的进展，必须先抑制住奋勇向太空冲刺的热切愿望，一步一个脚印，循序渐进地稳步前行，经上级批准，做出了研制工作由小到大、从低级到高级、逐步发展的决定。

新的研制目标是代号为“T-7”的探空火箭。为了“T-7”能够顺利研制成功，研制队伍克服了急于求成的迫切心态，采用稳扎稳打的战略战术，决定先做一个“T-7 ”缩比的模型火箭“T-7M”，作为练兵。

“T-7M”是一枚由硝酸和苯胺、糠醛混合液为推进剂的主火箭和固体推进剂助推器串连起来的两级无控制火箭，起飞重量是 190 千克，总长度为 5345 毫米，主火箭发动机推力为 226 千克，有效载荷仅 19 千克，飞行高度只有 8~10 千米。

箭头组与试验组合并为 21 大组，林华宝担纲大组长，率黄琨让、姜美丽和林仙友等，一起接受了研制“T-7M”回收系统的任务。回收系统的气动力减速靠的是降落伞，火箭飞至弹道顶点附近时箭体和箭头分离，分别由降落伞实现减速，保障以安全的设计速度软着陆。

大家只在电影和画报上见过降落伞，除了外形，一无所知，如何着手进行设计？他们先到上海跳伞塔向跳伞运动教练请教降落伞的基本知识，又借阅相关资料进行深入学习，搞清楚原理和结构。航天用降落伞与航空用降落伞虽然原理相通，但因环境条件、开伞高度、承载重量等截然不同，而要复杂得多。

林华宝等人大胆改进，摸索着设计出图纸，采购来面料、绳索等材料，先从同事家中借来两台家用缝纫机，又从服装厂请来两位制衣师傅帮助加工。我国第一批火箭回收用的降落伞，就这样在几个小伙子的单身宿舍里问世了。

研制经费少得可怜，一切都是因陋就简，火箭头体分离的爆炸螺栓是火工装置，具有一定的危险性，没有火工品实验室，他们就在江湾机场内那座废碉堡后面进行各种爆炸试验。为了给爆炸螺栓配制点火装置，他们买来成打的电筒小灯泡，敲碎后小心翼翼地检出细细的钨丝，外面包上一层薄薄的硝化棉，主装药用的是黑火药，第一批爆炸螺栓就这样制成了。爆炸螺栓与降落伞上的时间控制器，则由价值七块钱的小闹钟改装而成。

负责火工品的史瑾文第一次手持单位介绍信去部队联系火药时，着实让见多识广的司令员吓了一跳："什么情况？怎么一个扎着辫子的小姑娘居然来要炸药！"

得知是研制火箭需要后，他还是忍不住问了一句："这可是炸药啊，难道你就一点不害怕吗？"

"有什么可怕的，我干的就是这份工作呀！"史瑾文的回答让司令员刮目相看，不由得想起了豫剧里的一句唱词——"谁说女子不如男！"

小姑娘也好，小伙子也罢，机电设计院里的这些热忱质朴、敢想敢干的年轻人，为了开创祖国的航天事业，真的可以做到将个人生死置之度外。

一系列地面试验完成之后，该进行空投试验了，空投模型由一段粗木料和用白铁皮敲成的箭头组成。一行人来到龙华机场，都是第一次乘坐飞机，进入机舱后免不了好奇地看看这里，摸摸那里，不知是谁无意间触碰到了爆炸螺栓的控制开关。

突然听到“嗒、嗒、嗒”的声音，林华宝立即警觉地扑上前去，将模型紧紧地抱在怀里，大声喊道：“快躲开，模型要爆炸！”

说时迟，那时快，随着“砰”的一声响，机舱里顿时升腾起一团浓烈的硝烟。片刻之后，一个满脸黢黑的人从烟雾中走出来，怀里还抱着同样黢黑的模型。看着同伴们余悸未消的惊愕目光，林华宝轻描淡写地笑着说：“幸亏爆炸螺栓的威力不大！”

虽说是有惊无险，毕竟是有可能危及生命的事，非但不及时躲避，反倒要英勇献身，事后当有人问起他当时是怎么想的时，得到的回答却是一句朴实无华的话：“没多想什么，只是觉得飞机比我贵多了！”

多年后提起当时的情景，有人开玩笑说：“那一刻才发现原来你的牙齿那么白呀！”

连续两个批次的空投试验结果都不尽人意，大家认真分析失败的原因后逐一加以改进，接下来的试验终于达到了理想的效果。回收系统是否真的成功，还有待于“T-7M”发射的实战考验。

要发射火箭，必须有一个既适合进行发射，又便于保密的场地。为此，杨南生率林华宝等人一起外出勘察。他们一行四人先乘吉普车到位于上海东南端的南汇县，又改骑自行车前往最南端的东海边，再沿海塘北上直到川沙县。骑车来回转着比较，最后他们相中了南汇县老港镇东进村一处地势开阔、人烟稀少的沿海滩涂。

于是，这里成为临时军事禁区。

发射场破土动工时，林华宝又带领组里的男同胞们，到工地抬水泥，打基础。没有可以行车的道路，20 米高的发射架先由汽船运到老港，剩下的十多里滩涂全靠人们手抬肩扛一步步挪过来，再借助两台手摇卷扬机将其竖立起来安装好。

大家克服了种种困难，发射场从选址、设计、加工制造设备，到建成投入使用，前后只用了不到三个月的时间，电站、仓库和简易发射控制室一应俱全，虽然非常之简陋，却实打实地是我国第一个火箭发射场。

为发射试验，试验队员们乘敞篷运货卡车到老港镇，然后身背行李，肩扛设备，在滩地上徒步“急行军”来到这里。冬日的海边特别寒冷，呼啸的海风不大一会儿就能把人吹得透心凉。潮湿的滩涂上，用芦席搭起的简易棚子就是他们栖身的处所，稻草铺就的地铺就是大家睡眠的卧具。

正值“三年困难时期”，饥饿是亿万中国人普遍的感觉，研制火箭的人也不能幸免。每人一个月 20 多斤口粮，缺油少肉没鸡蛋，连青菜都无法满足需要。不少人因营养不良而得了浮肿病，大家却没有一句怨言，照样干得热火朝天，发射前的准备工作紧张有序地进行着。

面对这样一个进度紧、条件差、困难重重的开创性工程，共和国的优秀儿女们义无反顾地知难而上，始终保持着无私奉献的崇高理念、高昂饱满的工作热情。一群饥肠辘辘的人一天三顿烂糊面加咸菜，经常还要在半饥饿状态下工作到深夜。他们绞尽脑汁考虑的不是如何填饱自己的肚子，而是怎样艰苦奋斗、白手起家，让中国的探空火箭早日飞上高空。

多么可敬可爱的一个群体，多么可歌可泣的一种精神，多么可钦可慕的一种境界！这确实是中国当代史上一个催人奋进的精彩片断，一阕感人至深的悲壮诗篇！正是这些忘我的拓荒者，以他们冲天的干劲和沸腾的热血，写就了我国航天史册上慷慨豪迈的第一乐章。

1960年2月19日，中国第一枚完全由国人自己设计、自己制造，没有一件“洋”物和一丝“洋”味的液体推进剂探空火箭“T-7M”，完成了发射前的一切准备工作，静静地伫立在20米高的发射架上，只待一声令下就腾空而起，向遥远的天际冲刺。

不仅上海机电设计院的领导悉数前来督战，钱学森与上海市几位主要领导，以及驻沪空军的首长等，也都亲临发射现场。

这枚火箭的试验任务主要有三项：一、主火箭与助推器连接及其在高空自动脱离技术；二、助推器脱离后主火箭在空中自动点火及安全启动技术；三、当火箭飞行到弹道顶点时，箭头与箭体自动分离及降落伞回收箭体的技术。

以现在的眼光来看，这次发射条件的原始和简陋到了匪夷所思的程度，令人无论如何也难以将之与火箭这样的尖端技术项目联系在一起，这样的发射现场，恐怕在世界航天史上也堪称空前绝后。

发射火箭所必需的许多辅助设备都是代用品：没有吊车，火箭用类似于辘轳那样的绞车吊上发射架；没有推进剂加压设备，就用自行车打气筒为压力源，一下一下地将推进剂压入贮箱中；没有自动的遥测定向天线，就靠几个人用手转动天线来跟踪火箭……

就连这些代用品他们也无力购置齐全，许多东西都是从兄弟单位借来的：吊火箭的绞车借自安装公司，观察用的望远镜来自海军部队，经纬仪为同济大学所有，气象设备由气象台提供，柴油发电机是向当地驻军借的。

田埂上用砂土包垒成防护墙的草棚就是“指挥所”，芦席为墙、油布蓬为顶的“发电站”里，一台借来的50千瓦发电机就放在黄土地上。没有扩音器，没有步话机，也没有电话，不论是总指挥下达命令，还是各环节进行联络，要么靠扯着嗓子高声大喊，要么借助手势向对方示意。

16时47分，一切准备就绪。随着总指挥王希季的一声令下，主任设计师潘先觉按下起飞电钮，火箭点火后，顺利地沿着发射导轨腾空而起，划破东海上空，助推器完成使命后自行脱落，主火箭继续飞行。人们翘首观望，只见“T-7M”在滚滚浓烟中呼啸飞奔，随着发动机喷射出来的刺眼白光直冲九霄云外。

遥测跟踪获得的数据表明，火箭飞行正常，到达8千米高度的弹道顶点时，爆炸螺栓起爆，箭头与箭体自动分离，分别打开各自的减速伞，当箭头下降到距地面3千米高度，箭体下降到接近地面4千米高度时，开伞螺钉爆炸，借助减速伞的阻力拉出各自的主伞。

回收装置经受住了考验，实现了高低空开伞的设计要求，高空开减速伞以降低下降速度，低空开主伞以缩小飘移距离，两者有机结合确保了落点的精确，两顶主伞分载着箭头和箭体徐徐而降，落入预定海域之中。在海军舰艇的协助下，装有仪器设备的箭头完好无损回收。

三项试验任务均圆满完成，发射试验成功了！

成功了，终于成功了！“T-7M”从开始设计到发射成功仅用了5个月时间，他们成功地从“T-3”“T-5”的阴影中走了出来，成功地选择了一条正确可行的前进道路，成功地将中华民族的第一枚液体推进剂探空火箭推向曾经高不可攀的云端。

人们激动地跳着、喊着，艰苦创业的艰辛，晨兴夜寐的劳累，以及朝思暮想的企盼和提心吊胆的期待，此刻全部化为成功的喜悦。现场的每一个人心里

1960年2月19日，T-7M
火箭发射成功

澎湃着豪迈的激情，眼中充盈着兴奋的热泪，脸上绽放着灿烂的笑容。这种因实现了共同的憧憬而被激发出来的群体振奋，实在是人性中的至诚、至善、至美。

“T-7M”是我国探空火箭技术取得的第一个有工程实践意义的成果，虽然飞行高度只有8千米，这短短的8千米在我们国家的航天史上，却有着重大的里程碑意义。它标志着我国空间科学技术从理论探索成功地转入了工程研制，在走出地球、奔向太空的征程上实实在在地迈出了第一步。

虽然此次回收的技术手段比较原始，却是一个良好的开端。在此基础上，林华宝等人又继续探索，不断提高，不断前进，先后解决了在60千米以上高度的开伞问题、物伞系统在高空的稳定性等问题。

1960年5月28日晚7时30分，毛泽东主席莅临位于延安西路的友好大厦（今上海展览馆），视察陈列在上海新技术展览会尖端技术展览室里的T-7M火箭。他先关切地询问了火箭的研制情况、科技人员的生活状况，然后站在火箭旁边，认真地听技术人员的介绍，还拿起产品说明书翻阅。

听工作人员汇报说，“T-7M”是在没有苏联专家，没有相关资料，没有外国设备的“三无”情况下，由平均年龄只有二十几岁的年轻人为主体的技术人员研制出来的，毛主席高兴地连声说：“好！好！”

得知火箭只能飞 8 公里（千米）时，他轻轻地“哦”了一声，看上去仿佛有些遗憾，但很快又笑了，用力挥挥手中的产品说明书，爽朗地说：“了不起呀，8 公里也了不起！我们就是要这样，8 公里、20 公里、200 公里地搞上去！”

“T-7M”大获成功后，我国第一代气象火箭中的率先型号“T-7”的研制工作全面铺开。距毛主席视察不过 4 个月时间，“T-7”就将火箭的飞行高度从 8 千米发展到 60 千米，随后发射的“T-7A”更进一步将飞行高度提高到 115 千米。

“T-7 ”的成功是我国空间科学技术史上取得的一个重要发展，从而揭开了中国火箭探空活动的序幕。“T-7A ”是“T-7”的改进型号，最初是作为气象火箭研制的，后来发展成空间技术试验火箭，相比“T-7 ”不仅性能与发射高度都有显著提高，有效载荷的重量也增加到 90 千克，达到了当时国际气象火箭的先进水平。这标志着我国的探空火箭已从试验阶段步入了应用阶段。

“T-7A”试射时，由于开伞时速度过高，致使锦纶质地的伞衣熔成网状，林华宝与同伴们对降落伞气动加热问题进行深入研究后，采取了一系列综合措施，既能满足最小开伞速压的要求，又能经受住气动力加热的影响，卓有成效地确保了日后一连串探空活动中“T-7A”的不俗表现。

在此基础上，我国火箭技术不断得到提高和发展，随着国家经济走出低谷，研制经费有了基本保障，陆续建成了专门的火工装置实验室、回收控制机构实验室、降落伞加工工段和实验室，也无需再土法上马敲手电筒灯泡，而改由专业灯泡厂按要求制作的专用的桥丝加工成引火头，还有了由继电器控制的单触点时间控制器，及具有不同控制时段的多触点时间控制器。

林华宝

林华宝院士传记

Academician Lin Huabao's Biography

第七章

生物火箭
犬鼠结伴游高空

他喜欢富有挑战性的工作，愿意不断挖掘自己的潜能，有信心遵照科学规律去解决研制中可能出现的各种问题。生物火箭飞行试验的成功，使我国成为世界上少数几个能用火箭进行动物飞行试验的国家之一。

液体推进剂探空火箭的试验过程复杂、体积大、投入多，发展固体推进剂的小型化火箭是大势所趋。为此，我国的航天开拓者们在研制“T-7 ”的同时，就密切关注国内固体推进剂发动机的进展情况，提出气象火箭实现固体化的研究课题。

“T-7”系列定型后，研制队伍即开始了新的攻坚战——研制第二代气象火箭“和平二号”。这是两级全固体无控制小型火箭，最大飞行高度达 75 千米，能将 10 千克重的气象探测仪器送到 60 千米以上的高空，对中层气象参数进行综合测量，箭头仪器可以安全回收。

林华宝是“和平二号”火箭结构系统的负责人。在设计和研制的过程中，有许多需要解决的问题，二级火箭尾翼面积究竟多大合适？从亚声速到超声速采取怎样的防振措施？如何处理好质量中心和压力中心的关系？他想方设法搜集相关的外文资料及图片，翻译出来与同事们一起借鉴探讨，在此基础上设计出几种不同的方案进行优选。

在研制过程中，他和胡国樑、包锦忠等同事们努力贯彻杨南生副院长和王希季总师的设计思想，尽量采用新材料、新结构，如一级尾翼采用的是化铣结构，二级尾翼采用的是不锈钢蒙皮泡沫塑料夹层结构，二级分离采用的是隔盘式分离机构等，还创造性地设计了头锥开壳机构、测风弹射机构等。

敢于用新技术，需要的不仅是胆识和勇气，更重要的是坚实的科学基础，他们的每一个举措、每一步推进，都经过了缜密的分析、认真的计算、反复的试验，都是由众人的心血与汗水浇灌而成的结晶。

要减轻尾翼结构的重量，没有资料可参考，他与杨守和、戴永德等人经过理论探讨、专项试验和数据计算后，别出心裁地设计出运用复合材料新结构的图纸，又带领包锦忠、传志祥等人动手制作出底边为 600 毫米的直角三角形、等厚度蜂窝夹层平板尾翼。

没有加工设备可利用，全凭自己琢磨着干。看上去结构简单、平淡无奇的尾翼，成型工艺相当原始，工序却十分复杂，制作过程可算是大费周章：为了尽可能地在保障强度的前提下减轻尾翼重量，他们运用仿生学，根据蜜蜂制作同等蜂窝空间而最节省原材料的原理，把尾翼内部结构做成六角形。

为了实现质量最小而强度最高的目的，他们在制作工艺上别出心裁，采取先用简易滚筒将一条条切割下来的铝箔分别滚压成半六角形，再手工把一种特殊的胶小心翼翼地涂抹在接面上，一层层叠起来对成一个个六角形，并用数百个发卡夹住后加压，放进烘箱内固化成型后制成蜂窝芯。

尾翼的外框是铸铝件，要剖出合适的上下平面，必须先把蜂窝芯嵌入外框中，怎么才能防止蜂窝块变形呢？几个聪明人一番奇思妙想之后，想出了一个颇为费事的“笨”办法：先将樟脑熔化成液体灌入蜂窝内，待其在常温下凝固再铣削加工出上下平面，然后加热熔出樟脑，最后顺利完成了上下蒙皮的胶接。

对此，有人开玩笑说：“蜂窝里酿出的不是蜜，而是樟脑球。”

可别小觑这因陋就简的土法上马和原始落后的手工打造，他们推出的轻型尾翼不仅经受住了强度和振动环境的试验，并在飞行考核中获得成功，还开创了航天领域复合材料及蜂窝结构研究与运用的先河。在此之后，返回式卫星仪器舱蜂窝夹心结构的舱门盖、通信卫星的太阳电池壳，以及新一代卫星和运载火箭都有应用，而且复合材料新工艺的路越走越宽广，前景无限。

蜂窝夹层结构尾翼的强度能否符合设计要求，需要进行强度性能测试，他们自己没有设备，只能借用上海材料研究所的设备。试片要用甲酸进行处理，甲酸有着强烈的刺激气味，不仅刺激皮肤和黏膜，还有可能引起眼睑水肿、鼻炎、气管炎，甚至化学性肺炎。既没有通风设备，也没有防毒面具，几个人就在那间十几平方米的小屋里毫无防护地进行着操作。

林华宝在蜂窝尾翼研制中立有汗马功劳，可不知出于什么原因，在工作总结中为此而受到表扬的居然没有他，似乎这项工作与他毫不相干。同事们为他愤愤不平，他却不以为意："这有什么呀，原本也不是为了表扬而做的。"

"和平二号"首次飞行试验即获得圆满成功，使用性能优于"T-7"和"T-7A"气象系列，验证了研制人员大胆创新的科学性与合理性。在位于西北核试验基地的火箭气象站，"和平二号"分5批先后进行了48次探测，取得了该地区上空大气温度、大气压力和风速、风向等数据，为我国的核试验气象保障工作提供了可靠的第一手资料。

令林华宝等人备感欣喜的是，他们的贡献还不仅于此，随后，“和平二号”又被改制成“和平三号”“和平四号”“和平五号”，先后发射了五十余枚，初步完成了某些场区核爆炸后的大气取样任务。

人类在征服宇宙的道路上，通常需要先用动物做各种试验，有了相当把握之后，人才可能上天进行试验。1963 年，中国科学院生物物理研究所出于发展太空生物学和太空医学的需要，提出利用探空火箭改装生物试验火箭，将大白鼠和狗送上高空进行试验，用来研究飞行和失重条件下，对生物生命活动产生影响的要求。

多次飞行试验表明，“T-7A”的性能可靠，回收装置已经达到相当的水平，完全具备用来进行生物高空飞行试验的条件，只是还需要另行研制出能满足动物生存条件的生物箭头。总工程师王希季将研制 T-7A(S1) 生物火箭箭头，包括箭头总体和结构设计的任务，交给了林华宝领导的团队。

与以往设计的箭头不同，这将是一个有生命存活的舱体，生命保障系统、数据获取系统等一系列的关键技术亟待研究和解决。虽然清楚地知道这副担子的分量不轻，林华宝还是高高兴兴地接了过来。他喜欢富有挑战性的工作，愿意有机会不断挖掘自己的潜能，也有信心遵照科学规律去解决研制中可能出现的各种问题。

他带领冯纪生、林仙友、沈伟良等同事反复探讨研究，按生物试验的要求对箭头进行了重新设计，使之包括密封生物舱、保障生物存活的供氧系统、摄影系统、测量心电图变化的遥测系统、满足生物承受力的减振隔振和回收系统。

其中最重要的部分，是供生物在飞行中居住和活动的生物舱。其分为上下两层，上层置一有机玻璃盒，是白鼠自由活动的场所，盒上方装有摄影机，下层为装于特制固定器中的大白鼠和小白鼠的栖息地，还安置有 12 支生物试管，其中分别装有果蝇、须酶等生物样品。为了确保生物的安全软着陆，回收系统特别采用了减速伞和主降落伞的二级减速装置。

设计是否合理，需要通过各种相关试验进行反复验证。初次研制缺乏经验，试验中出现了一些问题，先是本该密封的生物舱产生不明原因的漏气现象，白鼠呼吸的哈气附在有机玻璃箱壁上影响了照相效果；进行振动试验时，又发现在一定频率范围内，大白鼠心电图曲线紊乱无法判读。

林华宝组织设计人员严格按照规程，一个步骤一个步骤地详细查找，终于找出问题之所在，专门设计了固定鼠支架的弹簧减振装置后，再做试验时，大白鼠的心电图就显示正常了。随后，他们又有效地解决了生物舱的密封等一系列技术关键，经过一年多的艰苦攻关和反复磨合，终于完成了火箭箭头的设计、制造和环境试验。

1964 年 7 月 19 日，地处安徽广德县的誓节渡简易发射场热闹非凡，我国第一枚生物试验火箭即将在这里发射。之所以选中这个地方建火箭发射场，是因为这里距上海不算太远，运输比较方便，而且四面环山，地广人稀，火箭发射和回收都不大会伤及百姓。

抬眼望去，“T-7A(S1)”银光闪闪，矗立在 52 米高的发射架上，第一次将动物送上高空。林华宝紧张之中，对上面那 4 只大白鼠、4 只小白鼠又多了几分怜悯，期盼它们平安归来吧！但愿你们的生命和我们的心血都不至于付诸东流！

随着炸雷般的一声巨响，火箭一跃而起，直冲云霄，地面的各种跟踪设备不断接收到传回的各种信息。数据表明：火箭发射成功，各系统均工作正常，飞行高度达 70 千米。在回收区上空，空军的直升机盘旋搜索，很快就发现了目标，箭头乘着白色降落伞飘然而下的情形被摄影机拍了下来。

箭头平稳降落到地面后，人们看到生物舱中闯荡高空的大小白鼠们均安然无恙，林华宝紧绷着的神经终于松弛下来，长长地吐了一口气，脸上绽放出轻松愉悦的笑容。试验的各种相关资料都完整无误，摄影系统还拍摄下大白鼠从超重状态过渡到失重状态，以及失重期间姿态变化的图片，为高空生物学研究提供了宝贵的资料。

“T-7A(S1)”是我国生物航天飞行试验的探路先锋，先后进行了 3 次发射，皆获得圆满成功，为日后生物高空飞行试验积累了有益的经验。这项任务被列入国家科委的《1963—1964 年重要科学技术成果汇编》，并成为 1978 年全国科学大会表彰项目。

在“T-7A(S1)”成功的基础上，为了进一步扩大研究项目的需要，林华宝又组织同事们研制出用狗进行飞行试验的生物火箭“T-7A(S2)”。根据狗的体形和其他试验要求，这枚火箭的箭头直径增大到 0.6 米，比主火箭箭体还大出 0.15 米，以致整枚火箭的外形如同一只巨大的棒槌。

生物火箭的箭头部分由箭尖、生物舱和回收舱组成。生物舱内的布局让设计人员颇费了一番心思，上端装有记录狗在飞行过程中的心电、血压、呼吸和体温四大生理指标的磁记录器，下端装有拍摄狗在飞行中姿态的摄影系统，生物保障系统中有自动供氧和自动调节二氧化碳浓度的装置。安放小狗的托盘底下装有四个减压器，前部设有条件反射实验装置，用以观察在失重条件下动物高级神经活动的反应。为了供它“方便”，还在狗尾巴部位专门设计了排泄物收容器。

1966 年 7 月 15 日和 28 日，先后发射了两枚 T-7A（S2）生物试验火箭，分别载着雄狗“小豹”与雌狗“珊珊”进行了高空往返旅行，飞行高度达到 70 千米。

小豹和珊珊是从 30 多只小狗中精选出来的，还接受了特别的训练。因而，它们与大小白鼠相比，待遇规格也高出了许多——直升机早早盘旋在预定回收

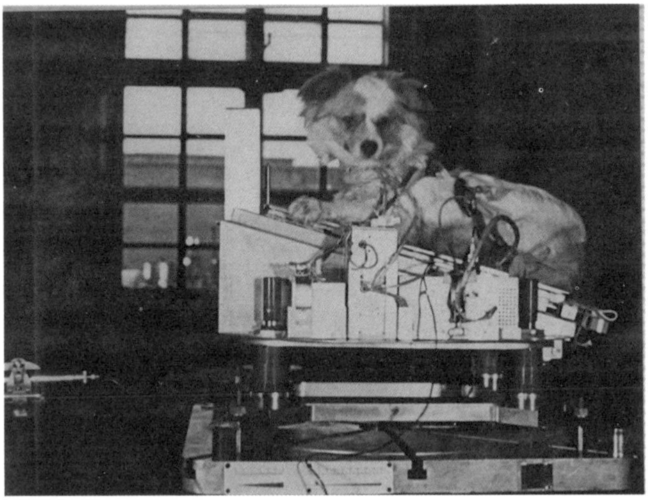

小狗“小豹”

区上空待命，当箭头乘降落伞下降到距地面一定高度时，便迅速靠拢护航。

回收人员打开生物舱取出托盘，松绑后的小狗摇头摆尾、活泼依旧，完全没有意识到自己刚从天外旅行归来，切实验证了生物舱的结构和生活保障系统设计的合理性与可靠性。看着小家伙目光炯炯、憨态可掬的样子，林华宝和他的同事们都开心地笑了，一段时间以来的紧张与疲惫一扫而光。

高空遨游过的这对小狗成了“动物明星”，被专程护送到北京后，在著名生物学家贝时璋的“陪同”下，接受了中科院院长郭沫若和党组书记张劲夫的“亲切接见”。日后它们发育成长良好，并繁育了健康的后代。

生物火箭飞行试验的成功，使我国成为世界上少数几个能用火箭进行动物飞行试验的国家之一，不仅为高空生物学研究和生物保障工程奠定了基础，也为火箭回收技术提供了宝贵的经验，对于日后返回式卫星的研制，以及神舟飞船的成功返回，都起到了非常重要的铺垫作用。我国在开展载人航天工程研制时，就因此而得以省略掉了“生物飞行试验”的环节。

事实上，在“小豹”和“珊珊”巡游高空前后，搭载猴子的大型生物火箭也已经准备好了总体方案。这枚原本计划在 1968 年发射的火箭，生物舱中可以装载两条狗和一只猴子，飞行高度可达 400 千米，那将是真正的太空之旅。

猴子的生理结构与人相似，大脑结构也和人差不多，试验中可以得到最为接近人类的参数，更有利于研究试验生物在火箭密封舱内对飞行的适应性和对飞行综合因素作用的承受能力，研究超重失重、高空弹射、宇宙辐射等因素对生物机体主要生理机能的影响等，从而为空间生物学研究和载人航天的生活舱及生命保障体系提供更为可靠、有效的设计依据。

遗憾的是，“文革”的风暴以迅雷不及掩耳之势席卷中华大地，许多很好的计划都被迫束之高阁。

火箭探空是我国在高新技术领域较早达到国际水平的，也是我国发展航天技术的起步项目之一。可以说，没有探空火箭研制发射打下的基础，我国第一颗人造卫星“东方红一号”的发射很可能会被拖延。

比较好的掌握了探空火箭的回收技术后，还可以推广应用到其他方面。此外，在探空火箭研制过程中用到的照相技术、红外地平仪、发动机高空点火技术等，也都对我国航天事业后来的发展起到了重要的借鉴作用。

探空火箭之外，林华宝还曾负责“曙光一号”飞船的弹射救生系统任务，先后参加了两次飞船方案论证会，在会上作了弹射座椅的方案介绍，拟定了弹射座椅的初步设想方案，并完成了两套模样件。后来，因组织机构调整，该任务被安排到其他研究室。

出于战备的需要，院里受北京空军独七团的委托，研制能连续发射 40 发火箭弹的“HF-40”火箭发射器。林华宝领受了这个任务后，与同事王光宇一起突击设计，仅用了两个月就加工出两套样机，经在北京通县机场、南口装甲兵靶场、杨村机场的多次实弹打靶，效果完美无瑕，很快便投入生产。

独七团顺利完成任务后，为了表达对研制单位的感谢，特别赠予该院 100 套《毛泽东选集》。

林华宝

林华宝院士传记

Academician Lin Huabao's Biography

第八章

水到渠成
缔结美满好姻缘

没有富丽的礼堂和迎亲的车队，也没有洁白的婚纱和娇艳的玫瑰，更没有表明“爱情恒久远”的钻戒，仅凭薄薄的一纸婚书，他们就缔结了甘苦与共、相守终生的美满姻缘。

成功发射了“T-7M”探空火箭的1960年，不仅在我国航天史上有着重要的里程碑意义，在林华宝的人生中也是至关重要的时间节点。就在这一年，他从一个快乐的单身汉，变身为一位有家室的成熟男人。

与林华宝携手步入婚姻殿堂的美丽新娘，是小他五岁的宁波姑娘余雪敏。她出生于职员家庭，是父母连得四个儿子后，才盼来的第一个宝贝女儿。在相差11岁的妹妹降临前，身为家中唯一的女孩儿，她不仅是父母着意娇宠的掌上明珠，还专享哥哥们的呵护与关爱。

宽松的家庭环境，养成了她快人快语、直来直去的开朗性格，加上为人热情，善于与人沟通，具有很强的亲和力。提前毕业分配来上海机电设计院之前，她在上海铁路通讯信号学校（上海铁道学院前身）通讯专业学习，在班集体中是人缘超好的团支部书记。

虽说二人不仅是结构室的同事，还是办公桌合二为一的对桌，却并非那种一见钟情的缘分。是那次飞机上有惊无险的爆炸事件中，林华宝奋不顾身的壮举撩动了余雪敏的心弦——平日里那样温文儒雅，关键时刻竟如此英勇无畏，爱慕的情愫由此萌芽。

随着了解的日渐深入，他越来越多的优秀品质都被她看在眼里、记在心间，彼此相近的年龄，相同的事业，相投的志趣，相当多的工作接触及目光交融，日久生情发展至谈婚论嫁当是水到渠成之事。

良辰吉日是“五一”劳动节的前夕，婚房是位于祥德路的一间约 15 平方米的宿舍，事先已经被组里的同事们帮忙粉刷一新了。三姐送了一张米黄色的双人铁床，岳母精心准备了全套的床上用品，两位新人选购来五斗橱和小餐桌，又从单位借来了写字台和几个凳子，就是新婚的全部家当了。虽说并没有什么高档的陈设，小屋还是被女主人精心布置得素雅整洁、温馨浪漫，让住惯了集体宿舍的男主人心中充满了从未有过的温暖与幸福感。

没有富丽的礼堂和迎亲的车队，也没有洁白的婚纱和娇艳的玫瑰，更没有表明“爱情恒久远”的钻戒，仅凭薄薄的一纸婚书，他们就缔结了甘苦与共、相守终生的美满姻缘。没有繁文缛节的礼仪程序，亦没有珍馐美馔的排场喜宴，室领导和组里的同事们欢聚在温馨的小屋中，吃一颗普通的糖果，喝一杯简单的茶水，延绵不断的欢声笑语与发自内心的良好祝愿，已足以让宾主分享着沁人心扉的幸福喜庆，感受着醇厚浓郁的挚爱真情。

1960年5月，林华宝与余雪敏在上海结婚

正如英国著名女作家奥斯丁所言：“婚姻不只是一份契约，更是一生的允诺与守候。”共同的理想和目标将两颗心紧紧地连接在一起，相比花前月下的浪漫，人生旅途中更多风雨兼程的辛苦，不管顺境还是逆境，林华宝和余雪敏始终不离不弃，实现了守候一生的允诺。

“T-7M”发射成功只是一个良好的开端，接下来还有“T-7”和“T-7A”等一系列研制任务，两个人的工作都很忙，度蜜月的可能性根本不存在。利用“五一”及婚假，一对新人前往杭州，享受了一次为期四天的短程旅游，在西湖秀丽的山光水色中，留下了可以回味一生的新婚美好记忆。

“爱人在身旁，处处是天堂”，林华宝热爱音乐，余雪敏喜欢越剧，工作之余，不是他陪着她一起去剧场，观看凄婉感人的传统剧目，就是她随着他去音乐厅，欣赏美妙动听的世界名曲，形影相随，琴瑟和鸣，和谐惬意的二人世界，羡煞身边的单身男女。

两年后，二人的爱情结晶问世了，是一个可爱的小女婴，酷爱音乐的林华宝为之取名林音。小宝贝的降临打破了二人世界的平静与安闲，初为父母需要学习与掌握的知识和技能很多，虽然生活因此变得紧张而忙碌起来，却也让幸福和快乐又升华到一个新的层面。

1962年4月，林华宝夫妇及大女儿林音

单位从上海迁到松江后，没有家属宿舍，二人只好分居两处，林华宝栖身集体宿舍中，余雪敏则带着女儿入住母子宿舍。三个年轻的妈妈，带着三个年龄相仿的幼儿同居一室，虽然难免显得拥挤，倒也方便于互相学习和彼此帮助。

每日的晨曲最为动人，各位爸爸早早就跑过来各就各位地帮忙干活儿，有神情紧张地热牛奶的，有略显笨拙地给孩子穿衣服的，还有吹着口哨把持孩子大小便的……妈妈们真假掺半的嗔怪声，孩子们此起彼伏的欢笑与哭闹声，整条走廊犹如一座角色众多的舞台，真切地演绎着活色生香的幸福生活场景。

松江地处郊区，距市内有一段不近的路程，院里规定大家每两周回城里一次休息两天，由班车接送至人民广场。每到休息日，夫妇俩通常都要带着女儿先去看望外公外婆，然后不是去虹口公园游玩，就是去南京路上的新华书店“淘宝”。

林华宝与岳父岳母处得非常好，经常需要出差外地去做实验，每次都不忘带些当地的特产回来孝敬二老。有一次他去佘山，正赶上春笋和香瓜上市的时节，没有大的旅行袋，索性拿条裤子把两条裤腿口用绳子扎住充当口袋。当他把肩上装满新鲜春笋和香瓜的“口袋”卸下来时，这新奇的创意惹得全家人都捧腹大笑。

都说丈母娘疼女婿，这话与林华宝的亲身感受是相当吻合的，不仅每次上门都能吃到美味可口的饭菜，还多次得到医治哮喘病的偏方，就算疗效不明显，情意还是蛮暖心的。要说起在外婆家最受宠的，当然非音音莫属，乖巧可爱的小姑娘是大家庭里快乐的源泉与关注的中心，只要小家伙一来，房间里便欢声笑语不断。

别具风情的南京路是上海最繁华的街道，熙来攘往的人群几近摩肩擦踵，怕幼小的女儿挤在其中不安全，林华宝总是让她骑在自已的脖颈上，用手握着她两条肉乎乎的小胖腿缓缓地前行，父女俩幸福快乐的样子被余雪敏珍藏在大脑的记忆库中，几十年都不曾忘怀。

又是一个休息的日子，一家三口正说说笑笑地走在南京路上，突然听到有人高声大喊："号外，号外，我国第一颗原子弹爆炸成功！"

林华宝立即握紧女儿的小腿，一个健步冲了过去，很快拿到一份《号外》，匆匆挤出人群，迫不及待地大声读了起来。身为国防尖端科技战线的成员，夫妻二人都能感同身受地知晓这成功会是多么的得之不易，又有着怎样举足轻重的深远意义，四目相视之际，彼此交流着共同的心声。

激动之余，林华宝兴冲冲地提议："咱们得好好庆祝一下！”

“要怎么庆祝呢？”看着满街沸腾的人群，余雪敏一时拿不定主意。

林华宝还未及开口，头顶上突然传出女儿稚嫩的声音：“冰淇淋！”

心有灵犀的两个人异口同声地做出决定：“就给音音买个冰淇凌吧！”

在那个年代，吃冰淇淋也算是种小小的奢侈呢，音音高兴地享用着奶香浓郁的冰淇凌，全然不懂得其中蕴含的特别意义。半个世纪后，她的妈妈还清楚地记得这一天是1964年10月16日。

这一年，先是我国第一枚生物探空火箭“T-7A(S1)”发射成功，紧接着第一颗中近程导弹飞行试验及第一颗原子弹爆炸又相继获得成功，不仅在国防高科技领域取得了令世人瞩目的成就，国民经济调整的任务也基本完成，并还清了对苏联的全部欠款。

在此基础上，卫星研制工作重新被提上议事日程，从而使接踵而至的1965年，成为我国空间发展史上具有重大转折意义的一年。

新年伊始，钱学森等科学家适时提出将暂停研制的人造卫星重新上马并列

1965年夏，工作单位迁至北京前夕，林华宝夫妇（后排右二、右一）和女儿林音（前排中）、岳父余允祯（前排右一）、岳母陈小云（前排左一）、内妹余启敏（后排左一）在上海合影

入国家任务，很快得到负责国防科技工作的聂荣臻副总理赞同；随之，周总理指示中科院就此拿出具体方案；8月，中央专委会议批准了这一方案，并确定列为国家尖端技术发展的一项重大任务。

由于重新上马研制人造卫星的建议是1965年1月提出的，该任务的代号又名“651”。出于“651”任务的需要，上海机电设计院奉命从上海迁回北京。

1964年，在国家进行的体制调整中，原本由中国科学院和上海市共同领导的上海机电设计院划归国防部五院，人员编入军队序列，享受部队待遇但不穿军装。1965年年初，国防部五院脱离军队编制，划归国务院领导，更名为第七机械工业部。重返北京后的机电设计院，更名为七机部第八设计院。

林华宝是院里的先遣队成员，要随队打前站先去北京。在他离开上海之前，二人特意带着女儿去西郊公园游玩儿了一天。

这是个新建不久的公园，规模相当大，动物种类也很多。音音第一次见到这么多可爱的小动物，东瞧瞧西看看，兴奋得不得了。每看到一种新动物，她都非常好奇，如同结识了新的小伙伴一般舍不得离去。林华宝总是耐心地陪着她，给她讲每种动物的特点和习性，直到女儿看够了，再带着她去寻访下一位朋友。

7月盛夏的一天，从未离开过亲人的余雪敏依依不舍地告别了父母哥嫂，离开了从小生活的上海，独自带着女儿与院里的同事们一起，乘火车前往完全陌生的北方都市。经过十几个小时的行程，下了火车未及亲睹首都的风貌，一行人就被单位的专车直接送到地处南郊东高地的航天大院。

林华宝早已等在那里，高兴地抱起多日不见的女儿，迫不及待地在娇嫩的小脸蛋上亲了又亲，这才引领着妻子朝他们的新家走去。

航天大院是苏联援建的 156 个项目之一，很像一个布局合理的“小社会”，具备非常高的保密性。他们的家在 97 栋 1 单元的 3 层楼上，这是一套两家合住的两居室，同居者是一个部门的同事。两家人各居一室，共用一个卫生间，以及一间能放两个炉灶的厨房，每间居室的面积大约有 17 平方米，还有一个很大的壁橱，比起在上海住的筒子楼来，居住条件改善了很多。

来到北京后，林华宝的工作任务依然很重。按照中央要求，“东方红一号”人造卫星要“上得去、抓得住、看得见、听得到”，其中“上得去”和“抓得住”这两项使命，都需要靠运载火箭来协助完成。根据上级领导的指令，八院承担了运载火箭“长征一号”的总体方案论证和设计任务，在总工程师王希季的领导下，未及熟悉新环境的研制人员们，就又投入了呕心沥血攻关克难的新征程。

作为长征一号运载火箭结构系统的代表，林华宝参加了国防科委在友谊宾馆召开的“651 会议”。这是一次包括卫星、火箭、发射场和地面测控各方面的方案论证和工作安排会，因时间长达 42 天，而被戏称为“马拉松会议”。

会议期间，他与负责卫星部分的相关人员进行了很好的沟通，协调并商定了卫星与运载火箭的连接分离机构，以及整流罩的接口关系。会后，他负责主持设计长征一号末级火箭的结构系统。

调回北京不久，一次钱学森到院里来检查工作，大家都竭力往前挤，想要一睹大人物的风采。与其熟稔的林华宝却尽量往后避让，不想还是被这位老领导发现了:“华宝，你躲什么呀，好久不见了，到前面来让我看看！”

他只好上前打招呼，并非不念老所长当年的知遇之恩，只是不想在这种热闹场合抛头露面而已。

院里正在筹建图书馆，馆长请林华宝帮忙提供资料。虽说不是本职工作，纯属帮忙的性质，他却同样以认真负责的态度，不惜连续几个晚上“开夜车”，做足功课后提供了一份尽可能全面详尽的资料。

居住在航天大院中生活稳定而方便，每天早晨八点准时上班，七点半吃过早餐，林华宝先用自行车把女儿送到不远处的托儿所，再骑车带着妻子飞快地往办公大楼奔去，在高音喇叭中铿锵有力的时代流行曲的伴随下，融入由东向西壮观的自行车洪流中，只要十分钟便来到办公大楼前。

可惜这种生活状态并没有能够维持多长时间，随着“四清”运动的深入发展，出于“大兵团作战”“人海战术”的需要，党中央向知识分子发出积极参加运动的号召，院里要求双职工家庭每家去一个人。

在全国城乡普遍开展的“四清”又称“社会主义教育运动”，由中央领导亲自挂帅，从“清工分、清账目、清仓库、清财物”的“小四清”，发展成“清思想、清政治、清组织、清经济”的“大四清”，先后有数百万干部参与其中，直到被下一场更疯狂的政治运动“文化大革命”所取代。

余雪敏和女儿林音

余雪敏想到丈夫工作忙，又患有过敏性哮喘病，北方的冬天对他来说本来就难过，到条件艰苦的农村去对身体肯定不利，就擅自报了名。林华宝得知后甚感不安，虽然妻子的体贴与担当让他很感动，可身为男子汉本该怜香惜玉、爱护妻女，怎么忍心让她离开家去陌生的地方独当一面呢。然而，她已经报了名，他也不好再去说什么了。

“四清”队伍出发的那天，队员们与亲人、同事话别之后，纷纷登上一辆大卡车。三岁的音音本来也想跟随妈妈一起上车，听爸爸小声在耳边说了句什么，就乖乖地放弃了，忽闪着黑黑的大眼睛，不停地朝妈妈挥着小手。

还从来没有与女儿分开过，余雪敏心中充满了不舍，顾不上想自己此去将会面对怎样的环境，一路上都在忧虑着不擅家事的丈夫和从不曾离开过妈妈的女儿，不知在这为期不短的主妇缺失的日子里，父女二人将如何生活。

地处张家口南端的蔚县是革命老区，虽然距离北京不过几个小时的车程，巨大的反差却让人有着两重天的感觉，尽管出发前工作队员们都有了一定的思想准备，这里贫穷的程度和生存的状态，还是完全超乎了大家的想象。

凛冽的寒风裹挟着细细的黄沙，令身躯禁不住瑟瑟发抖，喉咙忍不住阵阵干咳。一个在大城市中长大的江南女子，一下子置身塞北贫困的乡村，生活中诸多的不适应可想而知。受当时政治观念的影响，余雪敏与绝大多数知识分子一样，都是怀着“原罪”意识，努力想要与贫下中农融为一体，好好改造自己的“小资产阶级思想”，绝对不会去计较环境如何。

一贯严于律己，她严格遵照工作队的要求，坚持与村民实行同吃、同住、同劳动的“三同”，平时劳动中总是脏活儿、累活儿抢着干，遇到有人需要帮助，还会及时伸出援手。得知一位工作队员生病了，她主动前去照料，端水送药，帮助擦拭呕吐物，直到经诊断患的是急性肝炎被送回北京治疗。

遗憾的是做这些时，她并不知道自己已怀有身孕，以致为此而付出了惨痛的代价。

妻子不在家的半年多时间，对于一心扑在工作上、对生活得过且过很少操心的林华宝而言，无疑是种很大的锻炼。每天早上要给女儿洗漱，送她上幼儿园，晚上要接她回家，哄她睡觉。奇怪的是妈妈不在身边，女儿非但不哭闹，反倒变得像大孩子般懂事了。

有一天晚上，他的哮喘病发作了，一躺下就喘得上不来气，一整夜只能靠着铁床架坐着睡觉。见到相依为命的爸爸上气不接下气的难受样子，音音既心痛又很害怕，流着眼泪拿药倒水，还轻轻地依偎在身旁，目不转睛地看护着爸爸，像个小大人一样。

那一刻，林华宝心中好感动啊！他紧紧地搂着乖巧可爱的宝贝女儿，似乎一切的不舒服都消失殆尽，甚至妻子不在身边的孤单无助，也被女儿的善良懂事淡化了，感受到的是无尽的温暖与幸福。

逢到节假日，他就带着女儿前往四姐华娴家中，让音音跟姑姑家的孩子一起快乐玩耍。在这里，不但父女俩能吃上现成且可口的饭菜，他还可以心无旁骛地看资料和处理一些工作上的事情。

此外，出于对音乐的共同爱好，四姐所在乐团的不少同事都是林华宝的朋友，一起聊天听唱片，也是相当惬意的消遣。

林华宝

林华宝院士传记

Academician Lin Huabao's Biography

第九章

痛失爱子
相濡以沫渡难关

不幸夭折的小宝贝是他们夫妇此生唯一的儿子，父子间却连一面之缘都未能实现。丧子之痛不仅重创了余雪敏，也成为林华宝的一块心病，持续隐忍了六七年之久，直到小女儿降生，才得到一定程度的缓解。

由于有孕在身，余雪敏只参加了一期“四清”，就被批准返回北京了。虽然还未到预产期，她却已经孕味十足，挺着个硕大的肚子，行动很是不便，只好提前休假回上海待产，为了让林华宝能够安心工作，还将女儿音音也带走了。

盼来了宝贝女儿，余妈妈自然十分高兴，看到女儿超大的肚子，却不由地感到疑惑，莫非是双胞胎？为了保险起见，她陪着女儿前往红房子产科医院，去进行产前预检。

接诊的是一位经验丰富的医生，问明了孕期，就断定她的情况不正常，不是双胞胎，就是羊水过多，需要马上拍片子做进一步检查。检查结果出来后，医生排除了双胞胎的可能性，羊水过多的原因是孕程中接触过病人，孩子很有可能先天畸形。

现在的准妈妈们都知道，病毒感染是孕妇的大忌，尤其孕期的前三个月，胎盘发育尚不完善，病毒会诱发胎儿的细胞染色体畸变，影响器官的正常分化与发育。当年人们的孕育知识非常欠缺，而且她又是在根本不知自己怀孕的情况下去参加“四清”的，农村卫生状况相当糟糕，乡亲们拿头痛脑热、发烧咳嗽根本不当回事，即便是孕妇也没有条件定期到医院接受体检。

他（她）会是何等状态的畸形？是否能够正常成长和生活？将如何帮助他（她）安度漫长而艰辛的人生？从得知自己腹中孕育的胎儿有问题的那一刻起，余雪敏的心就沉溺在重重的忧虑与无限的自责之中，由于顾忌母亲的情绪，还只能佯装无事的样子。她知道医生说的没错，自己不仅接触了病人，而且还有传染病患者。

惴惴不安地捱到了预产日，在三姐华娟和弟弟华峰的陪护下，她被送进了产房。折腾了许久，耗尽了力气，孩子才降生，是一个男婴，看上去虽不够强壮，但四肢健全，小脸正中的大鼻子非常抢眼，明显就是林华宝的遗传。

连日来压在心头的忧虑一下子烟消云散了，疲惫乏力的她备感欣慰，正待好好享受这份美好与幸福之际，却被告知新生儿不会哭，经检查发现是气管畸形，必须马上进行手术，需要家属签字。

据大夫讲，手术是唯一能让婴儿活下来的途径，但成功率非常低，只有极少的患儿能闯过这一关，大多数都夭折在手术台上。只要有一线生的希望，余雪敏就不会放弃自己的宝贝，姑姑和叔叔也全力支持挽救危在旦夕的小侄子。可怜的小家伙还未及贴近妈妈温暖的怀抱，就上了无影灯下的手术台。

万幸的是手术进行得很成功，小生命顽强地活了下来，只是体质非常弱，不断频繁地进出医院。余雪敏产后身体恢复得也不好，余妈妈既要看护襁褓中的小外孙，又要设法炖各种补品为女儿滋养身体，还不能忽略了可人疼的小音音，整日里手脚闲不住，忙得不亦乐乎。

要是生活的轨迹能够就这样延伸下去，也还勉强说得上差强人意，却不想一场以“文化大革命”为名的政治运动，以狂风暴雨之势席卷中华大地。

北京是运动的发源地，七机部则是“重灾区”之一，军工系统高干子女多，小道消息特别灵通，以致有“中央一咳嗽，七机部就感冒”之说。一时间帽子棍子满天飞，批斗抄家打砸抢，群众专政取代了法律，整个社会陷于混沌无序的激荡与动乱之中。

相继成立起来的两派群众组织，各自都有“通天”的人物，也都声称誓死捍卫毛主席的革命路线，却又相互打得不可开交。先是南苑发生上万人参加的大规模武斗，继而年仅 46 岁的航天材料专家姚桐斌在自家门口，毫无缘由地被本单位的“革命群众”用乱棍活活打死。

八院也不是世外桃源，铺天盖地的大字报，震耳欲聋的高音喇叭，不断被揪出的“走资派”和“反动学术权威”，有着留学经历的科技人员不是被诬为“美帝走狗”，就是被疑为“苏修特务”，一个个都灰头土脸，谁也不敢“乱说乱动”。

林华宝也未能幸免地被贴了大字报，出身于教会家庭，父亲一直在教会任职，便理所当然地成了“美帝的孝子贤孙”，工作上受领导重用则是“修正主义苗子”，与苏联同学的往来信件被当成“里通外国”的罪证，住在隔壁单元同学的爱人搞无线电，两家互相接收信号的器件变身为“特务联络工具”。

一系列无端的指责，让他切实体悟到欲加之罪何患无辞的真谛，以及百口莫辩的无奈与难堪。无论是知识储备，还是人生阅历，都不足以让他能够进退自如地应对这突如其来的险境，加之哥哥在“反右”运动中的前车之鉴，生性胆小的他心中充满了前景叵测的惶惑。

面对这样一场声势浩大的政治运动，没有谁能真正掌控自己的命运，林华宝当然也不例外。一直以为科学教人求实，逻辑助人求是，可即便是在受过良好教育从事尖端科研人员组成的群体中，各种舆论和迹象也都与实事求是背离甚远。

迷茫、压抑、屈辱，各种难以言说的感觉，让他的内心空前苦闷，备感煎熬。既看不清未来，又无以释怀，非但不能进行抗争，而且无法加以抵御，能够做的唯有听之任之，并且在精神层面守住自己，不违背人性良知地迷失在那喧嚣的狂飙中。

虽然写给妻子的每封信都是报喜不报忧，余雪敏还是从出差来沪的同事口中得知丈夫被贴了大字报，处境和心情都很不好，不仅一反平日爱说爱笑的开朗性情，整日抑郁寡欢，沉默不语，晚上还独自躲在家里闷着头吸烟。

是怎样的痛苦与无奈，才能让一个从来不沾香烟的人开始尝试吞云吐雾呢？余雪敏忧心忡忡，既不清楚大字报上都说了些什么，又不了解林华宝此时此刻的心理状态，一连数日在焦虑中彻夜难眠，接二连三地听到有遭批斗者走上绝路的消息，生怕他一时想不开做出令亲者痛的傻事来。

北京那边是陷入低谷孤独无助的丈夫，需要在妻子的陪伴下安渡难关；上海这边是先天孱弱身体堪忧的儿子，需要在妈妈的呵护中健康成长。二者都是她生命中的至亲至爱，在情感的天平上分不出孰重孰轻，怎奈为人妻为人母者却分身乏术。

几番思来想去之后，余雪敏忍痛做出了不得已而为之的决定，请母亲及哥嫂帮忙照看儿子，自己带着女儿回北京，先看情况再作打算。好在亲人们不仅非常理解和乐于帮忙，还设法加以安慰和鼓励，让她得以安心返京。

分别之际，她恋恋不舍地亲吻着儿子，看着可爱的小脸蛋上那清纯的大眼睛，那挺拔的高鼻梁，酸楚的泪水忍不住夺眶而出。那一刻，她感觉自己的心都碎了，哽咽着一句话也说不出来，唯有暗自默默地拜托儿子：“孩子，你一定要好起来啊！”

回到北京之后，余雪敏发现曾经那么熟悉的航天大院竟然变得面目全非了，随处可见的大字报像是墙体上杂乱无序的一块块补丁，震耳欲聋的高音喇叭不断播放着措辞激烈的《宣告》与《通牒》，高呼口号的示威人群一拨接着一拨，两派你来我往的频繁较量更是闹得不可开交。

妻子与女儿的归来，让林华宝的情绪大为好转，尽管外部世界的混乱与喧嚣让人无所适从，但只要看到音音那天真无邪的笑脸，惶惑与无奈便全被抛在脑后，天伦之乐是最好的强心剂，驱散了所有的不安与不快。

每天晚上，他都兴味十足地教她唱动听的儿歌，声情并茂地给她讲温暖的童话故事，以浓郁的父爱在自己能把控的小天地中，努力为女儿营造一个和谐美好宁静温馨的环境。等孩子熟睡后，夫妻俩便互相安慰，彼此打气，祈盼儿子早日痊愈，相信苦日子会过去，一切都会好起来。

可怜天下父母心，想方设法保护女儿纯洁的童心，不至被窗外的肆虐与残暴玷污，却不想还是被她看到了不堪的场面。一天下班后，余雪敏从幼儿园接女儿回家，半路上音音突然指着不远处，惊恐地问道：“妈妈，为什么敖叔叔戴着高帽子站在那里呀？”

顺着女儿小手指的方向看去，她发现戴着纸帽子被批斗的人确实是敖林。他既是音音幼儿园小伙伴的爸爸，也是他们夫妇的好朋友。看到这位也曾是清华大学选派去苏联留学的才子，身旁还站着他年迈的老母亲，就在众目睽睽之下遭受这样毫无人性的凌辱，她实在不知道该与童真无邪的女儿说些什么，唯有迅疾地抱起她匆匆逃离那不忍目睹的场合。

这段时间里，夫妻二人最盼望的就是上海亲人们的来信，关于儿子的只言片语都牵动着他们的心：“他会翻身了”“他能坐稳了”“他会用声音与人交流了”“他可以吃少量的蛋黄了”“他喜欢把自己的小脚丫放到嘴边啃着玩儿”。父母与儿子天各一方，无法陪伴着小家伙成长，只能从字里行间捕捉些他发育的迹象。

几个月的时间就这样在牵挂中流逝了，一天下班回到家，余雪敏发现丈夫的情绪颇为低落，整晚都没说几句话，就连给女儿讲故事也明显看得出是强打着精神。不知是工作上出了什么问题，还是又有了节外生枝的麻烦，既然他不想主动说，她也就没有开口追问。

第二天早晨，二人走在上班的路上，林华宝语气低沉地开了腔：“上海来信说，咱们的儿子生病抢救无效走了……”

轻声细语的一句话，却如同晴空霹雳，瞬间就把余雪敏震蒙了，泪水决堤般奔涌而出，顺着脸颊恣肆流淌。她怎么也想不到与儿子匆匆一别竟成永诀，可怜的孩子，来到这个世界上仅仅生存了短短的七个月，不仅受尽了病痛的折磨，还被迫早早离开妈妈温暖的怀抱。

心疼、悲伤、愧疚、懊悔、自责，长时间煎熬着慈母的心，多少次午夜梦回都是泪流满面，脑海中久久浮现着那张长着大鼻子的稚嫩可爱的小脸。如果时光能够倒转，她绝对不会让他须臾离开妈妈的视线，绝对不会……人生中却既没有如果，也没有后悔药可吃，只有必须接受与面对的残酷现实。

这个不幸夭折的小宝贝，是夫妇俩此生唯一的儿子，父子间却连一面之缘都未能实现。丧子之痛不仅重创了余雪敏，也成为林华宝的一块心病，持续隐忍了六七年之久，直到小女儿林咏降生，才得到一定程度的缓解。

随着运动的深入发展，各厂所被揪出来的“走资本主义道路的当权派”“反动学术权威”，以及各种名目的“阶级敌人”越来越多，两派斗争也越演越激烈，为了避免招至两派夹击的遭遇，无意参与其中的人也不得不违心地加入一派群众组织，不是要支持谁，只是想保护自己避免陷入更深的困境。

林华宝与余雪敏都是性情温和之人，对激烈的斗争避之唯恐不及，既无心向谁发难，亦无意与谁对立，参加哪派的决定因素就是随大流。偏偏二人分属部门的同事们各有拥趸，以致夫妻俩一个报名“915”，一个入编“916”。别看二者之间仅一数之差，彼此却是势不两立的对峙关系。

在那个荒诞的年代中，人们仿佛被施了魔法般的狂热，不论学校机关，还是工厂矿山，几乎所有单位的群众组织都分裂成相互对立的两派，尽管出发点都是“保卫毛主席的革命路线”，却相互打得不可开交，为此甚至不惜夫妻反目、兄弟阋墙、父子成仇。

他们二人却不然，不管社会上“派仗”打得有多凶，从未让派性占据自己的头脑，影响各自的工作和共同的生活，更不曾因为所属派别不同而发生过争执。无论运动形势如何云谲波诡，两人始终是相濡以沫、甘苦与共的恩爱夫妻。

“极左”思潮的泛滥，造成了极大的混乱，很长一段时间里，单位里原有的规章制度全部形同虚设，有人忙着去“造反”，有人热衷打“派仗”，有人被迫“靠边站”，有幸既没有沦为“黑七类”，又不忍心去“运动”别人的“逍遥派”也都无心工作了。人们自嘲为“8923 部队”，即早上 8 点上班 9 点溜号，下午 2 点上班 3 点回家。

勤思敏学的林华宝不肯逍遥度日，虚掷宝贵的光阴。有研制任务的时候，他总是早早来到办公室，充耳不闻窗外高音喇叭的鼓噪，潜心伏案埋首于图纸与数据之中。工作时间被运动或会议占据了的时候，研制工作就只能利用晚上时间进行，不但没有分文加班费，还得冒着被扣上“干扰革命运动”罪名的风险。就在这样的形势下，他还是顶着压力带领室里的同事们，时常干到深更半夜。

尽管“知识越多越反动”之说甚嚣尘上，他仍然不放弃业务学习，在没有研制任务的日子里，独自骑着自行车跑遍了七机部情报所，兄弟院所的图书馆、资料室，以及外文书店等处，多方查阅搜集与航天领域相关的学术与技术资料，尽可能多地了解和掌握世界前沿技术动向，充实并提高自己的知识储备。

无需加班的晚上，他也充分加以利用，除了潜心钻研相关技术问题，还尝试进行笔耕，从科普文章到资料翻译再到技术专著，一发而不可收拾。就在家中那间不足 17 平方米的卧室、客厅兼书房里，他先后撰写出《人造卫星是怎样返回地面的》《美国喷气推进实验室》《联盟号飞船》《水星探测记》《飞行器知识》等诸多作品。

多篇知识性与趣味性兼具的文章深入浅出，将原本在人们印象中复杂艰深的航天知识诠释得通俗易懂，经《科学实验》《航空知识》《天文爱好者》《百科知识》等刊物推出后，引起读者们浓厚的兴趣，起到了很好的科学普及作用。

在大张旗鼓“斗私批修”的年代中，给杂志社写稿不仅没有分文稿酬，还有可能被诬为“成名成家的名利思想严重”而遭受批判。因此，他有时用谐音“桦堡”为笔名，也曾以两个女儿名字的组合“音咏”署名。

既图不了名，也谋不了利，甚至还要冒一定风险，可无论是为本职工作加班，还是为写文章熬夜，林华宝都劲头十足且兴致盎然。工作固然需要他，但

1975年，林华宝在《航空知识》上发表的第一篇科普文章《联盟号飞船》，并以两个女儿名字组合“音咏”为笔名

20世纪80年代，林华宝（左二）与在南京工作的女儿林音（左三）及妹妹林华玫一家合影

相比较而言，似乎是他更需要工作，习惯了创造性的脑力劳动，他的心智，他的才思，在政治运动的大潮中一筹莫展，完全没有用武之地，唯有在没有阶级与路线斗争的太空探索领域，才能得到很好的释放和发挥。

20世纪60年代后期，院里宣布了一个来自有关部门的新政策，上海迁京人员的孩子户口可以迁回上海。考虑到运动持续不断，社会形势动荡不安，随时都有可能被下放到农村去劳动锻炼，为了让宝贝女儿能有个稳定的生活环境，林华宝夫妇决定借此机会把她送回上海，一则交由外公外婆照顾最为放心，二则上海的亲戚比较多，食品供应也相对好一些。

只有六岁的音音从此开始与外公外婆一起生活，长达十几年，每年只有暑假才能来北京与父母团聚。直到去天津上大学，毕业后分到南京工作，后来又去美国发展，她始终与父母聚少离多，从而形成了内向而独立的性格。虽说看起来女儿的人生之路走得很平顺，但没能在她成长的岁月中陪伴身旁给予更多的关爱，让林华宝夫妇足足愧疚了几十年。

社会形势的发展很快就证明了把女儿送去外婆身边是个明智的决定——就在音音走后不久，党中央发出了“知识分子接受再教育”的指示，七机部抽大批科技干部，下放沈阳军区农场接受“再教育”。

20世纪90年代，林华宝与女儿林音及外孙麦克、外孙女夏林在美国留影

余雪敏即是其中之一。她与院里的同事们先是到辽宁海城，后来又转场至黑龙江建设兵团。所谓“再教育”，就是从事繁重的体力劳动，不管在哪里生活，都是军事化管理，每天清晨起来跑步，白天在水田里插秧，进行田间管理和拔草，晚上例行思想总结与讲评，夜间还要两人一组轮流巡逻，这样的集体生活一过就是两年多。

不仅妻子离开了家，一起研制试验火箭箭头的几位同事也全部被下放，家里室里都是形只影单的一个人，林华宝成了双料的“光杆司令”。因为有研制任务在身，他只被派到天津附近的“五七干校”，参加了为期三个月的田间劳动。

林华宝

林华宝院士传记

Academician Lin Huabao's Biography

第十章

回收箭头
昼夜兼程闯大漠

大家互相关照着、搀扶着，硬是靠顽强的意志坚持行进，上坡时四肢着地爬着走，下坡时坐在沙上滑着行，每前进十几米就停下来歇一歇，喘口气再往前走，终于在黎明的曙光中一个不落地平安走出了大沙漠。

1967年11月初，国防科委决定将八院的任务由研制运载火箭总体改为研制航天器总体，长征一号运载火箭接下来的研制任务，移交给一院——运载火箭技术研究院继续完成，八院的研制人员则全力以赴推进我国第一代返回式遥感卫星“FSW-0”的研制任务。

三个月后，为了加强第一颗人造地球卫星的研制领导工作，国家决定成立中国空间技术研究院，负责飞船和卫星的研制工作。八院转而成为中国空间技术研究院下属的北京空间机电研究所，对内称508所，继续承担研制“FSW-0”的工作。

“FSW-0”系国土普查遥感卫星，由返回舱和仪器舱两部分共11个分系统组成。需要返回的卫星比一般的科学试验卫星技术更复杂，研制难度更大，除了具备在空间飞行和工作的能力之外，还必须具备按程序受地面控制、安全完整地返回到地面预定区域的能力，而且在返回途中还要能经受住严酷的再入环境考验。

要想使卫星在轨道上完成预定任务后安全返回地面，对运载火箭也有着更高的要求，不仅要具有足够的推力使卫星达到入轨的高度和速度，还得有准确的制导和控制程序，使其在预定的时间和空间点进入轨道。

“FSW-0”的研制过程是一场旷日持久的攻坚战，正值“文化大革命”的多事之秋，研制工作是在很不正常的环境条件下进行的，每前进一步都很艰难。大家在总师王希季的带领之下，经受住了各种压力，最大限度地发扬了“自力更生、艰苦奋斗、大力协同、无私奉献、严谨务实、勇于攀登”的航天精神。

白天正常的上班时间常常被“革命”挤占了，许多工作不得不利用晚上业余时间进行，加班加点不但是经常的、无偿的，甚至还是冒着一定风险的，因为有人叫嚣“要警惕卫星上天红旗落地”，辛勤工作很有可能会被诬陷为“干扰革命”。

由上海技术物理所新研制的红外地球敏感器，是卫星姿态控制系统的关键部件，卫星对地姿态和姿态陀螺仪都需要以它对地球的扫描为基准。该部件若不能正常工作，整个卫星就会失去基准，姿态不能准确对地。这样的话，卫星不仅无法实现其在轨功能，连返回也成了问题。

红外地球敏感器能不能充分发挥作用？在高空对地球扫描输出的信号究竟怎样？保定胶片厂专门研制的胶片在高空环境中对地面的感光度能不能满足需要？没有能够验证这类高技术产品的实验室，要想搞清楚这些问题，只能把T-7A探空火箭改装成技术试验火箭，将有关仪器送入高空进行飞行试验。

林华宝受命负责研制高空技术试验火箭“T-7A（Y6）”的箭头及相关飞行试验，并作为技术负责人，担当返回式卫星专项试验技术的研究。他率几位同事一起完成了箭头的总体设计和结构设计，为了确保高空回收成功，采用了减速钣与降落伞联用的减速装置。由于技术试验火箭是无控制火箭，虽然有计算，但是箭头的落点偏差很大，这就给回收工作带来很大的困难。

一次，在酒泉一号发射场发射的一枚技术试验火箭，装有两台红外地球敏感器、ROBOT相机及遥测系统、回收系统的箭头，落到了距发射架正南100

千米处的巴丹吉林大沙漠西端。林华宝等三人乘飞机巡查，初步探明箭头的落点后，决定第二天一早带人进沙漠回收。

临时组建的搜索队由搜索连的马指导员担任向导，这是一位30多岁的山东籍彪形大汉。林华宝麾下除了试验队的8个小伙子之外，还有试验基地的10名战士负责保驾护航。进入沙漠腹地是件很危险的事，总师王希季不放心，不顾再三劝阻，坚持一同前往。一行人半夜乘车从基地出发，清晨来到山口处，软沙漠上汽车无法正常行驶，只能徒步前往搜索。

巴丹吉林不但是世界三大沙漠之一，而且高度排在第一位，海拔达2300多米。从硬戈壁进入软沙漠，只见一座又一座沙丘绵延不断，沙随风走，坑丘互变，视野空旷，又没有任何能够定向的参照物，很难辨认出东南西北。

面对凶险叵测的茫茫沙海，不管王希季怎样坚持，大家无论如何也不肯让他再往前走了。他们留下较重的东西，请他在原地等待，作为众人进入沙漠后的联络与指示点。拗不过大家的心意，他只好留下来，听任林华宝带领一行人向沙漠深处走去，目送同伴们带着草帽、背着水壶的身影越来越小渐至消失，才怀着一种难以名状的复杂心情，开始了漫长而又揪心的等待。

在松软的沙丘上长途跋涉，对人的体能和毅力都是严峻的考验，连担任向导的马指导员也不敢掉以轻心。他不无忧虑地说："我在这里干了这么多年，很少进来沙漠，来的话也是牵着骆驼，这次只要能把你们安全带出去，就算圆满完成任务。"

他们两人一组分头搜索，从早上一直找到中午仍一无所获。正值 7 月酷暑，似火的骄阳将沙漠变成了一口干了锅的大蒸笼，气温越高，空气显得越干燥，阵阵热浪迎面扑来，鼻腔内似有一种被灼伤的感觉，喉咙里更像是燃着烈焰冒着烟。

寸草难觅，更不可能有树荫，烈日当头，挥汗如雨，大家坐下来稍事休息，简单吃些干粮填饱肚子，又继续寻找，直到下午 5 点多，才在沙堆中发现了只露出一点尾翼的箭体，又搜索了一个多小时，总算在一处沙丘顶上找到了箭头。

现场处理工作完毕，他们抬着红外地球敏感器和照相机踏上归途时，已经是晚上 8 点多了。置身无涯无际无地标的大漠中，白天都不易辨别方向，更遑论夜晚，没有现代化的通信工具，走出去得太远了，根本看不到王希季在外面发出的信号，一行人走着走着就迷了路。

午夜时分，打完了最后一颗信号弹，水喝干了，干粮吃光了，脚底板磨出了血泡，又饥又渴又疲惫，体力几近不支，大家坐下来休息，连说话的力气都没有了，一个个耷拉着脑袋喘粗气。

幽深的夜空散布着浩瀚的繁星，无垠的沙海呈现着亘古的苍凉，林华宝却全然无心观赏大自然奇妙的意境。他知道沙漠不是久留之地，天气变化无常，只要一阵大风刮过来，看似平静的沙丘瞬时就可能变成一头无情的猛兽，倾覆过来将人员与仪器全部掩埋吞没，即便不刮大风，在这气温骤降寒气袭人的夜幕下，也蕴藏着各种难以抵御的险情，稍有松懈就可能会走不出去，尽快撤离才是明智之举。

十几分钟之后，他招呼大家：“起来吧，出发啦！”

一个就势躺倒在沙丘上的小战士不肯起来：“你们走吧，我实在走不动了，先睡一小觉再走！”

林华宝一反惯常的和颜悦色，以不容逆违的强硬口吻说：“绝对不行，我们必须坚定信念连夜赶路，天亮之前就是爬也要爬出去，而且一个人都不能少，这是命令！”

他这次前所未有的严厉态度，让搜索队员们意识到了事态的严重性，赶紧打起精神来继续赶路。干渴、饥饿、寒冷、困倦、疲惫，在体力几近不支的状态下，队员们相互关照，彼此搀扶，硬是凭借着顽强的意志坚持行进，上坡时四肢着地爬着走，下坡时坐在沙上滑着行，腿脚绵软，步履艰难，每前进十几米就得停下来歇一歇，喘口气才能再往前走。

直到在半空中看到了王希季发出的信号弹，辨认出明确的方向，林华宝的心情才变得轻松一些。大家的精神也为之一振，鼓足最后的力气，终于在黎明的曙光中一个不落地平安走出了大沙漠。

透过微薄的晨曦，看到远处沙丘上出现了缓慢移动着的一行身影时，等了一天一夜不曾合眼的王希季大步迎上前去。看到队员们一个个灰头土脸地挂满了黄沙，身上背着回收物，拖着踉跄的脚步疲惫不堪的样子时，他动情地与他们紧紧拥抱在一起，夺眶而出的泪水表达了男子汉内心最深沉、最强烈的情感："真怕你们出事啊！再不出来的话，我就要请求空军派飞机寻找了！"

试验取得了圆满的成功，技术试验火箭事半功倍地解决了相关技术难题，遥测系统将红外地球敏感器测量到的大气中二氧化碳吸收带产生的红外辐射强度和起旋情况、摄影光度计测量到的地面景物光亮度、过载仪测量到的轴向过载系数等数据通过无线电发回地面，为返回式卫星姿态控制系统和摄影系统的研制提供了可靠的依据。

高空试验火箭"T-7A（Y6）"被列为1977年北京市科学大会表彰项目，并入编《1977年北京市科学技术重要成果表扬册》。

林华宝还是返回式卫星结构分系统最早的技术负责人。为了完成理想的设计方案，他查阅了大量国外相关资料，并汇编成一套三册的国外卫星和飞船结构图册，以及五册以飞行器防热结构为主要内容的《结构设计参考资料》。这些难得一见的宝贵资料帮助研制人员开扩了眼界，拓展了思路，对"FSW-0"的结构设计起到了很好的参考作用。

一年多的时间内，他组织和领导研制人员完成了结构系统的方案设想及方案论证工作，确定了包括防热结构在内的结构系统方案。该方案被吸收在我国返回式卫星总体方案之中。他主持完成了返回舱、仪器舱结构试验件的设计，在图纸下厂加工阶段，经上级安排，将任务移交给501部。

随后，林华宝又承担了返回式卫星的片盒和暗道结构研制任务的技术负责人。相机是返回式卫星的主要有效载荷，在轨道上拍摄好的胶片要通过暗道，输送到返回舱内的回收片盒中。这个任务本来是由6771工程处负责的，他们用一年时间研制并生产出片盒和暗道初样，经过试验发现因无法耐受规定的内压，导致薄壳结构的外壁变形严重。

林华宝得知此情况后主动请缨，提出由508所承担此项任务，获得了领导的批准。在他的领导下组成了“三结合”研制小组，(“三结合”系20世纪60年代推行的一种科研组织形式，即由领导干部、技术人员和工人共同参与）推出外壳与胶片支架相结合的新方案，具有结构紧凑、重量较轻的优势。此外，他还提出：长暗道和大片夹采用化铣结构，并在长暗道下面增加一段不锈钢波纹管暗道。

在研制过程中，技工于文超师傅克服了缺少设备的困难，硬是用手工敲出壳体，用刨床滚压出壳体上的凸槽，手工控制在立式铣床上铣出形状复杂、精度要求很高的密封槽（当时没有数控铣床），并初步通过了密封试验。

在初样设计阶段，研制人员陈玉芳等又改进了加工工艺，并进行了大量的环境试验，最后推出的成品片盒和暗道通过了各项环境试验。椭圆形截面的不锈钢波纹管暗道是首次试制成功并用于航天的产品，在历次飞行试验中都有上乘表现，高质量地完成了研制任务。在一次回收任务中，片盒浸泡在7.5米深的水下七天七夜，打捞上来仍保持着结构的完整性和密封性，确保了盒内的胶片完好无损。

由于组织机构调整，这项任务在结构试验件完成气密试验后，移交给其他室。日后，林华宝又以所技术领导的角度再次负责这项任务，并提出将暗道两个分离面上的解锁螺栓，由每个分离面 4 只减少到 2 只，成功地应用于后来的 4 颗卫星上，显著提高了暗道分离的可靠性。

由他负责研制的这种胶片片盒，性能优于美国照相侦察卫星的片盒性能指标。美国卫星的片盒结构重 26 千克，装胶片 30 米。而我们的片盒结构重 45 千克，装胶片 2000 多米。该片盒暗道被列为 1978 年全国科学大会表彰项目，荣获 1978—1979 年国防科委科研成果二等奖。

林华宝

林华宝院士传记

Academician Lin Huabao's Biography

第十一章

吃尽苦头 研制成功降落伞

顺境不忘忧，逆境不坠志。不公正的对待并没有影响这两位领军人物对航天事业的执着热情，被批判了多日的他们一回到工作岗位，立即组织研制人员针对空投试验中暴露出来的问题，对降落伞进行改进。

1970年年底，一系列单项技术的研究和试验完成后，返回式卫星的研制工作进入设计和制造阶段。一天，所里的军管会负责人找林华宝谈话，开门见山地说："组织上决定由你来负责FSW-0返回式卫星回收系统的研制工作，今天找你来就是想听听你的意见。"

这个决定让林华宝很感意外，一方面，所学专业是力学，入行十多年来基本上干的都是结构方面的工作，而回收是个全新的领域，转行会面临很大的挑战；另一方面，回收是返回式卫星的核心技术，该系统对可靠性要求非常高，一旦回收失败返回舱坠毁，造成有效载荷获取的信息无法判读，整个任务就会前功尽弃。更为严重的是倘若返回舱偏离预定地区降在国境外，不仅酿成严重泄密事故，还有可能引起外交纠纷。

自己一不是共产党员，二不是"红五类"出身，又在"修正主义"的苏联留过学，还有一个"右派"哥哥，一个根既不红、苗又不正的"臭老九"，没被打入另册已经很万幸了，如何能担当如此重要的责任呢？

见他沉吟不语，一脸凝重迟疑的神情，军代表似乎洞穿了他的心事，有的放矢地做起思想工作来："你也知道回收系统的责任非同一般，组织上不可能轻易做出这样的决定，而是经过了认真考量的。许多同志都反映你工作能力很强，既认真负责，又作风正派，大家信任你，希望你思想上不要有顾虑，放手大胆地开展工作……”

原本就把服从工作需要视为自己的本分，这样一番话更说得林华宝心头热乎乎的，不仅消除了思想上的顾虑，更感受到了莫大的鼓舞，二话没说就放弃了驾轻就熟的老行当，转而全力以赴地开始了新岗位上的冲刺。

好在曾参与过探空火箭回收的研制工作，而卫星回收技术正是在火箭回收技术的基础上由小至大，由简单到复杂发展起来的，所以他很快就进入了新的角色。不久，上级正式任命他与陆章福分别为回收系统的正、副主任设计师，负责领导和组织我国第一代返回式卫星回收着陆系统的研制工作。

回收是一门综合性应用技术，从系统组成上看包括总体结构、遥测装置、供配电、控制装置、降落伞、火工装置等。要想让重量重、体积大的返回舱遵照预定的时间和路线，从轨道高度顺利返回预定地区，可不是轻而易举就能实现的。

美国的第一代侦察卫星“发现者”一连遭受了12次失败，直至第13颗星才回收成功，回收技术难度之高可见一斑，用“差之毫厘，谬以千里”来形容并不为过，倘若返回速度方向角稍稍偏差1度，落点就会相错数百公里。

降落伞是卫星回收系统的核心部件，技术上是探空火箭降落伞的延伸，难度却要高出许多。返回舱在轨道上返回，开伞高度高，速度快，回收承重大，所经历的环境条件更是非常恶劣，与回收箭头相比，不仅工作程序和控制方法更加复杂，系统的质量和体积限制也相当苛刻，伞衣直径更是大得多。为了使返回舱在着陆段能受到较大的气动阻力，逐渐减速至安全速度着陆，其主伞的展开面积要达百余平方米。

林华宝接手之际，降落伞的设计工作虽然已经取得了一定的进展，但由于

"文革"期间许多规章制度都遭到破坏，研制工作没有能够严格遵循科研程序推进，加之回收系统的设计又存在有先天不足之处，出现了一系列久攻不下的技术问题。

尽管大家干得既努力又艰辛，也克服了许许多多的困难，却在空投试验中遭遇屡投屡败的严重挫折。距回收系统正式交货的日期只有不到一年的时间了，再加上政治氛围紧张而压抑，片面观点、好大喜功、急于求成的情绪左右着研制工作，以致每个人心理压力都非常的大。有研制人员回忆当时的情形说："每天一上班，我们就被人点着鼻子训斥。"

一次进行空投试验前，后勤的同志们想到试验队员工作很辛苦，早餐特意为大家炸了油条，在那粮油都限量供应的年月，能吃上油条是很难得的口福。偏巧这一天的工作进行得非常顺利，有人随口说了句玩笑话："早上这根油条还真管用啊！"

没想到说者无意听者有心，汇报给军管会竟引起了轩然大波，险些酿成政治事件。有人上纲上线地批判："试验的成功应该归功于战无不胜的毛泽东思想，怎么能说是油条起的作用呢，简直就是反动言论嘛！"

面对这样的局面，明知任务艰巨，时间紧迫，责任重大，林华宝却没有因此产生丝毫畏难和退缩的念头，心中反而涌起一种"明知山有虎，偏向虎山行"的气概，坚信只要开动脑筋做足功课，办法总会比困难多。

经过深入细致的调查研究清理，在总结过去工作的基础上，他从整顿健全和严格推行各种技术管理的规章制度入手，致力于使研制工作能够按程序规范化地进行，避免各种人为的责任事故。

在提出工作计划的同时，他要求凡是试验都必须有试验大纲、操作规程，试验完毕后要有报告、有分析，在试验过程中要严格实行岗位责任制，一丝不苟地贯彻执行各项要求和规定，切实把质量保证工作落实在规范化、制度化的管理上。

遇到个别人编写文件有困难或是不愿意承担时，他也不强人所难，索性自己动手。减速伞和主伞的质量检验规程、包伞工艺规程等技术文件都是他亲自执笔的。为此，他查阅了大量资料，对伞的强度、稳定性等确定了全面的技术标准。有了明晰的规章制度可循，确保研制和试验工作得以高质量运行。

林华宝全身心地投入到研制工作中，既善于从理论上充实和丰富头脑，又重视在工作中总结实践经验，详细查阅了历次空投的文档资料，认真总结成功和失败的经验与教训。为了能够借鉴和汲取国际上的成功范例，他想方设法去各处图书馆、情报所，以及兄弟单位的资料室，查阅了大量的国外相关文献资料，并发挥自己的外语优势，利用业余时间把重点内容翻译出来。

他先后组织姚锦麟、马宏林等人，翻译了苏联的《联盟号飞船》及《美国双子星座降落伞系统》等数万字的多篇外文资料，提供给研制人员参考。其中很多宝贵的经验与教训，对日后我国航天工程的研究和发展起到了积极的作用。

在北京图书馆搜集资料时，意外地发现了美国《气动力减速器性能与设计规范》一书，他马上建议有关部门尽快出版，并亲自翻译了其中有关开伞载荷计算的部分内容，有力地推进了回收研制工作的开展。

伞衣的强度是个必须解决的难题，由于其用柔性面料制成，无法依据理论计算强度，只能靠空投试验来确定。空投试验就是从不同高度和速度的飞机上，投下装有回收系统的模型后，启动系统使其按程序工作，同时测量记录获得数据，供分析研究。

为了避免人员伤亡和财产损失，空投场地必须选在空旷无人的荒原大漠。这些地方昼夜温差很大，白天 50~60℃的地表温度，火辣辣的阳光烤得人口干舌燥，皮肤刺痛，夜晚则朔风砭骨，寒冷如冬。

山西、山东、陕西、四川、内蒙古……许多省区的偏远地带，都留下了林华宝和试验队员们艰难跋涉的足迹。他们为此而吃尽苦头，经常几个月离家在外，经受风吹日晒的历练不说，还曾在齐腰深的芦苇丛中，一连几个小时趟着泥水搜索模型。虽奔波劳累，却干劲十足，只要研制工作能取得进展，再苦再累也心甘情愿。

在林华宝接手“FSW-0”的回收系统研制任务前，已进行过两批次空投试验，由于当时不具备卫星用降落伞的设计经验，进行第一批次空投试验时，两套全尺寸空投模型全部坠毁，采用了加强伞翼结构的措施后，进行的第二批次空投试验仍然以失败告终。他全面负责后，很快就组织研制人员认真总结了两个批次失败的教训，并针对失败的原因，提出降低开伞冲击载荷的措施，付诸实施后，在年底进行的又一次空投试验中获得了初步成功。

查阅以往所有的空投试验记录，林华宝发现了两个不容忽视的重要问题：

一、试验中从未使用过光测设备，各种轨道参数和降落伞的气动力参数都只有理论值，而没有实测的数据，这就导致无法给回收系统作出客观定量的评估；

二、每次空投试验高度都没有超过 4500 米，而返回式卫星再入舱弹射球形底盖的高度为 17000 米、减速伞开伞高度为 9700 米、主伞开伞高度为 7500 米，

20世纪70年代初，林华宝（右）在酒泉导弹试验基地与战士合影

也就是说试验中开伞速度和速压等特征参数，都没有达到设计要求。

为此，他与沈祖伟等人提出到西北基地进行空投，以获得光测数据，同时把空投高度提高到 9500 米，并多次奔走于国防科委、空军司令部作战部和第二高炮部之间。经过为期两个月的磨合，终于获得了上级领导的批准，同意他们在空军第二训练基地进行一次空投试验。

1971 年 8 月，林华宝率试验队来到空军第二训练基地，利用“安 12”运输机进行了 8 个架次的空投试验。一直以来回收系统的研制工作，都是在王希季总师的领导下进行的。每次空投试验，只要没有特别的任务，他总会随队亲临现场指导。

技术阵地和机场在空军第一基地，而空投试验场在空军第二基地，二者相距甚远，中间还有 30 千米左右的距离根本没有路。汽车在戈壁滩上艰难地行驶着，正值盛夏，中午的气温高达 50℃，沙漠中连草都属罕见，更遑论可以遮阳的树荫了，在烈日的直射下，从头到脚感受到的都是灼烤般的热浪，凡暴露在外的皮肤都被晒得火辣辣的刺痛，汽车性能差，跑上 20 分钟水箱就“开锅”，不得不抛锚进行降温处理。

这是首次在 9000 米以上高空进行投放试验，也是首次运用了电影经纬仪、电影望远镜、高速摄影机、雷达等光测和雷测先进手段，测量了模型的下降轨迹，拍摄了开伞过程，并首次获得了有相当参考价值的光测数据，切实掌握了模型下降速度及降落伞气动力特征参数。

最后两个架次做的是强度试验，即把开伞动压提高到超过设计动压，以求得降落伞系统的实际承载能力。这两个架次的试验都“吃了大饼”——这是试验队员们对降落伞未能正常打开，模型坠毁挤压成饼状的一种诙谐说法。

一回到驻地，林华宝就组织大家一起分析故障，查找原因。经多方分析后，王希季在总结时提出，有可能是模型下降速度过快，达到或超过开伞临界速度，导致未能正常开伞，并提道：“这种情况在美国、苏联的《降落伞学》书上均提到过，我们还是初次碰到。”

这句话汇报到军管会时，却不知是有意还是无心，被误传为“试验虽然失败了，但超过了美帝苏修”。无中生有的一句荒唐话，本来没有什么实际意义，却被当成了阶级斗争的新动向，一行人风尘仆仆回到北京，连家都没来得及回，直接就进了“学习班”。

曾经遍地开花的“学习班”，是“文革”中盛行的“新生事物”，一种以学习之名行批斗囚禁之实的专政方式，内容不外乎自我交代、相互揭发、攻击批判、胁迫恫吓等，时间短则三五天，长者可达数月之久，曾制造了不少人间悲剧。

有一个现实的事例，揭示了“学习班”会给人造成怎样的心理阴影：有过进“学习班”经历的美学宗师朱光潜先生，运动结束十余年后发生脑血栓，被送往医院途中，在生命垂危、神志不清的状态下，反复说的一句话，就是“我不要上学习班！”

临回北京时，林华宝见车皮空着，想到被摔坏的模型体积那么大，白白丢弃了很可惜，便让人装上车带了回来，本意是当成废钢铁上交，做梦也想不到竟被派上了特别的用场——与未能正常发挥作用的降落伞摆在一起，布置成一个“罪行实物展”，主题是“看他们是怎样超过美帝苏修的！”

学习班的主持者宣称“这次试验不是技术问题，而是有人故意破坏”，斗争矛头直指王希季和林华宝，断定“他们事先就知道要失败，为的就是看无产阶级的笑话”，责令这两个“现行反革命分子”彻底坦白交代，低头认罪！

尽管欲加之罪何患无辞，可毕竟稍有常识的人都知道，既然是试验当然就有可能成功，也有可能失败。何况这次空投试验的目的，就是要掌握降落伞各种可能的工作状态，包括极限情况和超设计情况，以便有针对性地进行改进和完善。进行降落伞的强度试验，模型坠毁不仅是难免的，甚至是必不可少的，因为需要将载荷加大再加大直至伞破，才能确切掌握伞的最大受力究竟是多少。

倘若真的想要“看无产阶级的笑话”，不管是王希季还是林华宝，根本没必要吃苦受累地跑去荒芜的戈壁滩，只要他们不这样焚膏继晷、尽心竭力地真抓实干，就不难达到目的。为了从无到有开创祖国的航天事业，他们经年累月、晨兴夜寐，甘冒风险、无怨无悔地奉献着自己的才智和心血，如此悠悠赤子之心，拳拳报国之情，怕是那些热衷于“造反”和“革命”的人根本无法理解的。

王希季是八院唯一上了周总理亲自审定的受保护专家名单的，面对谵言妄语，敢于不畏强暴，据理力争。林华宝没有这样的底气，却也做到了逢辱不惊，遇屈不乱。他的策略就是不争不辩，不言不语，任凭你扣上多吓人的大“帽子”，反正自己于心无愧，坦坦荡荡，相信最后总会清者自清。

待空投试验中拍摄的高速摄影胶片送到北京，冲洗出来的照片清晰真实地记录了整个开伞过程，表明了主伞开伞失败是由开伞部件设计缺陷导致的，而这是一个原来没有认识到的技术问题。不实之词顷刻间不攻自破，“搞破坏”“看笑话”的说法本身成了笑话——谁有本事在9000米的高空搞破坏？！

顺境不忘忧，逆境不坠志。不公正的对待并没有影响这两位领军人物对航天事业的执着热情，被批判了多日的他们一回到工作岗位，立即组织研制人员针对空投试验中暴露出来的问题，对降落伞进行了一系列相应的改进。

以主引导与辅助引导串联组成双引导伞系统，代替了原来的单引导伞系统，并用现代充气理论建模，分析计算了降落伞两级开伞过程，理论分析与空投试验结果相吻合；用弹伞器取代了原来的弹伞螺栓，避免了由于返回时尾流区较大，弹伞螺钉的能量有限，引导伞可能憋在伞衣套内弹不出来的情况；采用伞衣收口方法，降低开伞冲击载荷。

这些具有中国特色的创举，不仅圆满解决了降落伞在高速条件下开伞的强度问题，而且可以确保任何情况下均能可靠开伞。为了检验降落伞改进后的实际效果，还需要再次进行空投试验。

本来已经与空军靶场商定好，试验安排在9月底进行，却不想发生了变故——自“913事件”发生后，中央出台了一个新规定，凡需动用飞机，都必须经过中央专委的批准。由此，林华宝得到了向周总理汇报空投试验情况的机会，并留下终身难忘的宝贵记忆。

11月12日下午，他与五院何副院长、所军管会史副主任一起先来到国防科委，向罗舜初和钱学森两位副主任汇报空投试验情况，随后又奉命前往人民大会堂，向周恩来总理进行汇报。得此殊荣让他兴奋之余又不免有几分紧张，毕竟这是第一次有机会近距离接触亿万人民尊崇仰慕的总理啊！

没想到日理万机的周总理，居然对返回式卫星的研制情况了如指掌，详细地询问了空投所需的机型、试验的细则、研制的进展及目前存在的困难。他认真地倾听着林华宝的汇报，频频点着头，不甚明了的地方还会追问一两句，不知不觉间两个多小时过去了。

汇报结束后，总理还邀他们留下来共进晚餐。饭桌前，总理关切地招呼大家要吃饱吃好，并不时地和这个聊上几句，对那个关照一下，还特意询问林华宝是哪个学校毕业的，学的是什么专业。得知他曾在南开中学读高中，总理高兴地说："那我们还是校友呐！"

气宇轩昂、英气超群的周总理，一直是林华宝心目中的楷模和典范，没想到私底下竟是这么的亲切温和，这么的儒雅平易。这一餐吃得时间不短，他却根本没注意都吃了些什么，吃什么并不重要，重要的是与谁一起吃。

只不过是一顿普普通通的工作餐，却因为这位至善至美的主人，而成为他终身难以忘怀的美好记忆。尽管回到家已经快晚上10点了，他还是抑制不住激动的心情，兴奋地向妻子详细讲述着当时的情形，特别是周总理说过的话，以及他对航天事业的支持，对航天战线工作者的关心，都和盘托出，让她分享来自周总理的鼓舞。

得到周总理的亲自批准后，林华宝率试验队一行，乘火车前往内蒙古乌兰察布市，进行又一次空投试验。在一个名为土贵乌拉的小站下车后，他们又步行了四个多小时，才到达位于黄旗海畔的空军靶场。

这里条件异常艰苦，吃的是又黑又粗的“钢丝面”，住的是四面透风、窗户都关不严的小破屋。十几个人挤在一间狭小的屋子内，简直就像罐头中的沙丁鱼。仅有的一张小木床，大家一致坚持让年龄最长的王希季享用，其他人就睡在铺着稻草的地上。

说起来林华宝也是留过洋的大知识分子，出差在外无论衣食住行，从来不计较环境和条件，始终与试验队员们享受同等待遇。他与众人一起挤在稻草铺就的“卧具”上侧身而眠，不大一会儿就酣畅地打起呼噜来，也实在是太劳累了，身体对睡眠的需要已经超越了对温暖的渴求。

正值隆冬时节，-30℃低温的旷野上，寒风凛冽，滴水成冰，王希季和林华宝二人轮岗，一个守在机场，一个盯在靶场，开始了又一轮的空投试验。试验进行到第四架次时，发生了减速伞人字连接绳在缝线处断开的故障。为了不影响试验的进展，王希季亲自带着故障绳赶回北京，指导加工新的、增加了强度的人字连接绳，完成后立即再赶回靶场，使这次空投试验实现了预期的目的。

在降落伞系统攻关的过程中，林华宝不满足于已达到的水平，而是精益求精，力求确保高可靠性。卫星引导伞和主伞的开伞方式最初是沿用人用降落伞的做法，即先拉伞衣套，再拉直伞绳。这种方法虽然在多次空投试验中均获得成功，但从空投试验的光测照片中发现，有时伞衣套刚离开返回舱后端，伞绳尚未拉直就已脱开，还有一次绳扣差点儿就拉不出来。

这让他产生了顾忌，万一伞衣套脱开时伞衣正处在尾流区内，就可能导致无法正常开伞，还有可能伞绳会缠绕在伞上致使伞打不开。为了消除这个隐患，他带领研制人员不断尝试改进开伞方式，以致主管降落伞的同志都有些想不通了——明明开伞很顺畅，何必要为了这个“假想敌”如此耗费心思呢。

林华宝坚持认为，凡是上天的产品必须要做到百分之百的保险，不能留有丝毫隐患。他先是提出由顺拉改为半倒拉式出伞，后来又进一步改为全倒拉式出伞，即由引导伞（或弹伞机构）先拉直伞绳，然后从伞袋中逐次拉出伞衣，从而有效地确保了开伞的可靠性。

1973 年 7 月，试验队在空军一基地又成功进行了 8 个架次的空投试验。这是他们第一次用“轰 6”型轰炸机在 12000 米高度进行空投，同时也刷新了空军部队空投物资的历史高度。这次鉴定性试验非常重要，对降落伞系统的各种工况、性能指标进行了全面的实际考核。

为了能高质量地完成研制任务，林华宝总是亲临第一线，经常带病坚持工作。有一段时间，他的慢性支气管哮喘病很严重，必须靠不时向喉咙里喷药才能保持正常呼吸，医嘱中很重要的一项就是“一定要卧床休息”。

可他不仅依然工作不辍，还一次不落地亲自带队与试验队员一起，乘货运飞机在高空进行空投试验，以至于在飞机上手里举着药瓶往喉咙里喷药的姿态，已经成为队员们脑海中林华宝的标志性形象。

空投试验是一项风险很大的工作，身为试验队长，每一次执行任务，他的心中都承载着巨大的压力，人员的安全、模型的装置、投放的操作，方方面面都不能有丝毫疏忽。试验结束后，他也顾不上休息，还要抓紧时间从试验的数据中、摄影抢拍的一帧帧照片中，发现问题的蛛丝马迹，进行技术分析和总结，明确下一步的主攻方向，有时还要亲自撰写试验报告。

自 1969 年开始，历经四年时间，试验队先后在不同高度、不同速度的条件下，进行了 13 个批次、58 架次的空投试验。通过包括强度破坏性和可靠性增长在内的一次次空投试验，不仅获得了降落伞比较确切的各种性能参数，也使存在的各种缺陷和隐患得到了充分的暴露，研制人员有的放矢地不断加以改进，使之逐步完善，所有零部件都经历了严格的考核，终于研制出我国第一套返回式卫星降落伞。

林华宝

林华宝院士传记

Academician Lin Huabao's Biography

第十二章

唯才是用 勠力同心解难题

不单诚心依靠室内原有的技术力量，为了加强回收系统的研制力量，更好地开展技术攻关，他还将关注的目光投向多位因为这样那样的原因，而未能得到重用的有才之士身上。

在回收室全体人员同心同德的努力之下，回收系统的研制工作取得了很大进展。林华宝深感欣慰的同时，并没有盲目乐观，深知还有不少技术难题亟待解决，“革命尚未成功，同志仍需努力”。

此时，主要是有四个悬而未决的难题困扰着大家，迟迟未能突破：一、返回舱底盖弹射时所需的最小弹射速度尚未确定，因而弹射底盖的弹射筒最终工作状态无法落实；二、弹射筒的地面模拟试验的正确方法还没有明确；三、用什么方法能有效验证过载开关的可靠性；四、如何确定回收系统“过载—时间”的控制方案是否适用。

受命接手回收系统研制任务之初，军管会负责人曾责成林华宝：“原来的研制班子不行，要进行改组，特别是主要技术骨干都要撤换。”

他上任后并没有盲目从命，经过一段时间的深入考察之后，认定班子里的研制人员都是多年从事回收技术的业务骨干，无论负责系统工作的杨礼明、负责电路的郑伯桥、负责钟表的秦瑞林，还是负责降落伞的魏立存、负责过载开关的陆永发、负责火工品的史瑾文，哪一位都是勤勤恳恳、兢兢业业、尽职尽责的好同志，也都在研制工作中起到了不可或缺的促进作用。

实践出真知，工作中无论是成功的经验，还是失败的教训，都是难能可贵的积累。林华宝非但没有撤换任何一个人，反而十分尊重和信任大家，工作上尽力支持他们，充分发挥每一个人的作用，同时虚心向他们学习，使自己尽快进入状况，精通回收技术及相关业务。

不单诚心依靠室内原有的技术力量，为了加强回收系统的研制力量，更好地开展技术攻关，他还将关注的目光投向多位因为这样那样的原因，而未能得到重用的有才之士身上。毕业于复旦大学的黄元美，毕业于南京大学的司永贵，被调到回收室工作后都作出了不俗的贡献。而李颐黎的到来，也对破解技术难题起到了很重要的作用。

出自北京大学数学力学系的李颐黎所学专业是流体力学，曾是当年上海机电设计院为开展人造卫星研究设计而派出的“四人研究小组”成员之一，曾亲炙于钱学森达两年之久，在飞行力学和空气动力学方面很有专长，还曾参加过长征一号运载火箭和返回式卫星返回舱的轨道设计工作。

说起来既荒唐又可笑，他被打入“另册”的缘由竟是出于谈恋爱。他的女朋友也在本单位工作，本来二人交往已经通过了单位的政审，被告知“没有问题，可以继续发展”，待确定了恋爱关系论及婚嫁时，却又被告知“不行，必须分手！”

二人相处日久，已经有了相当的感情基础，自然不甘心就此一拍两散。李颐黎觉得既然她能够在保密单位工作，必定也是通过严格政治审查的，家庭应该不会有太大的问题，自己也老大不小的了，不愿放弃这两心相悦的姻缘，就不顾组织的反对举办了简单的婚礼。

本是担纲重任的技术骨干，没想到婚后不久就被安排去军垦锻炼，三年重体力劳动结束后，他并没有能够重新回到重要的科研工作岗位上，而是被分配到四车间，充当一名从事二极管生产的工人。

林华宝认为这样的安排是对科技资源的浪费，一方面不忍看李颐黎的专业就这样长期被荒疏着，另一方面自己的研制团队中解决技术难题正需要懂轨道计算的人才，就积极向所领导陈情，申请将其调来三室，颇费了一番周折，总算让他重新获得了发挥才智的机会。

有了用武之地的李颐黎非常珍惜重操专业的机会，很快就掌握了回收系统研制的状况，倾心尽力地帮助林华宝出谋划策，排忧解难，想方设法破解技术难题。

要制定出合理的回收控制方案，必须依据合理的返回轨道，而总体设计部给出的各干扰轨道的偏差，是按代数和计算的偏差返回轨道，回收系统在正常返回情况下却无法控制。李颐黎发现这一问题后向总体设计部提出，采用各轨道参数按均方和偏差计算返回轨道才是正确的方法。

总体部采纳了李颐黎的意见，又给出了按均方和偏差计算的返回轨道。在此基础上，研制人员用概率论方法分析，创造性地将返回过程分两段控制：第一段在再入前，控制起旋火箭、制动火箭和消旋火箭点火；第二段是再入后回收系统工作段，以再入制动过载特征值为零点。为此，他们又研制了能两次启动的时间控制机构、加速开关和相应火工装置。

林华宝率张贡年、张振声等人进行了大量的地面弹射试验，最初试验是采用单一弹射筒推整个底盖（含制动发动机壳体）重量的试验车在导轨上运动，测得分离速度乘以$\sqrt{2}$，作为实际分离速度。但这种测试方案不科学，因弹射筒的工作状态并不反映实际飞行的状态，故测出的速度及推力值均不合理、不可靠。

他与陆章福一起组织力量攻关，先推导出弹射筒地面试验模拟相似律，又提出采用单筒弹射二分之一的底盖（含制动发动机壳体）重量试验测得飞行时分离速度及推力的方案。该方案得到王希季的认可，在弹射筒地面模拟试验中采用后，一举突破了找不到弹射筒地面模拟试验正确方法的难题。

在酒泉导弹试验基地执行任务期间，总体部在一次集体讨论会上提出，过载开关在振动环境中究竟多大g的加速度能接通电路，以及是否会产生误启动，还没有进行过可靠性检验。其实这个问题一直装在林华宝的脑海中，只是还没想出地面模拟试验的验证方法。

会后，他再次组织大家集思广益，反复讨论后产生了普遍认为靠谱的模拟试验方法。由于这个试验至关重要，经过支委扩大会讨论，决定派陆永发和李颐黎先行返回北京，尽快进行地面模拟试验。

试验结果表明，过载开关启动时过载达到5.5g以上是可靠的，不会产生误启动，从而确定了卫星上不取消“过载—时间”控制，以及由时间控制切换至“过载—时间”控制的程控切换判别准则，解决了回收系统控制方案迟迟定不下来的难题。

随即回收钟表的真空润滑问题，以及尾流区的弹射分离问题，也都得到了很好的解决。在01批正样交货的热真空试验中，发现钟表有走慢和停摆现象。林华宝又带领几位同事进行了大量的环境试验，从七种润滑油中筛选出适用于回收系统工作条件的真空润滑油，从而解决了钟表在特殊环境中不能正常运转的问题。

尾流区的弹射分离本来有一个简单的方程估算方法，在实际工作中比较适用。但在使用时，选择尾流区的计算长度需要有一定的经验。他在美国的一份资料中了解到，那里的同行们为弹射阿波罗飞船的防热罩，曾进行了详尽的尾流区风洞试验。

与陆章福、沈祖伟等人商量后，林华宝执笔编写了尾流区风洞试验任务书，并专程到 701 所向著名空气动力学家庄逢甘博士请教，得到了充分的肯定和支持。为了进行风洞试验，他带领相关人员一次次远赴四川绵阳，通过试验数据的分析得以确定了再入舱球形底盖的最低弹射分离速度，以及降落伞连接绳的长度。

此外，他还与回收系统负责人李淑慧一起，率同事们新研制了能多次启动的程序控制机构，以及适用的过载开关、配电器以及品种多样的火工装置，为了帮助回收区地面搜索部队能尽早发现着陆后的卫星，还研制了回收信标机及相应的机载无线电定向罗盘，与地面 702 雷达相匹配的星上回收雷达应答器等。

为了贯彻执行周总理“严肃认真、周到细致、稳妥可靠、万无一失”的指示，除对日常的研制工作精益求精之外，林华宝还坚持严把产品质量关，在每次空投试验和降落伞正样交货的准备阶段，都会特别留意检查验收。

为了确保降落伞的质量，他特别要求负责材料的黄爱和黄碧霞，在每一批次的降落伞生产前，都要对材料进行复验，并写出书面报告，加工工艺必须严格按规程执行。每颗正样星的降落伞交货，他都要亲自参加检查和包伞。

在攻关克难的研制工作之余，林华宝还致力于资料的收集与整理，与司永贵、黄元美等同事一起，用统计方法分析计算了降落伞的各种气动力性能参数，系统梳理了历次空投试验得到的大量数据，编写出多达五大本的技术总结报告。分析结论表明，他们研制的降落伞系统完全符合设计要求，具有相当高的可靠性指标。

这些难得的重要资料，得到了王希季总师很高的评价，并在日后的研制工作中发挥了重要作用。这一段时间里，端坐在计算机前全神贯注分析数据的样子，成为同事们印象中林华宝最典型的工作状态。

不单推理论证是强项，他还擅长计算，而且对数字持有特别的偏爱和敏感。试验队外出执行任务，总带有几副扑克牌，供队员们闲暇时娱乐用。他手里也有一副牌，却是专门用来进行计算的，紧张的工作之余让大脑在数字游戏中徜徉，是其专享的一种特殊的休闲方式。

20世纪六七十年代，国内降落伞的开伞载荷计算，都是采用苏联降落伞学中计算人用伞的方法进行的。这种方法根本不适用于卫星回收伞的工作情况，与空投实测结果相差很大，曾经导致空投试验的失败。而美国《降落伞手册》推荐的计算方法是基于充气理论，根据伞衣充气过程质量随时间的变化规律求出开伞载荷，但只适用于一次开伞的情况。

林华宝尝试采用伞衣充气过程阻力面积的变化，以开伞行程为自变量，求出开伞载荷的变化规律，与试验结果相当吻合。经过一番缜密的计算，他成功地求解出合理的开伞载荷重量，以及出伞时间、运行轨道、阻力系数等一系列相关数据。

他认为，降落伞的研制工作不仅在实物方面要加强，在理论方面也要有所提高。为此，他身体力行，于百忙之中抽暇撰写理论文章，对降落伞的可靠性加以有理有据的评定，完稿的《平面圆伞两级开伞过程分析》在《中国空间科学技术》刊出后，在特定的读者群中引起了很好的反响。

林华宝高度重视可靠性设计，广泛采用了冗余和降额使用设计，制定了一整套回收系统的各种规章制度、操作规程，并运用现代可靠性理论进行可靠性评估，加之细上加细、严上加严的工作要求，以及团队成员们的恪守不渝，回收系统的研制工作终于高质量地如期完成了。

截至 1974 年年底，回收系统的每一项技术指标都有充分的理论和实验依据，所有装星产品都经过了严格的质量控制和严峻的环境试验，全部达到或超过设计指标。在日后的历次飞行中，凡卫星正常返回的，回收系统均有上乘表现，成功率高达百分之百。

由于研制工作做得扎实可靠，该回收系统还为日后返回式卫星的换代，以及新型航天器着陆系统的研制开辟了一条坦途：“FSW-1”只进行了两个批次的空投试验，“FSW-2”只做了三个批次的空投试验，就达到了预定的设计指标，并都取得了首次飞行即成功的佳绩，神舟飞船的回收系统也是在此基础上研制成功的。

国防科工委的一位领导曾在一次总结会上说：“如果我们卫星的各个系统都能做到像回收系统那样，我们大家就放心了……”

林华宝

林华宝院士传记

Academician Lin Huabao's Biography

第十三章

有惊无险
返回舱顺利归来

热切期待着的人群顿时沸腾起来，每一张脸上都挂着笑容，每一双眼中都噙着泪水，每一颗心里都百感交集，每一个人都深知这胜利来得有多么不容易——为研制返回式卫星而辛苦劳作，他们付出了整整十年的光阴！

1975 年 11 月下旬，林华宝随试验队前往酒泉卫星发射中心，准备执行我国第一颗返回式卫星的发射任务。卫星发射中心虽然冠名酒泉，实际并不在酒泉所辖区域之内，而是在距此 200 多千米以外的内蒙古自治区境内，阿拉善盟额济纳旗南部一片人迹罕至的戈壁滩上。

行前，在五院召开的各单位试验队共同参加的会议上，一位领导讲话中曾提到这次执行任务将采取“见好就收”的方案。大家都理解“见好就收”这四个字蕴含着怎样的无奈——就在上一年，也是 11 月份，返回式卫星第一次飞行试验遭遇了可怕的失败：起飞后不久，就随着一声惊心动魄的巨响而箭毁星亡，浓烟赤焰瞬间弥漫开来，炸碎的残骸纷纷扬扬散落在发射台东南方向方圆 500 米左右的范围内。

亲眼目睹诸多人几年来辛勤付出的心血结晶就这样毁于一瞬，人们沉重痛惜的心情远远不是“遗憾”与“沮丧”这样的词汇所能概括的。虽说是因运载火箭发生故障导致的发射失败，尽管接下来的这一年中，不仅对火箭系统加以多项相应的改进，对卫星也进行了全面的质量复查和联检，但大家心中残存的阴影还是未能完全消除。

1975年11月26日，我国成功发射第一颗返回式遥感卫星

1975 年 11 月 26 日，天晴日朗，戈壁的寒风似乎也有所收敛，没有往常那般凌厉肆虐，看上去是个好日子。

长征二号运载火箭携带着重达 1.8 吨的返回式卫星轰鸣着离开了发射台，穿云破雾后在空中完成了一级发动机关机、二级发动机点火、星箭分离等程序动作，卫星被送进预定的近地轨道，开始了每天环绕地球 16 圈的运转旅程。

发射成功了！大家欣喜万分，一改往日的刚强与内敛，忘情地欢呼着、跳跃着，相互握手拥抱致贺，任凭激动的泪水在脸颊上恣肆地流淌，成功的喜悦令心中郁积了一年之久的失败阴霾一扫而光。

对林华宝而言，欣喜和兴奋只是片刻的，高悬着的心并没有就此而变得轻松起来。火箭的任务顺利完成了，对卫星的考验却才刚刚开始，顺利进入轨道固然可喜，平安返回更是关键，能否如愿以偿，要到三天之后才能见分晓。

虽然通过星上各种仪器仪表传感器发回的信息，可以判断出各分系统都运行正常，可毕竟这是第一次试飞行，制动火箭的推进剂够不够？返回时调姿是否能调整到位？降落伞能不能适时顺利张开？谁也不敢说稳操胜券。

俗话说“天有不测风云”，美国曾经连续发射了12颗返回式卫星，均未能成功回收，有的在轨道上转了几圈后就不再理会地面的指令了，有的虽然飞回地球却不见了踪迹，第13颗星倒是回来了，却一头栽进了波涛汹涌的大海之中。由此可见，要从茫茫太空将卫星召回地面，并准确降落在预定地点，绝不是轻而易举就可以如愿的。

在新闻媒体报喜不报忧的当年，全国所有的报纸和电台在刊登、播发卫星发射成功的消息时，都特意留出了回旋的余地——用心良苦地隐匿掉卫星前面的“返回式”三个字。

已经是深夜时分了，陕西渭南测控中心的大厅中，从发射中心转移过来的百十号人还没有一丝睡意，集聚在这里商讨着卫星的回收问题。按照设计要求，卫星应在太空运行三天后返回。若实施“见好就收”方案，最稳妥的办法就是让卫星正常运行一天，即采取措施提前回收，只要回收环节不发生意外，尽管试验不够圆满，但也还算成功。

绝大多数人都赞成“见好就收”，这也是情非得已，整个社会长期处于无序的状态中，星上的元器件都是在“抓革命”之余“促”出来的，本来就无法确保产品质量完全合格，再加上太空环境条件恶劣，夜长梦多，万一元器件出现损坏造成某个系统的工作失误，以致前功尽弃，还不如“见好就收”呢。

在众人意见呈一边倒的形势下，502 所的吕培书勇敢地站出来，表达了不同的观点。他的理由很充分：首先，星上各分系统均经过地面试验的严格考察，运行三天应该不成问题；其次，卫星已经围绕地球运行多圈，没有出现任何损坏情况，表明仍可以继续正常运行；再者说，即便接下来的运行中真的出现了故障，随时都可以采取措施紧急回收；何况按计划三天后正常回收，不仅可以取得完整的试验资料和数据，还能为进一步发展返回式卫星提供有力保障……

全场鸦雀无声，应该说大家内心都很矛盾，若从科研的角度出发，吕培书的观点无懈可击，可从社会现实考虑，身处政治运动漩涡中，万一卫星出了问题，被上升为“阶级斗争、路线斗争的新动向”，追查起来将是百口莫辩，指不定谁就会沦为替罪的羔羊。

片刻之后，林华宝站起来打破了会场的沉寂。他直言不讳地表明了自己的态度：“我赞同吕培书的意见，按预定计划正常回收。这样虽然有很大风险，但勇于承担风险是我们航天人多年来一以贯之的精神，正是凭着这种精神，才取得了一个又一个的突破。我认为尽力把各方面的工作充分做好，争取全面完成本次试验任务才是上策，卫星上了天，只是发射成功了，若有效载荷不能按计划开展工作，照相任务没有完整实现，就意味着飞行试验没有得到应有的实际收获……”

置身动辄得咎的政治氛围中，在决策的关键时刻，能够不随波逐流甘当“少数派”，全然不考虑个人得失而坚持实事求是，确实需要具备勇于承担风险的大无畏精神。可喜的是试验队领导小组和基地司令员综合考虑后，认可了“少数派”的意见，拍板决定卫星继续正常飞行，同时做好紧急回收的各项准备工作，以防不测。

连续三天三夜，林华宝每天只睡两三个小时，熬得两眼通红。人在忐忑不安中，就会感觉时间似乎过得特别缓慢，参试人员也都像他一样，食不甘，寝不安，不管白天黑夜，只要卫星飞经我国上空时，眼睛都不敢眨一下地紧盯着显示屏，密切关注着接收到的信息。在度日如年的焦灼中，这三昼夜实在是既紧张又漫长。

29日是最关键的一天，凌晨1时20分，卫星掠过我国领空时，遥测显示星上时间码居然全部为“0”。大家不由得一阵紧张，经过认真冷静的分析，判定应该是星上遥感分系统的工作结束了，从而导致时间码无法输送至测控中心，这不仅不会影响回收，反而恰恰证明遥感分系统运转正常。

上午10时许，控制室里的测控人员纷纷忙碌起来，调度指挥员不时发出一连串的遥控指令，分布在全国各地的十几个测控站，开动数百套测控设备，牢牢跟踪着卫星，测定出大量数据，并向其下达着各种控制指令。

卫星返回地面时的速度是非常快的，时间相差5秒，落点就会偏差40千米，而返回点的速度方向角稍稍偏差1度，落点航程就会相错300千米。地面遥控和卫星上的程序控制必须做到精准无误，否则卫星不仅可能会落到回收区外，还有可能摔得粉身碎骨。

47圈即将来临，最后决战的时刻终于来到了。遥控站按时发出了卫星返回调姿的遥控指令，地面接收站立即收到了卫星调姿过程的遥测参数，显示正在轨道上惯性飞行的卫星调姿正常，已改为星首朝向地球飞行。紧接着卫星又遵照遥控站发出的指令，返回舱与仪器舱解锁，并启动时间控制器的指令，仪器舱上的火箭发动机点火工作，两舱分离，返回舱起旋，上面的制动火箭发动机点火、工作……

近百人都屏住了呼吸，视线紧紧盯着描绘卫星轨道的大型数据记录仪，从显示出来的曲线上可以看出，点燃的火箭推动着返回舱正离开运行轨道，沿着缓缓向下倾斜的轨道向地面下降，朝着地球、朝着中国大陆飞奔而来，标图员迅速标记卫星的经度和纬度，预测卫星的落点。

“执行三号指令，卫星消旋，准备开伞！”

走完了上天、入轨、遥感全过程，携带着遥感资料的卫星就要按照原定计划准时返回地面了，胜利已经在握，日思夜盼的时刻终于来到了！

热切期待着的人们顿时沸腾起来，每一张脸上都挂着笑容，每一双眼中都噙着泪水，每一颗心里都五味丛生，百感交集，每一个人都深知这一刻到来的有多么不容易——为研制返回式卫星而不分昼夜地辛苦劳作，从开始调研论证到发射成功，研制人员为此付出了整整十年的光阴！

十年，在历史的长河中不过一瞬，可人的一生充其量又能有几个十年呢！

就在众人兴奋激动之际，屏幕上卫星的各种信号突然消失殆尽。指挥员焦急地呼叫地面各个卫星遥测、遥控站，异口同声的回答令人十分不安：“卫星信号消失！”

从中午到傍晚，测控人员紧张地守候在白茫茫的屏幕前，企盼在某一时刻卫星的信号会奇迹般地出现。尽管已经计算出了落点预报，但落点实情尚未证实，林华宝心里七上八下很不踏实。与此同时，全国调集的 103 条通信线路也都忙碌着，沟通各省、市、自治区，密切注意辖区内可能发现的卫星目标或线索。

晚 7 时许，贵州省军区电话报告：“我省六枝地区 4 名矿工发现，从天上掉下来一个大锅状的东西，分析判断可能是我国发射的卫星落到了这里……”

正为不知卫星的下落而焦急苦恼着的回收部队和研制人员，接到通知后悬着的心落下来一半，这“大锅”无疑就是返回舱，只是不知道从太空远道而归的它是否安然无恙。大家急忙摊开地图察找六枝所处位置，发现两地直线距离 420 千米。顾不得路程遥远，相关人员连夜火速赶去“接驾”。

认领回来的返回舱，在林华宝眼中已是面目全非，裙部完全烧毁，银白色的外壳被烧得黢黑，看上去真的如同一口大黑锅，高强度合金材料的表面变得凹凸不平，还裂出了多道缝隙，“五脏六腑”都被震得错了位，有的已经裸露出来，部分电缆仪器也遭到了一定程度的损坏。

值得庆幸的是，返回舱外壳虽然摔裂了，但最宝贵、最有价值的“黑匣子”只摔出两个窟窿，而没有完全损毁。在太空拍摄地面景物的胶片只是曝光了最外边的两层，其余部分冲洗放大出的照片均清晰可辨。

从第一颗人造卫星进入太空到第一颗返回式卫星顺利回收，是我国航天跨越式发展的一个意义重大的里程碑。虽然这颗卫星的回落偏离预定地点 420 千米，但按照国际惯例，只要能落在本国的国土上，回收就算成功。至此，作为继美国和苏联之后能够成功回收卫星的第三个国家，中国再一次震撼了世界。

不久，航天工业部科技委主任任新民出访欧洲，那里的同行们敬佩地说："中国的航天技术有两件事了不起，一件是独立自主地研制出氢氧发动机，另一件是独立自主地研制出了返回式卫星。"

虽说是差强人意，成功获取了遥感资料，卫星飞行任务总算完成了，林华宝也和大家一样松了口气，心里却高兴不起来。由于没能采取消旋措施，返回舱完全靠自旋高速返回，防热强度不够，底部先烧毁，气流进去又将降落伞等都烧了。虽然问题不是出在自己负责的回收系统上，但这次回收成功并不能代表回收系统真正成功了。

林华宝

林华宝院士传记

Academician Lin Huabao's Biography

第十四章

再接再厉
回收技术臻完美

完美无缺地掌握了难度极高的回收技术，意味着我国从此拥有了自己的战略侦察手段，极大地提高了国防能力和水平，并且为日后开展空间科学实验和发展载人航天事业奠定了坚实的基础。为此，他深感自豪。

回到北京不久，中国空间技术研究院组织有关单位，针对卫星返回舱裙部被烧坏及落点偏差大这两个主要问题，认真进行了故障分析。经过对回收到的裙部碎片的金相分析以及理论研究，大家一致认为，想要使卫星安全圆满地回收，还必须从设计上进行改进。

新的返回式卫星上采取了七项改进措施，其中与返回有关的就有三项：

一、增加了消旋措施，在制动火箭工作结束后，返回舱再入大气层前要进行消旋，即将返回舱的转速降至每分钟 10~15 转左右，以便使其再入大气层后尽快使攻角衰减，减轻裙部的热流，并为使用“过载—时间”控制方案开伞创造了良好的条件；

二、裙部结构由合金材料改为玻璃钢材料，以增强防热的能力；

三、卫星返回前仪器舱先放气，以消除两舱分离时因仪器舱排气干扰而引起返回舱姿态的偏差，从而减少落点的偏差量。

在 508 所返回式卫星任务动员会上，总师王希季强调：“返回式卫星最大的问题是返回问题，返回轨道偏差大，再入防热没解决，凡是返回方面的改进，我们 508 所都要积极支持。”

在林华宝的具体领导下，从事回收系统和启旋火箭研制的技术人员都积极行动起来，在对返回式卫星采用消旋措施分析的基础上，进一步设计了返回舱再入后采用消旋措施的回收系统的控制方案。

为了让回收系统增发消旋信号，他们还修改了配电盒设计，并重新在北京卫星制造厂生产。在出厂后的测试中发现，该批配电盒质量不够好，有时出现短路现象，林华宝果断地做出决定：这批配电盒一个也不能用，必须改进加工工艺后重新生产。

正值北京受唐山大地震影响，大家都被要求住在防震棚里。相关人员根本顾不上安顿家人，一心想的都是困难再大也要攻克难关，绝不能让有隐患的产品上天。北京卫星制造厂的工人师傅找出短路的原因，改进了加工工艺，加班加点生产出优质的配电盒，经过交货环境试验的考核，表明质量完全合格。

增加了消旋和再入舱充气指令，钟表触点电流必然增大，钟表触点会不会因此而被烧坏便成了疑点。为了保证有充分的验证，研制人员四处求援，向总体设计部借来了星上的第五组电池，从北京控制工程研究所要来充气电爆管、向四室要来点火器和引火头，进行了模拟返回实际情况的可靠性鉴定试验。试验结果表明，虽然钟表的触点被烧焦一部分，但并不妨碍正常发出信号。

此外，在上次的发射中，控制钟表也出现了一些问题，林华宝又组织秦瑞林等进行了钟表本身的润滑油高低温高真空环境试验，帮助钟表组进行分析和数据处理，并写出报告，彻底解决了钟表出现的高真空环境下走时不准和停摆等问题。

一系列重大改进措施效果究竟如何，需要经过飞行和返回的实战来验证。

1976 年 12 月 7 日中午 12 时许，经过改进后的返回式卫星顺利升空并进入预定的椭圆轨道。林华宝匆匆由阳光明媚视野开阔的戈壁滩，赶到千里之外“天无三日晴，地无三尺平”的四川腹地，与从北京来的战友们会合，共同参加改进后的返回式卫星的回收工作。

大家聚集在飞机场附近的回收区临时指挥所里，怀着忐忑的心情聆听从卫星测控中心传来的转播。卫星绕地球每转一圈儿历时一个半小时，每天中午和午夜各有三至四圈飞越我国上空。每飞越一次，分布在全国各地的地面站，都要跟踪测量卫星的轨道参数，接收卫星上发来的各种遥测参数。

每一个人都密切关注着太空传来的卫星工作情况的信息，急切地核对着自己所负责的分系统在星上的表现状况。卫星能否安然无恙返回祖国大地，紧张不安的心要一直悬到最后的揭晓时刻。

10日上午，考验的时刻到了。指挥室内桌子上铺着回收区的军用地图，上面清楚地标示出卫星返回的理论轨迹、各地面搜索分队和设备的位置，林华宝及相关人员都围坐在桌子四周。

11时30分，四架载有无线电定位罗盘的直升机和一架作为通信中继站的运输机依次起飞，到各自指定的区域上空巡航待命，卫星返回轨迹附近的空军警戒雷达全部开机对空中进行搜索。

58分10秒，地面遥控站向卫星发出调姿指令，卫星开始调整返回姿态，使其轴线与当地水平面的夹角为预定的制动角，随即返回舱与仪器舱分离，制动火箭与消旋火箭依次点火，使返回舱脱离原来绕地球运行的轨道，转入能进入大气层的过渡轨道，朝我国西南方向飞奔而来。

时间一秒一秒地过去，从发出返回指令到降落伞开始工作，只有不到 7 分钟的时间。卫星能不能按设计的轨道返回，能不能安全通过严峻的气动加热，能不能按程序弹射底盖和制动火箭壳体，降落伞能不能正常打开，这一连串的问题都将在这 7 分钟内给出答案。

林华宝静静地坐在长桌边上，看上去神态镇定自若，心脏却跳动得异常剧烈，感觉似乎要从胸腔里突奔出来，返回舱是否能够在预定地点实现软着陆，成败即将揭晓之际，忐忑不安的复杂心情如同站在法官面前等待宣判一般。

12 时 03 分，直升机报告定向罗盘发现目标。紧接着地面定向车和空军雷达也报告捕获目标。标图员紧张地在地图上标记着。12 时 11 分，距离卫星最近的 45 号直升机报告目视发现目标，并立即向目标飞去，几乎与卫星同时在着陆点附近的坡顶上着陆。

林华宝急切地向指挥员提出："请问一下 45 号机看到的是什么，有没有降落伞？"

可惜为时已晚，听到的机长报告是："大量人群向直升机拥过来了，我必须马上关机，下去维持秩序。"

林华宝疾步走出指挥所，乘车前往机场，那里有两架直升机在待命。老战友周晓东兴冲冲地对他说："老林，这下子你放心了吧！"

他匆匆作答："我心里的石头还没有完全放下，不知道飞行员看到的究竟是什么，是返回舱本体还是底盖？是完整的还是残骸？必须亲眼看到实物，我才能放心啊！"

直升机载着林华宝向西偏北的方向飞去，他热切的目光透过舷窗紧张地注视着地面，在这山峦起伏的田野上巡视着，盼望尽快见到连日来昼思夜想的返回舱。突然，他发现有大批人群从四面八方正朝一个地方汇聚，顺着人流的方

我国第二颗返回式卫星的回收现场

向望去，就在不远处山坡上的菜地里，红白相间的降落伞映入眼帘，如同盛开的花朵般舒展鲜艳。与降落伞连在一起的正是让他牵肠挂肚的返回舱。

迫不及待地下了直升机，穿过拥挤的人群，径直向卫星走去的时候，他的视线已经被盈眶的热泪模糊了，幸福激动的心情难以用笔墨来形容——由自己率众研制成功的我国第一个卫星回收着陆系统，终于为祖国的航天事业作出了应有的重要贡献！

乘汽车来的同志们也赶到了，相关人员对返回舱进行了必要的检查和处置，并取出片盒和磁记录器。从太空遨游归来的返回舱完好如初，没有遭受丝毫损伤，连一颗螺钉都不缺，降落伞也像新的一样，在阳光的照耀下光鲜夺目。

飞行试验的效果比空投试验的效果还要好，大家热烈地相互祝贺，又是握手又是拥抱，林华宝更是激动得泪流满面，三天以来一直紧绷着的神经终于松弛下来了，心中充满了难以抑制的喜悦之情。

内心一向追求完美，去年那颗偏离了420千米、且破损了的返回舱让他很是纠结，眼前这场景才真正与他的梦境相吻合，才是他想要实现的没有瑕疵和遗憾的真正的胜利与成功。大家一年以来的辛苦付出，得到了最好的回报，此刻他最想对工作伙伴们说的一句话只有四个字："干得漂亮！"

返回式卫星是复杂精密的航天器，由数万个元器件组成，只要一个环节稍有疏忽，就会导致整个飞行试验的失败。而卫星从轨道上以巨大的速度和质量返回地面，无疑对回收系统是最严峻的考验。

美国和苏联的返回式卫星都是经过多次失败才获得成功，而且美国的返回区在海上，苏联的返回区在沙漠。我国敢于将卫星的返回区选择在人口密集的四川腹地，足以证明中国的卫星返回技术是世界一流的。

身为中国航天事业的第一代开拓者，林华宝深知我国的回收技术是怎样从无到有、从小到大、从简单到复杂一步步发展起来的。从回收气象火箭、生物火箭、核爆炸取样火箭、运载火箭的箭头数据舱到回收返回式卫星的返回舱，他和他的战友们凭借着自力更生、艰苦奋斗、百折不挠的精神，一步一个脚印地走出了一条完全属于中国人自己的航天之路。

完美无缺地掌握了难度极高的回收技术，意味着我国从此拥有了自己的战略侦察手段，极大地提高了国防能力和水平，并为日后开展空间科学实验和发展载人航天事业奠定了坚实的基础，提供了良好的技术储备。为此，林华宝深感自豪。

一路护送返回舱从成都飞回北京，安顿好一切回到家中，饥肠辘辘的他这才想起紧张忙碌了一整天，从清早起来直到半夜，自己还水米未打过牙呢。

多年之后，忆起这一天的情形，林华宝在《院士自述》一文中平实朴素地写道：“在人的一生中，最愉快的事莫过于亲眼看到自己的辛勤劳动得到了成果，看到自己为人民做了一点点有益的事……”

我国自主研制的第一颗返回式卫星回收系统的技术水平，远超过美国第一代照相侦察卫星“发现者”的水平。“发现者”回收系统的有效载荷只是照像胶片片盒，质量只有149千克，而“FSW-0”回收系统回收的却是质量630千克的整个返回舱。不仅如此，该回收系统在日后多颗卫星上都发挥了良好的作用，从来没有出现过差错与故障。

美国航空航天局局长前来我国访问时，应邀前往参观当年研制卫星的工厂。看过实验室与车间后满腹狐疑，他根本不相信那些业绩不俗的中国卫星，竟然会是在如此简陋的条件下打造出来的。参观结

1980年11月，林华宝（后排左二）参加在江阴召开的中国宇航学会返回与再入专业委员会成立大会

束后，他全然顾不得礼貌，亟不可待地发问：“你们领我看的这些东西是真的吗？”

1978 年 3 月 18 日，在人民大会堂召开了拨乱反正后的第一届全国科学大会。在这个有着“科学的春天”之誉的盛会上，“FSW-0”返回式卫星包括回收系统在内的多项研究成果，均有幸被列为表彰项目。

1980 年 2 月，经国防科委批准，返回式卫星回收系统获 1978—1979 年国防科委重大科研成果一等奖，林华宝为第一获奖人；1985 年，国家设立科学技术进步奖，返回式卫星一举夺得特等奖，林华宝为第六获奖人。

由于在返回式卫星研制工作中的突出贡献，他先是被北京市革委会授予“北京市科技先进工作者”奖状，后来又被航天部授予一等功。

从半路出家到成为我国航天回收技术领域的开拓者和权威专家，林华宝的无私付出和突出贡献在业内有目共睹。除负责具体型号的研制工程外，他还致力于我国回收技术的规划工作，曾受航天部计划司的委托，与陆章福等同事一起，前后筹备召开了三届“回收技术规划会”，还执笔起草了《回收技术发展规划草案》，当之无愧为我国航天回收技术领域的领军人物之一。

林华宝

林华宝院士传记

Academician Lin Huabao's Biography

第十五章

洲际导弹 太平洋上震五洲

每逢美苏在南太平洋海域恣肆展示骄人的国防力量和科技水平时，他的内心总是激荡着一种坚定的信念，一种殷切的期待：总有一天，我们也会登陆南太平洋这个舞台，向世界展示后来居上的不俗业绩！

顾不上停下匆匆的步履，尽情品赏成功的喜悦，就又有新的、更大的挑战向林华宝发出了召唤。1978 年年初，四室并入他负责的三室，随之东风五号洲际导弹全程试验弹头数据舱的研制任务也转了过来，这是 580 任务的一个组成部分。

弹头数据舱的研制工作是从 1968 年开始的，已经持续了近十年。由于政治运动的干扰，从室、组到具体技术负责人频繁更换，没有哪位室领导能够把这项任务一抓到底，技术状态更是一再变化，从 01 批到 02 批，技术要求都有所不同。

580 任务因预定发射时间为 1980 年 5 月而得名。因此，国防科委主任张爱萍曾多次强调，必须在 1979 年年底完成洲际导弹全程试验的一切准备工作。林华宝接手负责这项任务时，距此日期只剩不到两年了，时间非常紧迫，技术上却还存在着许多问题，正如张主任所言“生于乱世，先天不足”。

工作需要就是无声的命令，他充分调动自己全部的大脑神经，很快就掌握了状况，进入了角色，在详细调查研究的基础上，清理和总结了十年中所做的大量技术工作，提出了当下亟待解决的关键技术问题，以及在 1979 年年底前的工作计划和具体安排。

研制工作有条不紊地推进着，先是经过一番论证与协商，林华宝代表研制方与14所签订了02批弹头数据舱的研制任务书，确定了这项任务的基本技术指标，又进一步帮助协调落实了风洞和水洞试验及空投试验计划。

接下来他亲自带试验队参加了海军在浙江舟山群岛海域进行的580任务海上演练，空投了七个架次不同状态的模型，其中有两次还是在夜间进行空投和打捞。不论是试验队员，还是海军官兵，夜间空投和打捞都是前所未有的尝试。在大家的努力协同下，七个架次的空投试验全部获得圆满成功。

当年年底，三室内部进行分工调整，该项任务改由赵武锁接手，林华宝转而负责“巨浪一号”模型弹回收系统的研制任务。“巨浪一号”是用于装备核潜艇的潜射型战略导弹，也是我国首枚固体弹道导弹，与试验通信卫星、洲际弹道导弹并列为当时国家的三项重点航天任务。

他和杨太富等人参加了在大连海域进行的2A模型弹潜艇水下发射试验。这种模型弹重量相当大，飞行高度却只有几十米，稍有不慎，就可能造成舰毁人亡的恶性事故。他带领参试人员精心组织，谨慎行动，历时8个月，6枚十几吨重的全尺寸模型弹全部回收成功，确保了潜艇的安全。

在七机部召开的成果评审会上，“巨浪一号”总设计师黄纬禄对回收系统予以了充分的肯定。他说：“回收很成功，用降落伞回收的方法国外没有用过，他们用的是一种巨大的网，在导弹出水后紧急张开，这种方法耗资大，效果也不如用降落伞好。”

“巨浪一号”模型弹回收系统，荣获1978—1979年国防科委重大科研成果一等奖。

1982年10月12日，从水下发射的运载火箭腾起冲天的水柱，向世界宣布：中国掌握了从海上进行核反击的技术，成为世界上第五个拥有潜艇水下发射导弹能力的国家！

古罗马学者韦格修斯有一句名言："如果你想要和平，那就准备打仗吧"。为了国家的长治久安，我们需要用最先进的武器来保障，只拥有陆基核武器相当于用一条腿走路，拥有了海基核力量就可以两条腿平稳地前进了。能有机会为此作出自己的一份贡献，林华宝感到非常荣幸。

1979年年底，离580任务进场期限只有不到三个月的时间了，在赵武锁病重的情况下，他又受王希季委托，再次接手洲际导弹全程试验弹头数据舱研制的相关工作。

此前，在旅顺进行的空投试验中出现了两次重大故障，一次是信号全部未能发出，另一次是所有的信号同时发出。如若是在实际发射中，出现其中任何一项故障，后果都可能是灾难性的。

王希季要求林华宝帮助分析故障原因。经过深入调研之后，他对第一架次信号全部未发出提出了个人的看法：有两种可能的原因，其一是711时间控制器没有按设计要求进行胶封，其二是电源插座内固定胶木芯的弹簧圈没有固定好。

针对第二架次所有信号都同时发出的故障，他与老搭档刘朝元一起进行了大量的模拟试验，捕捉到在火工品起爆时，电压骤然下降到24伏以下，从而导致711时间机构工作失常而乱发指令的情形。

1980年3月，林华宝带领试验队在我国青岛海域做试验

为了避免这种状况发生，必须要提高电源电压，只要在回收电源电池中再增加一块单体即可解决问题。

王希季赞同他的看法，针对问题所在采取相应的措施后，再经测试，故障果然都迎刃而解。

往往许多看似极为复杂的难题，破解后才发现其症结只不过是非常简单的细节。然而要想在一个庞大的系统内、在数以千计的零件中准确找出问题的根源和解决方法，没有过硬的理论功底，没有丰富的实践经验，没有对研究对象全面深入的了然于心，以及精准缜密的思维方式是很难做到的。

带队参加在青岛海域进行的海军特混舰队 580 任务的综合演练前，林华宝全面检查了这次任务的文件配套和准备工作情况，在此基础上又增补了《数据舱现场气密试验技术要求》等 11 份技术文件。

就在试验队临出发的三四天前，数据舱的防热帽在灌注硅橡胶后，试验中出现了弹射分离不正常的状况。他提出将硅橡胶改为 609 液态密封胶的改进措施，实施后再次试验获得了成功。为保险起见，他又与闵志祥一起做了 609 密封胶耐盐水（海水）侵蚀 24 小时的试验，证明完全可以应用于产品上。

在1980年3月举行的这次综合演练中，一共空投了三个模型，皆获得圆满成功，这意味着数据舱的研制任务如期完成。

一个月后，来自海军的18艘舰船集结在舟山群岛附近海域。这是为参加我国洲际导弹试验，由5000余名海陆空军官兵与航天、海洋、通讯等领域的科技人员，组成的庞大的海上特混编队。包括林华宝在内的来自航天系统的科技人员，就在其中舷号为“J506”的远洋打捞救生船上整装待发。

核武器是国家安全和国际战略平衡的基石。20多年来，美国和苏联一再在太平洋上进行洲际导弹试验，并把一些海域宣布为试验区，要求其他国家的飞机和船只在规定时间内不要进入该区域。

每逢美苏在此恣肆展示骄人的国防力量和科技水平时，身为我国航天战线资深成员的林华宝，内心总激荡着一种坚定的信念，一种殷切的期待：总有一天，我们也会登陆南太平洋这个舞台，向世界展示后来居上的不俗业绩！

如今，这样的时刻就要到来了，而且即将亲赴现场参战，目睹激动人心的场面，他既感到无比兴奋，又不免略有几分紧张——洲际导弹全程飞行试验有很高的风险性，射程远，落区新，规模大，战线长，技术复杂，综合性强，任何一点疏忽都有可能导致发射或回收的失败。

试验的首区是在祖国西北的酒泉发射基地，末区在南太平洋斐济国以南、所罗门群岛以东的公海海域，两者相距9000余千米，需要动用各种设备6820台（套），参加试验和保障任务的人员近7万名，若能成功，这将是我国科学技术现代化的一个重要里程碑。

5月1日，特混编队的18艘舰船分成三个分队按照预定计划启航，各种舰船整齐地排成两列纵队，徐徐向东南方向驶去，阵势蔚为壮观。旗舰为“向阳红五号”海洋科学考察船，总指挥兼政委是海军第一副司令员刘道生。

这是中国海军舰队首次闯荡南太平洋，也是自郑和下西洋之后，我国海上力量最为庞大的一次行动。远航途中不停靠任何国家的港口，油料和淡水全凭自身海上补给，亦是对我国造船能力、海上航行保障能力及海上协同作战能力的一次综合检验和展示。

出发前，王震、耿飚两位副总理及副总参谋长张爱萍、海军司令员叶飞、政委李耀文等党政军领导特意前来送行。

林华宝倚着前甲板的栏杆，外表平静而心潮澎拜地感受着这一即将载入史册的事件之序幕。他所在的三分队由8艘舰船组成：行驶在左边最前面的编队指挥舰，是享有“海上科学城”之誉的“远望一号”，体态庞大、内涵复杂，从船首到船尾各种天线傲然屹立；紧随其后的就是“J506”；再后面是为以防万一而备的两艘远洋拖轮；行驶在右边的依次是三艘威武雄壮的导弹驱逐舰，以及一艘身躯庞大的远洋补给船——这些舰船都是中国造船业的骄傲。

“J506”船头矗立着的高大吊车格外引人注目，船尾的机库里则停着两架“超黄蜂”直升机。参加这次试验的飞行员们都久经考验，曾在各种海情条件下苦练甲板上的起飞与着陆技术。

船上还设有一处海上医院，是舰船编队主医疗队的所在地，内科、外科、五官科、口腔科应有尽有，手术室、化验室、透视室、药房、病房一应俱全。

医务人员在出发前曾反复在大风浪条件下进行各种医疗处理及手术训练。船上还拥有各种跟踪和遥测设备，中央空调让舱室内保持着宜人的温度，即便在炎热的赤道附近也确保体感舒适。

吃过午饭闲来无事，初次在海上长途旅行的林华宝和同伴们登上船楼顶层居高远眺，海天一色，浩渺苍茫，脚下波汹浪涌、涛声激越，头上云卷云舒、碧空如洗，带有淡淡咸腥气味的海风轻拂着脸颊温润舒爽，整个人都沐浴在心旷神怡的惬意之中。

回到甲板上，观望着不时跃起的飞鱼，他突然发现有几尾一米多长的大鲨鱼，正在不远处逍遥自在地游弋。还是第一次见到这么大个儿的鱼，他赶紧招呼大家："快看，好大的鲨鱼呀！"

几个人饶有兴致地围过来，边看边赞叹着，一旁的海军战士不以为然："这根本算不上是大鱼，我们南海的鲨鱼那才叫大，个头跟小船差不多大呢！"

江南造船厂的一位师傅临时制作了一个鱼钩，不大一会儿就钓上来两条鱼，为大家的海上生活增添了一个愉快的小插曲。

第二天早晨，林华宝照例打开半导体收音机，中波频段上那熟悉的声音没有了，能搜到的电台多是讲日语和播放西方轻音乐的。看来船队离开祖国已经相当远了，天空中还不时有外国飞机低空掠过，似乎有意想要窥探些什么。

1980年5月，林华宝在南太平洋海域参加我国首次导弹全程飞行试验

船队穿过冲绳岛和先岛群岛之间的海域后，进入了太平洋。长期生活在内陆，一直以为太平洋是台风的策源地，一定会用惊涛骇浪给闯入者来个下马威，没想到却是以平和友好的姿态来迎接远方的客人。

船队平静地一连航行了五天，第六天接到气象部门的预报，在船队的东面有一个热带低压正在不断增强，风力将由六级增大到八级，海面也会因此从中浪中涌变为大浪大涌，并且还有继续增强的趋势，很可能会形成台风。

海上编队司令员兼政委刘道生果断地下达了命令："往南插，绕开它！"

船队迅速南下，成功地避开了大风大浪的袭击。

5 月 8 日清晨，林华宝起床后，发现海面上一丝水纹都没有，平静得简直就像一面大镜子。由于事先做了"功课"，他知道这是进入了赤道附近的无风带，船只犹如在光滑的冰面上缓缓滑行。

当晚 9 时 50 分，船队在东经 152° 穿越赤道线，八艘舰船的汽笛齐鸣一分钟，大家聚集在甲板上，尽情欢呼我国海军舰队驶入南太平洋。

越过赤道后的第二天就碰到了大风浪，并持续到抵达目的地之后。几丈高的海浪猛烈地撞击着船体，发出隆隆的巨响，不时有小鱼随着大浪被甩到甲板上。万吨级的“J506”也禁不住频频摇晃，大家躺在床上翻过来滚过去，根本无法入眠，或轻或重普遍都有不适应的眩晕感，切实领教了大海狂躁无情的另一副面孔。

在风浪中到达预定海域，18艘舰船在这里会合。尽管舰船停泊后晃动得更加厉害，各项准备工作还是按计划正常进行，所有仪器设备的全面检查、各种联合试验以及模拟试验全过程的全区合练，都在一丝不苟地完成着。

“你们的精度究竟有多少？这么远的距离真的能正好打中靶区吗？”不时有人向林华宝他们提出这样的疑问。

“完全有把握！”“放心吧，肯定会击中这个框框的！”尽管每次他们都回答得充满信心，其实心里又何尝不是捏着一把汗呢，虽说在辽阔的领土上进行过多次各种状态的飞行试验，效果也都非常好，可毕竟是第一次进行如此远程的试验，一切都需要通过实践来验证。

这里是美苏进行航天和水下核试验最多的国际

海域，美国实施“阿波罗登月”计划的载人航天器，就是在这里回收的。此前，“向阳红五号”远洋考察船曾先后四次来此，进行过周密的考察测量，掌握了许多相关的科学数据。

由于新华社已经发布了公告，全世界关注的目光都聚焦在这片特定的海域。这次洲际弹道导弹全程飞行试验，是我们在国际上的一次公开展演，中国欲打破超级大国长期以来对远程导弹的垄断，自然是有人欢喜有人忧。

离舰队不远处，澳大利亚的“GT-203号”练习舰和新西兰的“摩诺威号”测量舰，来来回回不停地巡弋，船上的直升机频频飞临我国舰船的上空。更远一些的地方，也有几艘他国船只在窥探，不时还有几架不明国籍的飞机低空掠过。

5月18日，天气格外晴朗。清晨，在政委简短的动员之后，大家分别进入各自的岗位。此时此刻，祖国的西北天色还未及黎明，酒泉发射场上的战友们已经在忙碌着了。从大西北到南太平洋，多少优秀的中华儿女，在为同一神圣的目标而努力奋斗着啊！

承担落点测量的6艘舰船整齐地排列在以南纬7°、东经170°为中心的靶区两侧，“J506”打捞船位于左侧的首位，静静等待着“贵客”的来临。“远望一号”“远望二号”和“向阳红十号”，各自占据着利于观测的位置，6艘驱逐舰在四周巡逻警戒。

越来越多的外国飞机和舰船等候在不远处伺机而动，美国太平洋战区总部派出驱逐舰和护卫舰各一艘前来监视。我方编队各舰均进入一级战斗状态，随着从扩音器中传出的指令，试验有条不紊地推进着。

下午两点正是北京时间上午十点，我国第一枚“东风五号”洲际弹道导弹准时发射，直奔东南方向飞驰而来。从祖国不断传来导弹飞行正常的信息。

几分钟后，“J506”飞行甲板上的航测直升机起飞，来到预定位置待命。随即，从机库里被牵引到飞行甲板上的打捞直升机也起飞了。从别的舰船上起飞的两架遥测直升机，也已在空中待命。扩音器里不断传出雷达、遥测和电影经纬仪发现目标的报告。

站在甲板上的人们屏住呼吸翘首以待，目不转睛地盯着西北方向的天空。决战时刻就要来临，林华宝感觉自己的心脏在大幅度地跳动着，撞击得胸腔怦怦作响。大约 20 分钟后，西北上空出现了三个亮点，其中两个转瞬间化为两道白烟消失了。他清楚这是末级火箭和工作完毕被抛弃的舱体，进入大气层后解体焚毁了，继续飞行的那个亮点就是导弹弹头。

烈日当空，看上去弹头呈白色的光点，犹如一颗明亮的流星，从西北方向疾驰而至，准确坠入预定的靶区，落点处升腾起一股巨大的烟雾状的水柱，过了好一会儿才传出一声闷雷般的巨响。各艘船上的水声器接收到溅水声，根据接收时间的差异以及本船的坐标，可以确定落点的坐标，同时船上的雷达准确测出水柱的位置。

弹头还在高空时，载有重要工程数据的数据舱已从弹头后端弹出，经过短促的气动力减速后打开降落伞。与此同时，数据舱上的回收信标机开机，向地面发出无线电信标信号。装在直升机上和船上的无线电定向罗盘接收信标信号，指示出仪器舱的方位，以帮助机上和船上的工作人员尽早发现数据舱的位置。

数据舱乘着红白相间的降落伞缓缓下降，溅水之后，橘红色轮胎状的漂浮气囊自动充气张开，海水染色剂将附近海面染成一片鲜艳醒目的荧光翠绿色。如果是在夜间，还会有闪光灯发出耀眼的光芒。

几艘驱逐舰和工作快艇全速向数据舱落点方向驶去，在海面上划出一条条长长的白色浪链。“132号”驱逐舰首先到达，接着其他几艘也陆续赶到，立即在数据舱附近巡逻警戒。这里是公海，外国船只和飞机就在附近，虎视眈眈地妄图将这“无价之宝”抢到手。

飞往弹头落点上空进行作业的“179号”航测直升机，根据机上无线电定向罗盘的指示，首先目视发现数据舱。很快“172号”打捞直升机也赶到了，悬停在距海面30米的高度上。直升机的旋翼在数据舱附近的海面掀起风浪，年轻的潜水员刘志友穿着黑色的轻潜水服，背着气瓶，乘着机舱门口的吊车，顶着大风浪下降到水面后急速潜入海中，成功地将吊环套在数据舱的圆柱段上，只经过5分20秒的紧张作业，数据舱就被安全打捞到直升机上。

“172号”直升机载着数据舱马上就要飞回来了，人们纷纷涌到飞行甲板附近。船长和政委穿着洁白的海军制服，率领着指战员们列队站在机库门口迎候。打捞机平稳地降落在飞行甲板上，机长郭副团长走出飞机，径直来到船长面前，立正敬礼报告：“打捞数据舱的任务胜利完成！”

来自祖国大西北的数据舱从机舱里抬出时完好无损，甲板上欢声雷动，人们围着表面被气动力加热烧得黑乎乎的数据舱，兴奋的情绪达到了极点，内敛的激动握手，奔放的深情拥抱，热烈庆贺这来之不易的胜利。随即，18艘舰船的汽笛以高亢的共鸣向世界宣告：中国的洲际弹道导弹首次全程飞行试验获得圆满成功！

这一刻，林华宝欣喜万分，感觉就像刚刚饮下一杯甘冽的美酒，胸腔中热

1980年5月22日，“580”任务胜利结束返航留念（三排左三为林华宝）

浪奔涌，整颗心都醉了，分明笑得合不拢嘴，眼角却挂着晶莹的泪珠。这是他和战友们新研制的一种最复杂的数据舱，虽然美国和苏联都有类似产品，却因保密技术状态而从未作过报道。

数据舱内装有这次任务中导弹的飞行姿态、速度、温度、压力、能量消耗等数据的全面记录，顺利回收成功不仅为“东风五号”定型提供了宝贵的依据，还标志着我国回收技术又达到了新的水平。

拥有完全自主知识产权的弹道导弹，以高超声速一路疾飞，只用了半个小时就横跨南北半球，穿越六个时区，飞行了9000多千米，还落得这么准，一举打破了长期以来超级大国对洲际战略核武器的垄断，从而使我国跻身世界五个核大国的行列，在战争与和平的天平上，又添上了一块重重的和平砝码！

无线电中传来中央军委副主席聂荣臻亲切的声音："这样大的试验，只有靠大家艰苦奋斗，共同努力，才能成功！"

我国国防科技事业的杰出领导者、国防科委主任张爱萍，特填一首《清平乐》以示祝贺："东风怒放，烈火喷万丈。霹雳弦惊周天荡，声震大洋激浪。莫道生来多难，更喜险峰竞攀。今日雕弓满月，敢平寇蹄狼烟。"

6 月 2 日清晨，胜利返航的船队在大雾中缓缓驶进长江口。结束了为期一个月的远航，重新回到祖国的怀抱，满怀激情的林华宝在心中喃喃自语："祖国啊，母亲！儿女们没有辜负您的重托，我们穿海峡，跨赤道，远征南太平洋，高扬了军威国威，如今凯旋而归！"

中国航天史、航海史、国防科技史上这一伟大壮举划上了圆满的句号。东风五号洲际弹道导弹的数据舱，荣获 1980~1981 年七机部重大科研成果二等奖。

林华宝

林华宝院士传记

Academician Lin Huabao's Biography

林华宝院士传记
Academician Lin Huabao's Biography

第十六章

前景广阔
复合材料显神威

只要时间允许，他就深入到复合材料研制生产第一线，不是蜻蜓点水似的视察，而是沉下来真抓实干，一身工作服，一副专注的神情，在车间里与大家一起商讨，根本分不出来哪个是领导，哪个是普通员工。

历史的车轮驶进 20 世纪 80 年代，随着国家改革开放政策的实施，拨乱反正后百废待兴的社会发生了可喜的变化，国民经济实力也有了很大的提高，评职称、涨工资、调住房，大家的生活水平逐步得到改善。

林华宝也是好事喜事接连不断，先后被任命为 508 所副所长、副总工程师、五院第一届科学技术委员会委员，随即又晋升为高级工程师，当选为中国宇航学会第一届返回与再入委员会副主任委员，七机部第一届科学技术委员会委员……一连串的好事喜事中，最让他动容的是荣获了一个新的身份——共产党员。

面对鲜红的党旗发出誓言之际，他心潮澎湃，思绪万千，紧握着的拳头都因激动而止不住有些颤抖。亲身经历过烽火狼烟的战争年代，目睹过旧社会的动荡与衰败，身为新中国培养的第一代大学生、留学生，他满怀理想主义的热情，对党组织充满真诚的向往，进入力学所工作不久，就递交了入党申请书，希望成为先进队伍中的一员，却迟迟未能如愿。

自从呈交了入党申请书，无论身处顺境还是逆境，他始终没有放弃过信念和初衷，一厢情愿地以一个共产党员的标准要求自己，如今终于不再是必须改造思想和脱胎换骨的“臭老九”（“文革”中，知识分子被排在“地、富、反、坏、右、叛徒、特务、走资派”八类已定性的专政对象后面位居第九，加之有“知识越多越反动”之说，因而被斥为“臭老九”），而是以工人阶级先进分子的身份被党组织接纳了。

持续二十多年的夙愿得以实现，他在激动之余更暗下决心，今后要努力加强自身的党性修养，进一步提高思想政治觉悟，无愧为“共产党员”这个光荣的称号，为祖国的航天事业和国防建设作出更大的贡献。

作为副所长，林华宝分管回收系统和复合材料，作为副总工程师，对所有科研生产技术都要负责，一肩挑两担分量自然不轻。回收技术虽然不是他所学专业，干了十余年也算“修炼”成老本行了，复合材料看似新领域，却也不是初次结缘。508 所是航天领域最早开展复合材料结构研制的单位，追本溯源推出的第一个复合材料结构件，就是 20 世纪 60 年代初，林华宝等人研制的和平二号气象火箭的蜂窝夹层结构尾翼。

虽然只是非常简单的结构，但那毕竟是处女作，是该所在复合材料应用方

1984年6月20日，林华宝（二排右三）参加航天部五院科学技术委员会大会

面迈出的第一步，一个很重要的开端。尽管我们的老祖先很早就知道将稻草混合在泥土中垒墙，“复合材料”这个词却普及得很晚，以致于该所在很长一段时间里都是把复合材料工艺称之为“新工艺”。

现代复合材料的性能并非是基体与增强材料的简单相加，而是综合各组分材料的优点，克服或减少各组分材料的缺点，并使之产生各组分材料所不具备的一些优异性能。复合材料具有质地轻、耐腐蚀、比强度高等诸多特点，在隔热性、减震性、稳定性、可设计性等方面都是其他材料无法比拟的，因而有着非常广阔的发展前景。

复合材料加工是各工业强国竞相发展的核心技术，其水平与用量不仅是航天领域先进性的重要标志，更成为衡量一个国家科技及经济实力的主要指标之一。我国应用卫星研制工作的日渐开展，极大地推动了508所复合材料研制与生产的发展。

卫星对重量及工作条件要求异常苛刻，迫使设计者不得不求助于复合材料结构。借此契机，曾经只有十几个人的“新工艺”组，逐渐壮大成一支五十多人的研发团队，由尝试底边600毫米的探空火箭小尾翼，到生产底边1600毫米的卫星仪器舱大舱门盖，创造出一系列令人瞩目的“奇迹”。

20世纪70年代中后期，508所先后承担了东方红二号通信卫星上的太阳电池壳，及长征三号末级火箭上的液氢液氧贮箱共底等，号称“八大件”的大型复合材料结构件的试制生产任务。这些都是卫星和运载火箭重要的关键部件，设计要求非常高、胶接成型的技术难度相当大，还要求在同一时间内交付正样产品，因而成为很多单位都不敢或不肯接手的任务。

厂房空间狭窄，设备条件简陋，又缺少充分的技术储备，同时生产诸多品种，困难可想而知。敢于承接这样要求严苛、工作量大、技术复杂的任务，靠的完全是航天人那股子困难面前不低头、挫折面前不气馁的拼搏精神。

林华宝分管这项工作时，太阳电池壳、液氢液氧贮箱共底等结构件，大部分都已完成了初样研制和地面模拟试验，开始转入正样生产。虽说任务是材料研究室负责的，但仅靠这几十个人不可能完全承担起来。所领导举全所之力来推进，及时进行部署，组织力量在人力和物资上给予充分的支持。

他本人更是备加关注，遇到困难时总是积极帮助分析问题，出主意，想办法，多方加以鼓励和支持。不仅如此，只要时间允许，他就深入到复合材料研制生产第一线，不是蜻蜓点水似的视察，而是沉下来真抓实干，一身工作服，一脸专注的神情，在车间里与大家一起商讨，根本分不出来哪个是领导，哪个

1984年9月1日，空投试验结束后，林华宝（三排右五）和508所试验队全体人员在酒泉发射场合影

是普通员工。

卫星发射是硬任务，任何一个环节都不能拖后腿，时间紧、任务重，赶制通信卫星和运载火箭配件的这段时间里，从所领导到技术工人，加班加点是常态。全所上下夙兴夜寐，全力以赴，不管是春节，还是“十一”，大家都是在生产第一线度过的。

哪个人没有家？谁愿意冷落自己的亲人？身为航天人，却心甘情愿几十年如一日地把工作放在首位。因为他们知道，卫星、火箭关乎着国家的太平，关乎着亿万家庭的安宁，为了国家，为了大家，他们顾不上自己的小家，只能心存对亲人的愧疚，放弃节假日的欢娱，坚守在工作岗位上。

液氢液氧贮箱共底是长征三号运载火箭上一个至关重要的部件，也是通信卫星工程的关键技术之一。这个直径2米多的椭球形玻璃钢蜂窝夹层结构，上面是温度为 -253℃的液氢，下面是温度为 -183℃的液氧。为了防止温度差异导致液氢的气化和液氧的冻结，共底必须是一个既耐低温又绝热的隔层，不仅要在液氢、液氧分别增压时能够承受住设计的工作压力，以及热差异引起的热应力，还必须确保不会有丝毫泄漏，否则将会导致爆炸。

因技术指标甚高，工艺要求严苛，研制风险极大，共底被世界航天业称之为“魔鬼”。对这个从未见识过的“魔鬼”，不少有着优质业绩的同行都不敢贸然承接，转了一圈儿之后，任务才落到508所。

连发达国家设备精良的现代化大企业都发怵的世界级“魔鬼”，508所的材料专家们要降服它，简直就是趟着地雷在进攻，每一步都走得很艰难。仅以打磨这一道最简单的工序为例，国外都是由数控机床来完成的，所里却没有数控机床，全凭手工来打磨，居然让精确度达到了百分之百。

就是靠着这种拼劲儿，508所在规定的期限内打造完成的共底，经过真空检漏、内压液压、低温密封、常温内压破坏等一系列环境和力学试验，全部合乎设计要求，被成功地装配到“长征三号”上。

双锥整流罩是该所研制的复合材料产品中面积最大的一个，选用了全玻璃钢蜂窝夹层结构，成型工艺存在着一系列困难，特别是产品的回弹问题。整流罩的圆筒段以及火箭仪器舱和卫星支架，都是大型铝合金蜂窝夹层壳体，也都有一定数量的开口和镶嵌零件，在研制过程中，碰到了大面积脱胶、蜂窝芯压塌等诸多问题。

设计是源头，材料是基础，制造工艺是关键。林华宝从源头抓起，为了确保夯实基础、把牢关键，不惜政策倾斜、经费支持、人力增援。他还主动帮助研制人员多方查找有关资料、想方设法出谋划策，与他们一起进行各种探索和尝试。

在所领导的鼎力支持和大家的共同努力下，相继攻克了一个又一个难关，终于将“拦路的恶虎”们斩尽杀绝。据统计，在“八大件”的研制过程中，他们先后攻克了44项关键技术，进行了65项技术革新，设计制造了32套工装设备。

在攻坚克难的过程中，队伍也得到了很好的锻炼与发展，不仅复合工艺水平有了大幅度的提高，还在全所范围内形成了一支复合材料从结构设计、强度分析、工装模具设计到成型工艺、装配加工、检验测试、情报资料等配备完整的研制团队。

508所承担的通信卫星工程“八大件”正样产品各3套，全部如期以优质产品交货，并且成功地经历了各次飞行试验的考验，圆满完成了这个光荣而艰巨的任务，得到用户单位很高的评价。

“长征三号”结构系统主任设计师王心清在一份报告中写道：“‘长征三号’是否采用蜂窝结构，在方案论证时意见分歧很大，很多同志持怀疑态度。实践证明，选用蜂窝夹层结构是正确的，不但为三子级结构减轻了32%~39%的重量，而且提高了组件所需的整体刚度，填补了我国航天事业的一项空白。”

501部在试验通信卫星结构系统的研制总结报告中指出：“广泛采用复合材料，在通信卫星的星体结构中，复合材料、复合结构占整个结构分系统重量的55%，改善了振动条件，减轻了结构重量，在结构设计中充分显示了它的优越性。”

508所的员工们则一致认为，在复合材料结构方面所取得的成绩，首先要归功于所领导的远见卓识和全力支持。在研制过程中，每当出现新的技术问题，所里总是及时召开现场分析会，组织工程技术人员、工人和干部一起查找原因，探讨措施，帮助解决问题。

干一行钻一行，管一行精一行，好学不倦的林华宝充分利用自己的外文优势，很快就洞悉了复合材料领域的广阔前景和前沿动态。正是出于前瞻性的目光，在完成型号研制任务的同时，他还安排了一小部分研制力量开展预研工作，在复合材料的基本性质、碳纤维和芳纶纤维增强的复合材料、开口的结构形式、切割工艺、无损探伤等方面进行深入的探索。

1983 年，作为一项预研项目，所里的材料专家们开始试制通信卫星的波束天线系统，包括抛物面反射器及其支撑结构。该系统是 504 所设计的，抛物面反射器口径呈椭圆形，长轴一米多。由于其暴露于太阳直射下时温度是 160℃，进入地球阴影内时是 -160℃，在这种冷热交变循环的工作环境中，为了保证天线镜面的精度，必须尽可能减少热变形。

要想确保温度如何变化都不会发生变形，只能选择热膨胀系数为零的复合材料来制作。他们研制完成的波束天线系统，是由铝合金蜂窝芯和碳纤维布上下蒙皮组成的夹层结构，支撑结构则由碳纤维缠绕的方形截面杆件胶接而成。

一年之后，新研制的广播通信卫星需要配套的波束天线系统，考虑我国尚不掌握相关技术，研制起来难度相当大，不少人主张直接从国外进口。为此，该卫星总设计师孙家栋带队出访欧洲，一个月内接洽了诸多国家的相关部门及生产商，不是要价太高，就是条件过于苛刻，竟至无功而返。

在一次专题会议上，为波束天线系统究竟是进口还是自己研制，有关方面的领导和专家们各抒已见，莫衷一是。就在争论进入白热化，主持者难以决断之际，508 所的材料专家盛磊、周顺根二人遵照所领导的安排，抱着小巧玲珑的自制抛物面天线，不请自到地出现在会场上。

与会者全都兴奋地围上前来，经过一番认真周详的观摩及刨根问底的咨询，结果会议很快达成一致：既然我们已经有了自己的产品，当然就没必要用“天价”去进口了。

随后，中国空间技术研究院组织在 508 所召开了有国防科工委、航天部、有关厂所领导参加的现场会。会议高度评价了抛物面天线系统的研制成功，认为他们的预研既争取了时间，还为国家节省了大量的外汇。

508所用三坐标测量仪对抛物面反射器的型面精度进行测量，用微机处理上百个特点的测量值求得型面的均方误差，用声阻法、全息照相方法和X光等无损探伤方法检查胶接质量，并进行了全面空间环境和力学环境模拟试验及电性能测试，结果表明，所有技术指标全部符合或超过设计要求。

经上级领导批准，该天线系统用于1986年2月发射的通信卫星上，经过飞行试验考验，性能良好。对比上一颗通信卫星所用的天线系统，新天线系统将对我国本土的有效辐射功率由21dBW提高到32～36dBW，比“国际通信卫星五号”的29～31dBW还要高。

1986年10月7日，林华宝（二排右三）与508所试验队全体人员合影

美国代表团在发射场参观时，曾好奇地发问："你们这台天线是从哪个国家购买的？"

我方人员自豪地回答："我们中国人自己做的！"

美国人吃惊不小，面面相觑后，纷纷伸出了大拇指。

"刚性太阳电池阵基板"是该所的另一个研究项目，为应用卫星上的大型碳纤维复合材料夹层结构件。鉴定会给出的意见是："这种基板其结构的质量与国内同类刚性基板相比处于领先地位，接近国际通信卫星五号的水平。"

敢为天下先的508所，推动了我国航天领域复合材料技术的发展，同时也壮大了自己。如今，我国95%以上的卫星及神舟飞船上，都有他们研制的复合材料件，复合材料成型技术已成为该所四大主产业之一。

508所从领导到员工，都没有忘记从最初的蹒跚学步到后来的大步跨越，全过程均参与其中并起到领军作用的林华宝。他被调离该所到院里担任返回式卫星总师后，过春节时，所里还特意送来一笔"过节费"表达心意，可惜却遭到了"无情"的谢绝。

他说："大家的心意我领了，但我已经不在所里工作了，这钱一分都不能收！"

林华宝

林华宝院士传记

Academician Lin Huabao's Biography

第十七章

大费周章 女儿滩打捞卫星

打捞工作日夜兼程，场面也足够热火朝天，依然迟迟见不到卫星的“庐山真面目”。不知道返回舱的密封性能否禁得住长时间的江水浸泡，忧虑着片盒中那些载有宝贵资料的胶片的命运，他可谓心急如焚。

1984年9月12日，我国第六颗返回式卫星由长征二号丙运载火箭成功送入预定轨道，这是一颗对地观测卫星，在轨时间设定为5天。

从酒泉卫星发射中心转战渭南卫星测控中心，林华宝连日来一直密切关注着卫星的状况，虽然已亲历了多次发射和回收，神经还是会呈现出高度紧张状态。直到得知其顺利返回，平安降落于川中的预定地点，他的心才真正放松下来，第二天便乘飞机返回北京。

然而，出差在外的疲惫还未及消除，当天晚上就接到院里的电话通知，返回舱落在四川预定地区不假，却掉在了沱江之中，正在组织人员打捞，让他明天一早乘专机前往。虽然不清楚自己能为打捞卫星起到什么作用，但工作需要就是命令，第二天一大早，他便匆匆赶往南苑机场，专机已经等候在那里了。

登上飞机之后，林华宝才发现机舱中已经坐有两位乘客，都是素未谋过面的陌生人。打过招呼后，经过一番彼此介绍，他才得知这二位皆非“凡人”，一位就是社会上被传得神乎其神、炙手可热的“奇人”张宝胜，另一位姓王的虽然名头不如张，但据说也是开了“天目”、具有透视功能的高人。

得知这二位居然都是被邀请来协助打捞卫星的，这让一向只相信科学的林华宝顿时有种啼笑皆非的感觉。姑且不论他们是否真的具有特异功能，卫星毕竟属高精尖科技结晶，居然需要借助没有丝毫科技含量的“神汉”来找寻，传出去岂不是滑天下之大稽！

旅途中闲来无事，索性借此时机一探虚实，他微笑着向张宝胜发问：“能让我见识一下你的本事吗？”

张宝胜颇为自负地点点头，爽快地说：“没问题！”

林华宝伸出左手，指着腕上戴的手表说：“那就请让我手表的指针停住吧。”

张宝胜笑了笑，对着手表轻轻吹了一口气，表针居然真的戛然而止了。

虽然一时间尚不明就里，但出门在外必须准确掌握时间，当务之急是不能让手表发生故障，林华宝有些担心地问：“还能让它再走吗？”

张宝胜还真不含糊，再次对着手表又吹了口气，表针果然重新运转起来。这让林华宝联想起年少时看民间艺人变戏法的经历，看不出破绽时感觉很神奇，一旦戳穿障眼的谜底便会甚觉无趣，加之此刻正忧虑着沉在江中的返回舱，全然无意深究此中的奥秘。

见表主人反应平淡，并没有表现出丝毫称奇叫绝的意思，“奇人”似乎有些不甘心，连忙说：“你不相信的话，那我就再对着你的身子吹口气试试吧。”

林华宝连忙婉言谢绝：“不用费心了，还是留着你的能量，待会儿还得到江上去找卫星呢！”

地处资中县文江乡内的女儿滩不知因何而得名，看上去不过就是沱江边一处人烟稀少的荒滩。卫星返回那天中午，当地几个渔民正在江边吃着饭，就见一个自天而降的庞然大物牵连着一顶红白相间的巨型降落伞，“扑通”一声坠入江中，溅起层层雪白的浪花。

受到惊扰的几个人顾不得把饭吃完，就急切地驾着小舟围拢过去，看着渐渐下沉的降落伞，有的伸手去拽，有的试图用钩子钩住。还没等他们得手，伞绳就被坠断了，湍急的江水瞬间就将降落伞冲得不见了踪影。很快，一架追踪而来的直升机就降落在河滩上，下来两位身穿迷彩服的人，告诉渔民们沉入江中的是卫星，请大家帮忙看守现场，随后会有人过来打捞。

直升机飞走不久，县里的党政军领导和乡里的干部们就纷纷赶来，随行的还有不少基干民兵。事先，县里已接到“将有卫星要降落此地，希望能做好准备，保证卫星回收成功”的通知，并为此专门成立了卫星回收领导小组，只不过谁也没料到它竟会坠落到江中。

随后，卫星回收部队和相关人员也赶到了，经过一番紧急协商和部署，大家很快就行动起来，架起了临时电线，安装好探照灯，还接通了电话线，几艘机动船和十几位水性好的小伙子分头入江中寻找，从下午直找到晚上，却一无所获，只好向上级汇报求援。

一直关注着卫星命运的国务委员兼国防部长张爱萍闻听此讯，马上指示国防科工委、成都军区、四川省军区，要“想尽千方百计，克服各种困难，尽快把卫星打捞上来”。

于是，成都军区和省军区的首长们亲临女儿滩，成立了现场指挥部。解放军某部调来了舟桥连和冲锋舟，东海舰队派来了潜水班，地质部空运来磁力探测仪，船舶总公司援助了声呐微量放射性元素测控仪……当地群众也没有等闲视之，渔船渔网和拖缆全都派上了用场，在现场指挥部的领导下，军民联手在沱江上展开了声势浩大的打捞卫星大会战。

打捞卫星谈何容易，表面平静的沱江平均水深 8 米多，水下暗流湍急，翻卷着的江水浑不见底，潜水员下去后很难定位，氧气瓶还有被水底礁石撞破的危险。更为不利的是江底储有金属矿石，探测仪器下水后到处都有信号，根本无法确定目标。搜遍了落水点周围几百平方米的水域，惊得鱼虾四处逃窜，就是不见卫星的踪影。

抵达现场后，一向处事沉稳的林华宝没有急于发声，先仔细察看了女儿滩的地势，又查阅了相关的水文地质资料，一番缜密思考后提出了两项建议：请省政府将都江堰流往沱江的水流暂时排向岷江，减少沱江的水量，降低打捞难度；土法上马，用拦河网采取地毯式拖拉方法，步步为营，逐步缩小打捞范围。

四川省政府根据他的建议报请国务院批准，临时将河水分流到岷江，两天后沱江水位下降了两米，使得打捞工作的难度有所降低。

号称“天下第一奇人”的张宝胜，以及他的同伴“王大仙”当然也要有所作为。他们先是在工作人员的陪同下从滩头到滩尾走了一趟，再乘部队的冲锋舟在江中转了一大圈儿，又是发功又是入定地指认了几处，经潜水员探寻均属子虚乌有，只好面红耳赤地讪讪而退。

先进仪器难以奏效，奇人异秉徒有其名，这种状况下谁也断不清哪块云彩能下雨，只好任凭八仙过海，各显其能。现场指挥部召开“诸葛亮会”，进一步发动群众出谋献策，并依据“重赏之下必有勇夫”的祖训，宣布最先找到卫星者奖励 1000 元！

当年，城乡普通职工的月工资不过几十元，想必渔民们收入更少得可怜，一千元算得上是一笔巨款了，在场的百姓们个个摩拳擦掌，跃跃欲试。消息很快传开来，以致原本人烟稀少的荒滩变得空前热闹起来，十里八乡的人们闻讯纷纷赶来，既有想要一显身手的，也不乏单纯来看热闹的，男女老少一应俱全。

江中更是一派别开生面的景象，冲锋艇、机动船、打渔舟、磁力探测仪、声呐测控仪、拖缆、渔网、竹竿……最先进的与最原始的各具风采，人声、水声、机械声鼎沸如雷，直搅得水花飞溅、鱼虾乱蹦。

打捞工作日夜兼程，场面也足够热火朝天，依然迟迟见不到卫星的“庐山真面目”。不知道返回舱的密封性能否禁得住长时间的江水浸泡，忧虑着片盒中那些载有宝贵资料的胶片的命运，林华宝可谓心急如焚，徒有度日如年之感，却全然无计可施。

幸有一位年近七旬的老大爷来反映，离女儿滩不远的下游转弯处，有个叫“阎王窝”的地方比较特别，以往凡在江中淹死的人，尸体大都会被冲到那里，说不定卫星也会顺着水流被冲到了那儿。

直觉告诉林华宝，这或许是条有价值的线索，值得前去探寻一番。于是，他随即带上几位工作人员，在老大爷的引领下赶往“阎王窝”一探究竟。

第一眼看上去，这里的江面明显与别处不同，水流不是清澄的绿色，而是黑褐色，还打着旋涡。他满怀希望地请潜水员下去探察，没想到上来后却告知：“下面确实有一个大家伙，但不是返回舱，而是一块圆形的大石头。”

就在此时，不远处的史德新父子二人驾着船撒网，突然感觉到渔网在水下被什么东西拖住了，卯足劲儿拽上来发现渔网被刮了一个大窟窿，旁边还挂有几根细细的金属丝。看到林华宝等人正好在这里，父子俩便拿着金属丝划船过来请明白人过目。

正在郁闷中的林华宝，只看了一眼就兴奋地高声说道：“没错，就是它！这是卫星表面用的金属材料，返回舱肯定就在这下面！”

他的话音刚落，就听见一个尖利而高亢的女声在那边大喊："卫星就在这里，我们找到了，快点儿来捞啊！"

喊话的女人是徐廷明的妻子，就在史家父子前来找林华宝甄别金属丝的时候，他们夫妇也驾着船过来了，用篙杆东戳西戳，一下子戳到一块"大石包"，感觉坚硬又光滑。徐廷明嘱妻子把持住篙杆，自己一个猛子扎到水中探个究竟，证实了此物确实是个铁家伙。

命运多舛的返回舱在天上不过运转了五个昼夜，一路风尘赶回来，却在江底整整浸泡了七天七夜，好在总算是重见天日了。令林华宝备感欣慰的是由于密封效果过硬，舱内居然一点水都没进，设备和资料均完好无损。回京后，冲洗出来的胶片影像清晰无瑕，为此上级领导特别拨款5000元，奖励508所相关人员。

沱江大会战是我国卫星史上规模最大、工作难度最高、持续时间最长、动用人员和设备最多的一次回收，共计有85个单位的1700余人参与打捞，出动机动船、货船、渔船百余艘，车辆400多台次，历时7个昼夜。

国防科工委、卫星回收部队召开了现场庆功会，对在卫星打捞工作中表现突出的单位和个人进行了表彰。立下头功的史德新父子和徐廷明夫妇，不仅分别被兑现了1000元奖金，还有幸被邀请登上天安门城楼，观摩国庆35周年庆典。

从技术角度看，这颗卫星的返回很成功，着陆点就在预定区域内，只是没料到竟会落入江中，以致打捞比发射和返回还要费周章。由此，让林华宝想到了下一颗星必须做的一项改进——要给返回舱安装漂浮标志或声呐定位装置。

林华宝

林华宝院士传记

Academician Lin Huabao's Biography

第十八章

成功搭载利用太空微重力

他带领众人，本着既要满足用户要求，又要尽可能减少变动的原则，对返回舱内的布局进行了精心的安置与调整，尽量充分合理利用舱内有限空间，同时还特别注意确保回收平台的安全性和可靠性。

1986年10月，我国一个科学代表团应邀前往联邦德国，参加有关微重力搭载试验的科学讨论会。会上我方代表发言时，竟遭到了对方与会者出言不逊的质问："你们没有进行过此类试验，拿什么来和我们交流呢？"

面对如此傲慢的挑衅，我国著名半导体材料专家林兰英院士斩钉截铁地回答："中国会有的！"

回到国内，她很快就给航天部领导写了封信，简略地讲述了这件事情之后，慨然表示："为什么不能尝试用我们中国自己的卫星做微重力试验呢？如果有这种可能，我们科学院半导体研究所将要求在返回式卫星上进行砷化镓晶体生长试验！"

空间微重力环境是指航天器进入空间运行轨道后，在重力作用下，系统的表观重量远小于其实际重量的特殊环境。其既是人类进入太空需要克服的障碍，又是能够加以开发利用的宝贵资源。

研究在空间微重力条件下物质的特性及制备材料的工艺方法，是当代空间科学技术的一个重要组成部分，也是空间技术造福人类的一个重要领域。国际宇航界已充分认识到空间微重力资源的重要性和广阔的应用前景。

砷化镓具有优异的电子性能，是制造超高速集成电路和微波器件的基础材料，由于在地球上从液态形成固态结晶体时受对流的影响，不同比重的组份合在一起很难达到较高的均匀度，品质与成品率均不理想。因此，国内外不少研究砷化镓的专家们，都希望在太空微重力的环境中开展砷化镓晶体生长试验。

林博士的信被转到中国空间技术研究院，院领导们认为这是一个很好的提议。返回式卫星的主任务是对地摄影观察，在不影响预定任务的前提下，利用剩余的载荷能力，以搭载形式进行一系列空间科学实验，可以实现一星多用，一次发射多方收益，应该说这是进一步发展的趋势。

早在20世纪70年代初期，美苏等世界主要空间大国就开始在微重力材料加工、空间制药和空间生物学效应等方面开展大量的研究试验。而我国自返回式卫星发射成功十多年来，只是进行过一些空间工程技术方面的搭载项目，还从未尝试过开发利用空间微重力资源，以砷化镓晶体生长实验来开这个先河是最合适不过的。

还没有哪个国家利用返回式卫星做过微重力试验，砷化镓不仅熔点高，生长工艺也很复杂，即使开展了大量空间实验的美苏，也迟迟没有在太空实施过这种实验，我们大胆尝试或许能就此闯出一条新路来。

林华宝受命与林兰英博士接触，具体商讨搭载实验的相关事宜。说来也巧，二人虽是初次谋面，聊起来却发现彼此竟有着不浅的缘分：他们既是林姓同宗，又是莆田同乡，而且林博士不仅是大姐华媛早年的同窗，还是大姐夫林汝良的亲戚。

一种特别的亲切感在心中油然而生，他热心地为这位科学女杰详细介绍了返回式卫星的相关情况，为了强化她对航天领域的感性认识，还特意邀请并亲自陪同前往航天城，参观考察了一番。

达成合作的共识容易，真正实施起来却绝不是简单易行之事。此时，距我

1990年10月5日，林华宝（左二）与林兰英院士（右二）以及王和忠指挥（右一）在卫星发射架前合影

国第九颗返回式卫星确定的出厂日期只剩半年时间，若要在原设计之外，增加微重力搭载实验项目，需要冒相当大的风险。

首先，在正样状态的情况下增加有效载荷，必须对卫星进行整体调整，改变返回舱的布局和技术状态，而挪动其中任何一个位置，都有可能导致整个卫星失去平衡；砷化镓生长实验需要将晶体熔化后再结晶，而要使熔点极高的砷化镓熔化，晶体加工炉内的温度必须高达1250℃，这无异于在卫星上装了一枚随时可能发生不测的“炸弹”。

其次，相关单位已经与马特拉公司签署了合同，要在这颗主任务为对地观测的卫星上，搭载他们的蛋白质晶体生长和藻类培植两个实验项目。马特拉公司系法国著名军工企业，这是我国航天界首次为国外用户提供发射搭载服务，也是我国航天技术正式进入国际市场的一个契机，若出现意外闪失，影响和责任可想而知。

此外，还有一个大背景也不容忽略，这一年是世界航天史上的“灾难年”：新年伊始的元月，美国挑战者号航天飞机在发射过程中机毁人亡；4 月，马丁·玛丽埃塔公司为美军生产的大力神火箭发生爆炸；5 月，先是麦道公司的德尔它火箭因过早熄火而自毁，继而欧洲空间局阿里安火箭发射失败，不仅摧毁了发射台和所携卫星，还伤及 58 人。一连串灾难性的挫折，不可避免地投射在各国航天人的心头，形成一层浓重的阴影。

基于上述这三方面原因，研制队伍中产生了意见分歧，多数人反对增加新的实验，认为只需保证法国公司提供的搭载实验就可以了，既省事又没有风险，还可以打入国际市场赚取外汇；也有少部分人认为还是应该以我们自己的实验为重，砷化镓生长实验如果成功，不仅是电子行业的福音，而且还可以开启我国利用太空环境发展材料工业的新途径。

返回式卫星系列总师王希季明确表态：“如果搭载实验只能二选一，宁可放弃法国的，也要支持上我们自己的实验！”

他的理由很充分，为外国客户提供服务虽然有着可观的经济收益，充其量也不过就是一个商业行为而已，国内的实验则有着更为深远的意义，这是继探测之后进行的第一次空间实验，是中国空间科学向前发展的一个大步骤，迈上一个新的台阶后，就有可能在直接服务于国民经济方面出成果。

林华宝非常赞同王总考虑问题从大局出发的观念，但考虑到马特拉公司的搭载虽然只是商业行为，毕竟关系到我国航天界在国际市场上的信誉，也是不容忽略不计的，有没有两全其美的途径呢?

他深入细致地研究了林兰英的实验要求，反复斟酌后认为只要周密安排，认真落实，确保前期工作做到有备无患的程度，二者统筹兼顾完全可以实现。

听取了林华宝的汇报之后，又经过一番思忖，王希季果断拍板做出了令许多人为之捏一把汗的大胆决定："确保卫星主任务的前提下，国内国外的一起上！"

做出这样的决定不简单，既需要有背水一战的决心，更需要有必胜的信心和敢冒风险的勇气。落实这样的决定也不容易，既需要做出缜密周详并切实可行的筹划安排，更需要具备精益求精的严谨及攻坚克难的坚韧。

为了确保卫星主任务不受干扰，王希季提出三条明确要求：一、搭载的产品一定要自成体系，任何故障都不能影响到原定任务的圆满完成；二、所有搭载物品都要严格按卫星的条件加以制造验收，要全面审查以保证质量；三、整个布局要周密安排，不能损坏卫星的质量特性。

作为王希季最信任、最得力的助手，林华宝负责安排具体的工作和落实这些要求。

要让返回式卫星成为地球与太空之间的流动实验室，能容纳试样的返回舱体积有限，计划外增加的空间和重量，都会给卫星的设计、发射及回收带来一定的困难。想要在短时间内顺利完成搭载任务，不单需要方方面面的大力协助与配合，还必须拥有全面的技术和质量保障，他本着积极而慎重的原则，精心组织和大力推动各项工作的有序开展。

又是一次不可小觑的挑战，好在自投身航天战线伊始就从事开创性工作，他早已习惯了面对各种各样的挑战，坚信只要积极应对，充分调动团队每一位成员的智慧和能量，就不会有攻不下来的壁垒。

得知我国将利用返回式卫星开展太空微重力科学实验的消息后，国内各有关科研单位都跃跃欲试，想要参与这“零”的突破，一共提出了二百多个项目。经过认真权衡之后，领导层决定以砷化镓晶体生长为主，兼顾碲镉汞、锑化铟及其他合金材料加工等实验。

砷化镓晶体空间加工必备的首要条件，是设计制造出一台晶体加工炉，而这需要攻克多项技术难关——炉芯熔区要高于1238℃熔点的温度，以确保锭条能重熔，而出于卫星安全的考虑，炉壳温度却不得超过40℃，既要满足快升温和慢降温的晶体生长及冷却速度，又要经受得住火箭发射时的加速度，还不能因石英和砷化镓膨胀系数的不同而导致破损，难度有多大可想而知。

由于是首次尝试在返回式卫星上进行这样的实验，国际上根本没有任何可资借鉴的技术和经验。为了能达到设计的要求，研制人员反复琢磨，不断摸索，逐步克服了炉丝熔断、镜面聚热、稳定温场分布等诸多难点，采用高真空多层隔热及特殊材料隔热等措施，终于成功地将炉壳温度控制在36℃以下。

为了准确确定微重力下的实验条件，他们更是不厌其烦地先后进行了109次各种相关的地面试验。经过五个多月坚持不懈的努力，我国第一台空间多用途材料加工炉问世了。这台真空电阻梯度加热炉完全符合实验要求，还具有可以布置多种不同温度要求试样的特点，极大地提高了空间利用效率。

第一次空间微重力搭载实验中，晶体加工炉内除重点项目砷化镓外，周围还布置了碲镉汞、锑化铟晶体、超导材料钇钡铜氧化物，以及铝铌、铋镓难混合金等9种实验材料，充分发挥了一炉多用的优势。

林华宝带领众人，本着既要满足用户要求，又要尽可能减少变动的原则，对返回舱内的布局进行了精心的安置与调整，尽量充分合理利用舱内的有限空间，同时还特别注重确保回收平台的安全性和可靠性。

除了要为搭载实验提供安装空间和负荷外，还需提供相应的技术服务，包括 27V 的直流电源、时间控制指令或遥控控制指令、监测其工作状态的遥测通道，以及保持适当温度环境的温控设施等。

此外，还要解决有源搭载与星上各系统的电磁相容性问题，确保其工作时不至产生电磁干扰，影响星上其他系统的正常运行。为此，技术人员反复进行了多次电子性能测试和电磁相容性匹配试验，相继解决了电器短路和断路等一系列问题。

忙忙碌碌中，不知不觉半年时间就过去了，一切准备就绪，林华宝再次率试验队来到酒泉卫星发射中心。

已经连续六年了，他每年都要到这里来执行一次卫星发射任务。前两颗发射的都是国土普查卫星，对我国本土 65% 以上的面积进行了调查，所得资料广泛应用于地图绘制、城乡规划、石油勘探、地质矿产调查。这颗星上的搭载实验若能旗开得胜，又将进一步拓宽返回式卫星为国民经济发展与科学技术进步服务的领域，这让他既充满期待又不免略感紧张。

1987 年 8 月 5 日，在林华宝等人殷殷目光的护送下，搭载着中法两国微重力实验装置的返回式卫星，由长征二号丙火箭顺利送入预定轨道，巡游太空五天后如期返回，安然着陆于四川遂宁境内。

法国马特拉公司两项搭载实验的装置均完整无损，回收后及时移交给该公司驻北京办事处。对方对能够按计划顺利完成飞行实验，且回收的装置完整无损而深表满意。我方搭载的 12 种材料 13 个项目的 80 件实验样品，也都被及时送到用户手上，交由有关研究单位进行分析研究。

这次搭载的三个晶体生长试样，都生长出预期的单晶体。经分析鉴定，生长出的砷化镓晶体结构完整，组分比均匀，且不见杂质条纹，具有很高的学术价值和经济前景；锑化铟样品的掺杂均匀度和电阻率均匀度都有明显提高，晶体结构也较地面样品完整；碲镉汞样品没有重力下的沉积现象，晶体致密，径向组分均匀性良好。

此外，空间合金加工项目也都实现了预期的目的。通过铝锂、锌铅、铝铅、铝铌、铝锌铋等难混合金和偏晶合金凝固实验，发现空间的块状锌铅样品中实现了均匀弥散相分布；在空间粉末液相烧结中，也能够得到定向生长的晶体结

1987 年，林华宝在家中查阅资料

构。这些实验成果表明，中国空间材料科学研究收获了一个良好的开端。

看到在太空熔体中生长出的两根火炬状的砷化镓单晶时，林兰英院士激动的泪水夺眶而出，一时间哽咽着说不出话来。她深知这个成功对我国材料工业有着至关重要的意义，不仅为提高我国半导体元器件产品在国际上的竞争力创造了条件，还有可能带动计算机产业的进一步发展。

首次进行空间微重力实验的成功，证明我国已初步具有开发空间资源的手段，从而打破了苏美两个空间大国在利用微重力资源方面的垄断，也取得了与国际同行平等对话的地位。法国舆论界评论道："这次成功地发射和回收，证明了中国在航天领域的潜力，尤其证明了中国人跻身世界卫星发射俱乐部的能力。"

据国外统计，空间实验的失败项目要占到 25%，也就是说通常只有 75% 的成功率。我国初次开展空间实验项目，成功率竟高达 90%，不少项目都达到了世界先进水平，虽然起步晚，却后来居上，以锐不可挡的良好开局在国内外引起强烈反响。

还有一件特别有意思的事不能不提，这颗星上的搭载物中还有一批水稻和青椒等农作物的种子，科研人员的初衷不过是想了解空间环境对植物的遗传性是否有影响，没想到试种后效果非常神奇，更

1997年8月22日，林华宝（左三）在大兴航天育种基地，察看由返回式卫星搭载回来的种子的生长情况

没料到这“无心插柳”之举，竟开启了我国航天育种的序幕。

航天育种先是作为国家“863”计划的一部分，在随后的几颗返回式卫星上进行了广泛的实验，后来国家又正式批准“航天育种工程”立项，并专门为此研制发射了世界上唯一的一颗“种子星”。

“航天工程育种技术及产业”还作为体现航天效益的重要项目，被纳入国家“十二五”战略性新兴产业规划。据不完全统计，目前全国各地已有航天育种推广种植基地百余个，推广种植面积近2000万亩。

这颗卫星既圆满完成我国首次空间科学实验，又成功首开我国航天技术进入国际商业市场的先河。时隔仅一个月，酒泉卫星发射中心又成功发射一颗新型返回式卫星“FSW-1”，八天后携带着诸多微重力搭载实验样品平安返航。

这是我国新研制的第一代摄影测绘卫星，星上首次采用了计算机控制的数字量三轴稳定控制系统，不仅控制精度大幅提高、可靠性明显增加，平台的技术与服务水平都有所提高，在轨时间由五天延长至八天，返回技术方面也上了一个新的台阶。

自此，我国航天界开始有计划、有组织地利用返回式卫星开展搭载实验服务，逐步拓展我国空间微重力科学领域。由于我们的卫星返回舱比美国航天飞机内部环境更加洁净、污染较少，合成出来的晶体品质更优良，再加上百分之百回收成功率的良好声誉，赢得了世人的高度信赖。

美国、法国、德国都有公司主动找上门来，要求合作进行搭载实验，马特拉公司更是一次就抱来了重达 15 千克的搭载物。随着在利用外层空间资源方面的不断延伸和拓展，我国空间材料科学研究也取得了长足的发展。

做为地球与太空之间的“流动实验室”，返回舱的体量和容积实在有限，而不论是空间的扩展，还是重量的增加，都会给卫星的发射和回收造成一定的影响。为克服这种影响，确保发射和回收的成功，研制人员需要花费很多心思来进行统筹安排。

随着太空实验场的科学价值被世人所认识，它的科学价值很快就转化成为商品价值，使卫星搭载价格倍增。搭载物品按克、立方厘米、天上飞行时间三者相加综合论价，一千克重量最少也得几万美元，返回式卫星的返回舱堪称世界上最昂贵的空间。由于空间搭载市场供不应求，一些发达国家的大公司都不惜斥重金来争夺这寸金之地。

既要满足国外用户，更不能慢怠国内需求，以至于后来我国发射每一颗返回式卫星，返回舱内都

1988年，林华宝（左一）在联邦德国出席庆祝中西德科学技术研究工作十周年活动

如同一个小型货场，五花八门的搭载物挤得满满当当，一点空隙都舍不得虚置。可观的外汇收入，并不是林华宝等人的关注焦点。让航天人备感兴奋的是闭门造车几十年，我国的空间技术终于突破了封闭性研究，开辟出国际空间工程技术合作的新渠道。

曾经让中国代表团面对傲慢挑衅的联邦德国，当年就签署了利用我国返回式卫星进行微重力实验的协议。他们的研技部微重力分部主任格莱格博士钦佩地说：“中国的卫星回收技术，在世界上很有名气，正因为此，我们希望和中国同行长期地合作下去。”

卫星搭载空间微重力实验成功的喜讯，不仅当之无愧地位居当年航天部十大新闻之首，还跻身我国航天空间科技20世纪十大新闻之列。

林华宝

林华宝院士传记

Academician Lin Huabao's Biography

第十九章

打破常规 创立研制新典范

他组织研制队伍在确保质量的大前提下，大胆打破常规，采取压缩和简化某些研制程序等一系列提高效率的方法，进行更加科学合理的安排，极大地推进了研制工作的进展速度。

我国第二代返回式卫星“FSW-1”获得成功后，研制人员并没有停止前进的步伐，又再接再厉向着更高的目标发起了冲刺。经过十多年的持续发展，卫星的基础技术已日臻完善，接下来需要解决的是如何提高星上有效载荷的地面分辨率，控制系统的控制精度，以及增加轨道维持能力和测控系统能力等问题。

1988 年，林华宝被调离 508 所，来到中国空间技术研究院（五院），先是担任返回式卫星副总设计师，后来又晋升为总设计师，除了主持“FSW-1”后几颗星的研制发射工作外，还全面负责我国第三代返回式卫星“FSW-2”的研制和飞行试验。

1990 年 2 月 23 日晚 8 时，航空航天部部长林宗棠及副部长刘纪原、孙家栋一行，亲临中国空间技术研究院召开会议，传达了中央军委副主席刘华清关于加快新型返回式卫星研制进度的指示，要求“FSW-2”的第一颗星要在 1992 年 4 月底前待命出厂。

任务很紧迫，虽说卫星方案设计早在两年前就已完成，可由于经费不足和运载工具不配套等问题，初样阶段的工作进展举步维艰，只进行了一些纸上谈兵的工作。按照正常的研制程序，要完成该型号初样、正样两个阶段的工作，

1989年，林华宝出席中国空间技术研究院航天科技报告第三次会议

至少需要36个月的时间，而此时距离军令状要求的时限仅只剩下26个月了。

任务本身的难度就相当大，再加上时间的制约，有限资金的制约，可以说从院领导到群众，从管理人员到研发人员，普遍感到压力巨大。身为总师的林华宝非常清楚肩上的担子有多重，却没有因此而产生丝毫的畏难情绪，不单自己保持着逢山开路、遇水架桥的坚定信念，还以积极乐观的态度，来给大家打气加油。

他在动员会上强调：“这是国家的重点任务，有刘副主席的指示，有科工委、部、院各级领导的关怀和支持，所到之处尽开绿灯；我们有一个团结的领导班子，正副总指挥、正副总师分工明确，各司其职，互相支持，配合默契；我们的研制队伍是一支久经考验敢打硬仗的队伍，是五院的主力军之一；我们还有一个广泛的、协同作战多年的协作网；在技术上，我们具有经验丰富的王希季、闵桂荣两位老总师的支持和帮助。有了这些有利条件，我们对完成任务充满了信心！”

长期的工作实践让他深切感受到，我国卫星研制存在的主要问题，一是研制周期长，二是研制费用高，此外可靠性方面也还存有一些瑕疵。在这次研制任务中，有针对性地进行一些有益的探索与尝试，既是他发自内心的一种强烈愿望，也是他贯彻在工作中的主导思想。

“FSW-2”是我国第二代摄影普查遥感卫星。研制新型号卫星若采用过多的新技术，势必会导致研制周期加长，效益比下降，但也不能一味因循守旧，跟不上高新技术的发展，否则型号不具备生存优势，研制水平也得不到有效提高。

在确定“FSW-2”全星技术状态时，林华宝非常注重继承与开拓的适度结合，严格限制片面追求局部高性能、高指标及不成熟的新技术，要求各分系统和主要设备最大限度地采用成熟技术及其延伸技术。与此同时也大胆采用了不少高新技术，13 个分系统中有 8 个都是新研制的，其余系统也有一定的改进和更新，星上还增加了一个制动舱，对各种设备进行了重新布局。

卫星的主要有效载荷——节点式相机正处于预研模样阶段，本来是有条件引进的国外的现成产品，林华宝力争自立更生，并帮助一步一步努力往前推进。他主持制定了相机适应星上工作和环境的技术要求，并确定与其他分系统的接口关系。相机支座采用铸镁合金的大梁，不仅增加了结构刚度，还减轻了重量。该相机的应用不仅使装片量增加了三分之一，地面分辨率也得到大幅度的提高。

他主持制定控制系统技术状态，包括控制精度和提高可靠性要求以及与各分系统的接口关系，首次采用了三台微机组成的三机热备份计算机系统，在计算速度、内存容量、故障诊断、容错能力等方面，都明显优于“FSW-1”的双机热备份系统。他还提出增加轨道控制、全姿态捕获和单红外控制等一系列新

1990年，在河北保定，林华宝（左侧中）参加第二代卫星摄影测量相机专用胶片论证会

的应付故障情况的功能，使卫星的控制精度、抗干扰能力及可靠性都有明显提高。

此外，由于“FSW-2”将首次利用与返回舱分离后的仪器舱进行多项工程试验，他主持制定了保证仪器舱分离时的安全措施，以及留轨试验的技术状态，还根据任务的需要，大幅度增加了遥控指令的容量，并首次采用数字签名识别，使保密性得到进一步提高。

有了好的技术方案，只是走出了第一步，要把方案变成实实在在的产品，还要进行大量艰苦细致的工作。如果遵循原有的研制程序，一切工作按部就班地进行，既轻车熟路，又不必担风险，但时间却不允许。

经过群策群力地反复研究和充分论证，在摸清状态、吃透规律的基础上，林华宝组织研制队伍在确保质量的前提下，大胆打破常规，采取了一系列提高效率的方法，进行了更为科学合理的安排，极大地推进了研制工作的进展速度：

首先，根据产品技术状态继承程度的区别给予不同方式的管理，类似单脉冲雷达应答机这类属于成熟技术的直接进入正样生产，而遥控接收机这类部分成熟技术的需要经过初样、正样两个阶段，像控制计算机等新研制的产品则模样、初样、正样三个阶段一个不能少。

其次，在满足试验要求的前提下，采取一系列压缩和简化研制程序的重大措施，取消初样电性星，用正检星装星前产品的桌面电性能联试取代；取消初样热控星，直接与正检星的热真空试验一次完成；取消初样结构星，以制动舱和仪器舱及其主要部件作为试验件进行静、动力试验，并与改型星回收后的再入舱装配成完整的结构试验星，参加星箭联合振动试验和作为全星振动试验前的预振配重星，最后用发射星进行出厂前的全星振动试验；正检星在完成预定的各大型试验后，改装成发射星；第一颗星不经过发射实验星，成为正式的应用星，即列装星。

再次，实行研制程序的交叉和并行，结构分系统是工作量最大、研制周期最长的一个分系统，特别是工艺工装准备时间特别长。但是，由于运载工具迟迟定不下来，正式的载荷、气动加热、环境等数据都不能及时提供。他大胆批准根据方案设计时初步的数据，参考前两个型号的经验，未经设计评审主要关键图纸就先下厂，研制过程中根据陆续到来的数据随时进行校核，经过结构静、动力试验，证明该系统符合设计要求，并有一定的余量，补充进行设计评审后，实现了一次投产即成功的预期效果。

最后，精密计划与精心调度。研制工作基本是按两条线进行的，主线是正检星，经各项试验后成为发射星；副线是大型结构件，经结构试验后总装成结构星。他和指挥调度系统制定了详细的计划流程，频繁调度，计划流程进行到哪里，那里就加班加点抢时间。上一道程序在进行时，下一道程序就抓紧做好准备，使研制工作进行得有条不紊，紧张而有序。

采取这一系列打破常规的灵活做法，正常的研制程序常常交叉、并行进展，明显争取了时间，节约了经费，但同时也带来了不少的问题。用副总指挥徐庆祥的话来讲："我们每走一步都要碰到困难，一直是在不断解决问题中前进。"

林华宝总是亲临一线，与技术人员在一起及时发现问题，随时解决问题，确保做出的决策都出于对技术路线的清晰感知和切实判断。常常是他与副总师郑松辉各坐镇一个房间，分别主持一个组讨论和解决某个当务之急的问题，而门外还有人在排着队等待解决问题。

与此同时，两位总师还要顶着舆论带来的压力。研制工作全面铺开以来，反对和质疑的声音此起彼伏，有人说他们是在瞎搞，甚至断言"成功是偶然的，失败是必然的"，还有人撰文在报刊上批评他们"违反科学的研制程序"。

二人也经常在一起坦诚交换意见，冷静分析工作的进展状况，认真反思这样干到底行不行？究竟能有多大胜出的把握？尽管如此，他们心里还是有底气的，正如郑松辉所言："信心与担心并存，信心大于担心"。

或许可以借用当年样板戏中的一句唱词，来形容此时的这两位领军人物："明知征途有艰险，越是艰险越向前。"因为他们非常清楚，虽说推行了一系列打破常规的做法，但绝对不是随心所欲地蛮干，每一项举措在实施前都是经过深思熟虑，反复权衡利弊，确定有相当把握后才慎重推出的，完全不存在瞎搞乱搞的状况。

两位总师的看法高度一致——特别的事情就得用特别的方式去解决，遵照常规途径固然保险，却根本不可能在规定的时间和有限的经费内完成任务，剑走偏锋既是形势所迫，亦未尝不是有益的开拓！

总设计师担负有大量的组织协调工作，各系统接口关系是否合理，电路设计是否匹配，各环节的有效控制都需要精心策划，千头万绪必须统筹兼顾。除抓好卫星总体的设计与研制之外，林华宝还与各分系统设计师一起，做了大量深入细致的工作，解决了一系列关键性的技术难题。

卫星研制是一项投资大、风险高的工作，任何一点变动都有可能产生牵一发而动全身的影响。每逢出现问题需要拍板决策时，他总是本着高度实事求是的精神，采取严肃谨慎的态度，充分听取一线人员的意见，以质量第一为宗旨，不仅考虑局部的质量状况，还要考虑整体的可靠性，尽可能做好各种充分的试验，为处理问题的准确性提供有力依据。

1991年春天，卫星的研制工作进入了关键的时刻，许多设备单机准备做环境模拟试验。在制定振动和冲击环境试验要求时，由负责环境试验的施修明按照国家和军队的标准要求，制定出《星上电子设备环模试验条件》，首次实行随机振动和冲击谱模拟条件进行产品力学环境试验。

这是一种很先进的试验方法，在100Hz以下用正弦对数扫描来补充低频振动环境量级的不足，用冲击谱试验来模拟冲击振动环境，更接近卫星实际飞行环境，能够有效地暴露电子设备的潜在缺陷。美国和欧洲早就放弃了我们一直沿用的正弦扫描振动和半正弦波冲击力学试验条件，而改用这种试验模拟条件了。

可是，由于不少产品在试验中过不了振动关，许多研制人员，包括一些厂所的领导都对这种先进的试验方法心存疑虑，一方面是担心量级太高设备通不过，另一方面是觉得以往那么多颗星没经过这种试验也都发射成功了，根本没必要多此一举，因而产生了很大的抵触情绪。

虽说力学是林华宝的老本行，他却没有简单地以总师身份一语定乾坤，而是与施修明等人先后四次进行专题研究深入探讨，认真听取和分析制定新技术条件的必要性、新老型号的不同点，以及关于确定试验量级的依据、安全余量等问题，还征求了相关振动试验专家的意见，并请出老总师王希季主持评审。

既没有回避矛盾，也没有强行压制，他在听取多方意见全面摸清状况的基础上，拍板决定按随机振动和冲击谱模拟试验条件规定执行，同时提出如若设计师感觉心里没底，可以先用旧的设备进行尝试，体验后再用于新设备。这样的决定，既尊重了一线人员的意见，又从确保可靠性和技术可行性的角度推进了工作。

与此同时，林华宝还注意灵活掌握，特殊情况特殊处理，对振动特别敏感的陀螺组件以及相机，都制定了专用的试验条件。只要没有要务缠身，试验时他都会与施修明一起盯在现场，帮助控制振动量级。

陀螺组件是成熟产品，在“FSW-1 ”上的试验很正常，测试中却过不了振动关，再加减振器时间上已经来不及了，他明确主张更改量级，由700g改为500g，500g就已经足够用了。对相机也是如此，这个庞然大物本身就重300多千克，装片量达60千克，要通过振动环境试验非常不容易，他根据发射时的振动冲击力调低了测试量级，这样做的理由就是“实事求是即可，没必要一味地追求高标准。”

经过一段时间的试行，检查分析的结果表明，大凡过不了振动关的产品，在设计上或工艺上确实存在有缺陷，经修改后确保了产品质量。事实让大家心悦诚服，随即都自觉自愿地执行了新的模拟试验条件。随着工作的不断进展，各项大型试验的顺利完成，闲言碎语渐趋销声匿迹，团队成员们的信心也与日俱增。

宽厚温和稳重，尊重体谅部属，是林华宝一以贯之的行事风格和工作作风。卫星进行电测时，出现不少问题，时间非常紧迫，他的心里很焦急，却没有流

1991年4月，林华宝在美国加州圣迭戈出席第11届美国航空航天研究所气动减速系统技术大会

露出丝毫的急躁情绪，更没有对相关责任人加以批评指责，反而和颜悦色地安抚鼓励大家：“不要怕，我们花这么多的时间搞电测，目的只有一个，就是要让卫星在地面充分暴露问题，彻底解决问题，以确保上天后不出问题！”

太空环境极为复杂恶劣，卫星发射入轨后一旦发生故障，很难甚至根本无法排除。卫星上的每一个元器件、零部件质量的好坏，都直接关系到整个卫星的命运，对航天产品而言，说质量就是生命一点都不为过。

他与总指挥薛继忠都深谙此理，尽管对研制程序进行了简化和压缩，对产品质量的把关却一点没有含糊，常规要做的大型试验不仅一项没有省略，标准还就高不就低。对降落伞、红外地球敏感器、重力开关、火工品等装配后无法再直接查验的部件，他们不单组织人员轮流检查，验收时还坚持“眼见为实”，必须亲自查验才放心，重要的检查，合格后还要求铅封或加锁。

热真空环境模拟试验是考核设备质量最有效的方法，也是一项人力物力耗费大、周期又长的大型试验，试验准备工作至少要耗时半年。制定合适的模拟试验条件需要慎之又慎，稳妥拿捏。条件定得太高，不仅加大生产成本，还可能因试验通不过而延误任务进度；条件定得低了也不行，若正检星振动时通不过，不仅重新投产影响进度，若在主动段经不住振动，还会导致任务失败。

为此，林华宝费了不少心思，组织人员对每一项大型试验的内容都进行了详细的论证，在坚持高标准、严要求的同时，根据以往的经验及任务的实际情况，尽可能简化和压缩试验内容，以便节省时间与经费。

大型热真空环境模拟试验设备 KM4 开机一天就需消耗液氮 20 吨，按照常规热真空试验要进行两次，经过反复研究，考虑到有前两个型号的数据和经验可借鉴，他们决定取消初样热控星试验，只进行一次正检星的热真空试验。

到了年底，家家户户都在为合家团聚欢度佳节做着各项准备，林华宝却率领 181 位参试人员，投入了一场为期 32 天的新“战役”——“FSW-2”首颗星整体置于“真空大楼”KM4 内，接受大型的热平衡及热真空综合试验。

这是首次直接将星上大部分产品按正样状态进行试验，此举可以缩短卫星研制周期八个月，节省经费数百万元。星上温度和热流测点有一千多处，一千多根引线全靠参试人员一根一根地焊接、梳整，经仪器巡回检测没有发现一根线接错或折断，合格率达到百分之百。

试验昼夜兼程，24 小时不间断进行，参试人员每天都要工作十五六个小时，有时甚至通宵达旦，就连元旦之夜，试验大厅内也是灯火通明。他们不仅放弃了元旦休息，春节也只是除夕夜回家与亲人团聚一下，很快就又聚集到 KM4 设备旁。

KM4 的抽真空装置首次采用了 511 所新研制的低温泵无油系统，取代了原有的油扩散系统，使真空室压力达到历史最好值的 3×10^{-4} Pa，优于试验要求一个数量级。日后，林华宝随 511 所访问俄罗斯，谈到采用低温泵无油系统时，还在用油扩散泵系统的俄方人员感到十分惊讶，几乎都不敢相信。

历时一个半月的紧张劳作获得了圆满成功，试验的温度场分布严格控制在 ±1℃的范围，有一大半则是在 ±0.5℃范围。热沉温度最高不过 86 K，远低于 100 K 的设计要求。除相机遮光罩部位温度偏低，需采取措施外，其余均与设计值相吻合。

利用这次试验的机会，他们还进行了压控分系统的动态调压试验，相机系统的低压跑片试验，以及密封舱返回前的放气试验等，都获得预期的效果，实现了一次试验多方收效的目标。

一直以来，正检星在经过一系列大型试验，特别是热真空试验和全星振动试验后，就算完成了使命，便被束之高阁成为陈列品。为了节省经费和加快进度，林华宝他们大胆尝试再利用，在试验结束后又将正检星改装成发射星。

为此，热真空试验开始前，他们在再入舱表面安排了一系列相同材料的“随炉试件”，事后对试件进行化学分析和性能测试，证实再入舱烧蚀材料的防热性能，并没有因热真空试验环境而产生丝毫变化。

在全星振动试验时，他们还对关键部位的应力和加速度值进行了严密监测，当所有试验全部结束后，再对所有的数据进行分析，对卫星表面的热控涂层的热物理特性（太阳吸收率和发射率）进行复测，对全星结构进行详细检查，对密封舱进行保压试验。经过严谨而周全的检测分析和慎重研究后，认定正检星改装完全有可能。于是，正检星“摇身一变”成为发射星。

按规定，参加正检星各项试验的所有产品都应该是正样产品。可是直到发射星电测时，遥控接收机等个别产品还没有通过环境试验，为了不影响进程，只好以电性能合格的电测工艺件代替。

为保险起见，院里决定在卫星出厂前增加一个24小时大模飞试验，就是将卫星从起飞前的准备程序、入轨、轨道运行、返回直至安全着陆，整个过程的所有程序动作浓缩在模拟飞行程序中，要求所有参试的都必须是允许上天的正样产品。

模飞试验获得圆满成功，各个分系统都工作正常，没有出现任何故障。12项大型试验，以及与搭载有关的10项地面试验都扎扎实实地完成了，所有需要考验的项目一个都不落，需要获得的数据一个都不少，在技术问题上不存在半点含糊之处。

至此，出厂前的准备工作全部就绪。仅用了28个月时间，就研制成功一代新型返回式卫星，不仅在我国卫星研制史上是一个创举，在世界航天领域也是个了不起的奇迹。正如国防科工委一位领导所言："新型返回式卫星是花钱最少、研制周期最短的一个卫星型号，为我国的经济和国防建设作出了重大贡献。"

在这28个月中，不分节假日，没有星期天，主线上加班加点赶任务几乎成为常态，有一次工作进展得不太顺利，大家居然一直干到凌晨4点，只休息了短短的两个小时，早晨6点又开始了新一天的工作。

年已花甲的林华宝更是不轻松，成天满脑子装的都是性能指标、技术难点、工程进度，等等，每一天都是在高度的紧张和忙碌中度过的。辛勤的耕耘，获取了丰硕的成果。在他领导下创建的新研制程序和模式，不仅创造出周期最短、经费最少的纪录，还成为了中国空间技术研究院卫星研制工作的典范。

"FSW-2"做为一种崭新的用途广泛的返回式卫星平台，被确定为我国航天型号产品通用化、系列化和组合化中返回式卫星系列的基本型。日后再研制新型号的返回式卫星，只需更换有效载荷，星上其他系统仅做些适应性调整即可，不仅可大幅度缩短周期，节约经费，可靠性也有保障。

多年后回忆起研制“FSW-2”时的情形，林华宝并没有提及自己身为总师作出的重要贡献，只是表示非常怀念那“热火朝天的日日夜夜，激动人心难以忘怀的28个月”。

林华宝

林华宝院士传记

Academician Lin Huabao's Biography

第二十章

百密不疏 双星高照龙抬头

庆功的晚宴上，他将“不得饮酒”的医嘱抛在脑后，与大家一起频频举杯共庆，离席前还应邀用俄语高歌一曲《莫斯科郊外的晚上》，结实浑厚富有磁性的男高音，征服了在座的每一个人，赢得了热烈的掌声。

进入 20 世纪 90 年代，已经取得长足发展的我国航天业，似乎进入了成长过程中的“瓶颈期”，接连遭受挫折：先是 1991 年年底发射东方红卫星时，运载火箭三级发动机二次启动提前关机，导致卫星未能进入预定轨道；紧接着 1992 年 3 月，第一颗澳星发射时，新型大推力火箭“长二捆”发生故障被迫紧急停车……

一连串的打击，令刚跻身国际市场不久的中国航天业，一度陷入信任危机的绝境。危难之中，航天人都把关注的目光集中到林华宝主持研制的新一代返回式卫星“FSW-2”上，希望它能成为“争气星”。

返回式卫星也确实争气，绝地反击中不负众望，新旧不同型号的两颗卫星接连获得圆满成功，演绎出一段中国航天在困境中“双星高照龙抬头”的佳话。

1992 年 7 月，林华宝率试验队伍，提前入驻酒泉卫星发射中心，为执行“FSW-2”的第一颗星的发射任务进行各项准备，这是我国发射的第 13 颗返回式卫星。虽然自忖做足了功课，毕竟从事的是高风险的工作，决战前夕内心的忐忑总是难以避免的，化解的方式唯有细致周密地检验再检验，最大限度地把工作做到极致，确保百密而无一疏。

这次飞行试验，除了完成对地观察的主任务外，还搭载有电子部和科学院的六项相当复杂的有源试验，以及诸多无源试验项目的科学实验任务，其中新型遥感试验装置是一个技术非常复杂的系统，难度相当于研制一颗新的技术试验卫星。

由于在主持新型返回式卫星的总体布局安排时，林华宝就考虑到要充分利用运载火箭的运载能力，扩大了公用返回舱和仪器舱的有效载荷容积，为搭载实验留有相当的余量。与前两个型号的返回式卫星相比，“FSW-2”的密封舱容积增加了 20.3%，可回收部分有效载荷的重量和容积分别增加了 53% 和 15%。

不仅如此，新的平台还在继承成熟技术和经验的基础上大胆创新，总体结构由两舱段改为三舱段，增加了制动舱，大幅度提高了有效载荷的承受能力，飞行时间也由 8 天增至 15 天，为藻类生长和制药生产等实验项目提供了条件，为实验提供服务的保障技术也有所加强。

不到半年时间遭遇两次发射失败，此次发射结果对能否扭转被动局面有着至关重要的意义，再加上又是一颗人们寄予厚望的新型卫星，还搭载着多项重要的科学实验项目。为保万无一失，任新民与王希季两位德高望重的老总师，

1992年7月18日，林华宝（左）向任新民（中）汇报返回式卫星研制情况（右为王希季）

都亲临发射基地坐镇保驾护航。

常言道“怕什么来什么”，转场前一天的关键时刻还真发生了意外，轨控的无水肼加注系统出现问题，推进剂怎么也加注不进去。如果不能在中午前加注好推进剂，将会直接影响第二天按计划转场和发射，众人焦急的心情可想而知。

两位老总师与林华宝等人一起，在现场帮助技术人员分析问题，大家全然不顾肼的毒害性，全力以赴查找原因，采取措施排除故障。经过众人的一番努力，终于按要求量将无水肼加入了贮箱，为此有的人手部被烧伤，两台抽气泵也被腐蚀坏了。

8 月 9 日下午 4 时，“长征二号丁”不负众望，一路轰鸣着将这颗“争气星”送上苍穹，顺利推入预定轨道。接下来的日子里，林华宝的心一直牵挂着在太空运转的卫星，如同眷顾自己远嫁异国他乡的宝贝女儿那样，既关注她旅途的平安顺畅，更祈盼她能有上乘的表现和美满的归宿。

返回式卫星在低轨道上绕着地球飞行，飞行的时间越长，轨道衰减度越大，卫星就会随之慢慢往下降。为了确保不偏轨，这颗星除了姿态控制外，还首次启用了轨道控制——安装了一套单组元喷气系统，可以局部调整运行轨道参数，

1992年8月，林华宝（左一）和王和忠总指挥（右一）在酒泉卫星发射中心陪同总参领导同志查看产品

使之接近于设计轨道，一则可以维持卫星适合摄影观察的轨道，二则能够确保返回舱的返回落点在预定回收区中心附近。

顺利入轨后，卫星一直都乖乖地遵循地面的指令，定时进行喷气提高轨道。可不知为什么，到了第12天，它居然无视轨道控制指令，任凭地面站如何呼叫，就是不理不睬，一意孤行地运转着。经技术人员分析判断，失控原因可能是发动机的喷气管道因结冰而堵塞，导致无法正常工作。

一圈、两圈……卫星在天上每转一圈，都会往下降几百米。根据这种掉轨情况，计算机精确算出的结果令人很不乐观——如若按照原定计划第15天时回收，卫星势必会偏离预定的川中回收区，回落到川西的崇山峻岭中，那样的话，回收工作将遇到难以想像的困难。

返回式卫星在太空要完成哪些工作，什么时间返回，都是事先设计安排好的。然而，也会出现意外，需要它提前或推迟返回地面的情况发生，是否能让星遂人愿，是对回收技术成熟与否的切实考验。

改变卫星回收时间，将会牵扯到方方面面，绝不是测控中心及卫星总指挥和总设计师可以自行决定的事情，唯有将情况向上级汇报。北京“大本营”收到轨道控制失灵的情况报告，国防科工委连夜紧急召开了由智囊人物商讨对策的会议。

1992年8月，林华宝（右二）、王希季（左二）、试验队书记刘尔鹏（左一）、总调度徐庆祥（右一）在技术阵地合影

若按原计划15天回收，落在山区丛林地带，既难寻找又不易运输；推迟一天回收的话，卫星即可落入预定区域，寻找运输都不存在问题。然而，延期后星上各种仪器是否还能够正常运转，推进剂是否还够用，卫星能不能执行新实施的轨道控制，谁也不敢说有绝对的把握。

经过充分讨论之后，会议最终的决策是同意推迟一天返回，如若地面遥控系统失灵，就启动卫星上的自控系统。好在大家担心的事情都没有发生，卫星"驯服"地加了一天班，且恪尽职守，没有发生任何纰漏。

25日上午，到了一决胜负的关键时刻，大家的心弦都绷得紧紧的，既满怀期待又不免有所忧虑。所幸事遂人意，地面发出回收指令后，卫星不仅灵敏地接受了指令，准确调整姿态向着预定的方向回归，而且轨道控制相当成功，落点精度优于30千米，达到了世界先进水平。

在回收区空域盘旋等待的直升机及时发现目标，回收人员迅速赶到，用手指轻轻碰触一下舱体，余热尚未散尽，从连接吊环到直升机吊起返回舱返航，前后不过十几分钟时间。林华宝连日来紧绷着的神经瞬间松弛下来，悬着的心也欣然回落，看着同伴们一张张洋溢着兴奋与喜悦的笑脸，自己的嘴也合不

1992年，林华宝（中）与自1958年以来一起工作的老同志戴永德（右）、丛者贤（左）在酒泉卫星发射中心发射塔前留影

拢了。

庆功的晚宴上，他将“不得饮酒”的医嘱全然抛在脑后，与各位一起频频举杯共庆，离席前还应邀用俄语高歌一曲《莫斯科郊外的晚上》为大家助兴，饱满浑厚富有磁性的男高音征服了在座的每一个人，赢得了热烈的掌声。

年轻人都很惊讶，想不到林总居然还有如此高水准的歌唱才艺。老同志们不无炫耀地告诉他们：“过去我们可没少听林总唱俄语歌，每次有文娱活动，压轴节目都是他唱的俄罗斯民歌……”

林华宝回到房间后，乘着微醺的酒劲儿很快就酣然入睡。食不知味、寝不安席、费心劳神地备战了一个多月，又连续十几天不分昼夜地回收卫星、判读数据、把握进程，身与心都处于极度的疲惫之中，今晚总算可以睡一宿安稳觉了。

卫星整个运转过程基本正常，只是后期出现了两个无碍大局的纰漏：一是轨控发动机原计划工作四次，前三次都很正常，最后一次却不知因何而罢工了；二是相机在任务进入尾声时发生了卡片现象，致使部分胶片未能发挥作用。这些并没有对完成任务产生大的负面影响，整个飞行试验获得了圆满成功。

冲洗后的胶片非常清晰，经用户组织专业队伍判读，照片的地面分辨率优于设计指标，尽管最后出现了卡片现象，但因装胶片时留有相当余量，所摄地面覆盖面积仍超过任务书要求。综合考虑轨道寿命长、照片分辨率高、片盒装片量大等因素，FSW-2 卫星一次飞行获得的信息量比第一代遥感卫星“FSW-0”高出 13 倍以上。

各项搭载实验都实现了预期的效果，在先进的晶体炉中熔炼出定向生长的 42 毫米长的碲镉汞晶体棒，以及蛋白质试管中生长出的可供观察分析的大晶体，都达到世界先进水平。

FSW-2 返回式卫星首发成功，被我国航天界称之为 20 世纪 90 年代的“第一次龙抬头”。

12 月 27 日，总参、国防科工委、航空航天部在北京召开了“FSW-2”成果鉴定会。会议对卫星的研制工作给予了高度评价：“首次飞行试验结果表明，系统的主要战术技术指标，均达到了研制任务书规定的要求，有的项目还优于指标要求……在我国返回式卫星技术方面跨上了一个新的台阶。”

随即，林华宝率众人用 28 个月打造出来的“FSW-2”荣获航天科技进步奖一等奖。他本人因年度贡献突出，获航空航天部颁授的航天一等奖。

延迟一天回收的这颗返回式卫星，成为已有型号中在轨运行时间最长的一颗星。无独有偶，我国航天史册记载了卫星推迟一天回收的史实后，仅隔了 48 天，又书写下提前一天回收卫星的纪录。

从测控中心回到北京后，林华宝组织相关人员针对最后一次轨道控制指令未执行，以及相机任务结束前的卡片问题，成立了专题攻关小组加以分析解决。把一系列工作安排好后，他又匆匆返回酒泉卫星发射中心，投入第14颗返回式卫星发射的前期准备工作中。

这次发射不同以往，是酒泉卫星发射中心首次尝试“一箭双星”的发射，除了我国的返回式卫星之外，还要搭载发射瑞典空间公司一颗名为“弗利亚”用于探测极光的科学实验卫星，这也是首次执行为国际用户发射卫星的任务。

我国第14颗返回式卫星属“FSW-1”型号，进入技术阵地进行发射前的准备工作之初，林华宝就特别向队员们强调：“老型号星并不等于就具备百分之百的成功把握，在质量安全工作上绝对不能掉以轻心，例行检查时必须从零开始，严把质量关和安全关，不能放过任何可能出现纰漏的蛛丝马迹。”

与返回式卫星打了二十多年交道，他对待每一次发射都如同第一次那样认真严谨，从未有过丝毫的倦怠与松懈，还经常叮嘱身边的年轻人：“一定要牢记任新民老总的话，‘打成功九十九次，不等于第一百次就成功’！航天是高风险的事业，我们必须始终保持慎之又慎、一丝不苟的严谨作风！”

在卫星供电检查中，一路电缆输出负载端出现短路现象，大家经过认真分析、反复检查，发现是一根电缆屏蔽套的金属丝扎透了导线的绝缘层，采取相应措施后，问题得到了解决。在与火箭对接前，他又亲自在卫星仪器舱的舱口逐项进行最后的查验，以确保万无一失。

原定10月5日发射，由于发射现场出现了几个技术问题，计划被临时取消，推迟到第二天发射。林华宝与技术人员一起分析查找原因，一直工作到凌晨三点，将所有问题都彻底解决后，才离开测试现场去休息。

当年酒泉卫星发射中心的2号发射塔还很简陋，尽管有多道安全保险设计，但自备多种火工品的卫星本身就是危险品，再加上注入推进剂后的运载火箭，发射塔上绝对是个极具危险因素的岗位。

卫星临发射前，在塔架的11层上还有许多操作要完成，需要吊开回收舱头盖，安装搭载设备，盖头盖，安装连接螺钉，安装面密封处理，以及多个脐带插头、星表安全插头的插拔和打保险，窗口的密封防火处理，等等。从发射前

1992年10月，林华宝（左）与任新民院士（右）在酒泉卫星发射中心发射塔前合影

两小时，按程序分分秒秒紧张操作，直到发射前20分钟才能撤离。而为了保护电梯不至被烧毁，此时已停运，操作人员只能背着调度机从50米高处一层层走下来。

身先士卒是林华宝一贯的工作作风，每次发射前总要亲自在发射塔上坐镇，直到操作人员完成最后的动作，才与大家一同撤下来。年轻的技术人员常说:“只要有林总在身边，我们就觉得心里有底”。

是啊，安全不安全不能听领导如何说，而得看领导怎样做，总师在塔架上都不怕，咱老百姓还怕什么!

10月6日，临到发射时，塔架上干活儿的人员已经都撤了下来，瑞星上又出了点问题，需要技术人员到发射台上去处理。发射台上上下下有数百个爆炸装置，装有几百吨推进剂，潜在着巨大的危险，万一有个闪失，后果不堪设想。

瑞典方面的人坚决不肯冒这个险，唯有派我们自己的人上去解决。搁在往常，这根本就不算个事儿，我们的航天人一向都是只要工作需要，冲锋陷阵奋不顾身。只是今天的情形有所不同，问题明明出在瑞星上，理应他们的人上去处理，对方却因为危险而拒绝履行分内的职责，让我们替他们去干，从情理上就说不通，同样是人，难道瑞典人的命就比中国人的命金贵吗!

不能说这股怨气毫无道理，可发射在即还是要以大局为重，面对僵持的局面，林华宝既没有讲一句冠冕堂皇的大道理，更没有以总师的权势施加半点压力，而是和颜悦色地上前挽起相关人员的胳膊，举重若轻地说:“走吧，我陪你一起上去! ”

他们二次登上塔架排除问题时，偏偏下面计算机又出了故障，急着找总师解决。他实在脱不开身，只好临时委派别人帮忙去处理。直到妥善解决了瑞星的问题，两个人才相跟着从发射塔架走下来，总算一切就绪、只待发射了。

14时20分，世人瞩目的一箭双星开始发射，四部发动机轰然启动，乳白色的火箭喷射着橙红色的烈焰腾空而起，绘着中瑞两国国旗的瑞星搭载舱很快就在阳光下变成一个小白点，消失在东南方向的上空，余烟像一条轻盈的飘带，缓缓消散着。

几分钟后，传来了中国星和瑞典星都成功分离，并分别被准确无误地送入预定轨道的消息。专程前来观看发射的瑞典科学教育大臣恩克尔先生十分满意地表示："发射非常漂亮，下次我们发射卫星，还要把中国作为重点合作伙伴。"

按计划，我国第 14 颗返回式卫星将在太空运行 8 天后返回，却发生了意外的状况——火箭擅自"冒进"，在空中多飞行了 5 秒钟。这短短 5 秒钟的行程，使卫星高出预定轨道 7 千米，虽说并没有超出技术标准允许的范围，但卫星若沿此轨道运行 8 天返回，按数据测算，将落在当年红军长征中翻越过的那座皑皑雪山上，回收的难度可想而知。

推迟一天回收的成功尝试，已经验证了地面遥控卫星返回技术的过硬。于是，聚集在测控中心的专家们经过磋商，大胆提出了提前一天返回的方案。

想要提前一天收工，还不能影响任务的完成，这就需要卫星提高工作效率，七天之内干完八天的活儿。遵循着地面陆续发出的一道又一道指令，卫星抓紧时间在太空不停地拍照和进行试验，并源源不断地"汇报"完成情况。

第七天，出色完成了所有任务的卫星，安全无误地返回了预定区域。

一箭双星发射成功，切实表明了我国火箭发射能力提高到一个新的阶段，卫星回收时间能够根据需要灵活掌控，充分验证了我国回收技术的成熟可靠。连续两颗星发射成功，双星高照龙抬头，扭转了中国航天界的被动局面。

原本是一次皆大欢喜的成功发射，却不想居然给林华宝造成了不小的困扰。

不知是哪一位"高人"，更不知是出于何等心态，竟进行了罔顾事实的汇报，以致一次会议上，部长不点名地进行了批评："×× 型号卫星发射时，总师居然不在现场，计算机出了问题，到处找不到人……"

1992年，林华宝在酒泉卫星发射中心的发射塔上

虽说没有点名，可哪个型号的总师是谁，上上下下大家都心知肚明。一直以来，林华宝认真严谨、扎实稳健的工作作风尽人皆知，卫星发射这么关键的时刻，怎么会不在现场呢？总师被部长在大会上批评，绝不是无足轻重的小事一桩，一时间舆论哗然。

了解实情的同事们纷纷为发射前两上塔架的林华宝打抱不平，有人还特意找出发射次日的《人民日报》，在第四版上题为《一箭放双星》的报道中写有："……离发射塔百米处的地下发射控制室里，面对着多种电视屏幕和各种指示灯闪亮的发射控制台，抚案坐着中国航天总设计师任新民、卫星总设计师林华宝……"

"这可是党报啊，新华社记者能瞎写嘛，拿着报纸去找领导，看看到底是谁造的谣！"

"就是，部长批评肯定得有依据，不可能空穴来风吧，你又不是隐身人，在不在现场还看不见吗！"

众人愤愤不平，七嘴八舌地议论着。蒙受了如此的不白之冤，林华宝心中自然不爽，部长之所以那样说，肯定事出有因，反省自己平素工作中尽职尽责，为人处世上宽厚本分，处理问题从来都是对事不对人，既没有得罪过谁，更没有伤害过谁，总是尽自己所能地与人为善和助人为乐，为什么竟然会遭到这样无端的诬告呢？

看起来世间最难破解的，不是高精尖新技术，而是难以揣摩的叵测人心。想不出所以然，也没兴趣去追究是谁如此“恶作剧”，更不愿意为了自己受到的冤屈而影响大家的情绪，他平心静气、息事宁人地劝阻仗义执言的同事们：“你们的好意我心领了，到此为止吧！反正都已经批评过了，有则改之，无则加勉，自己心中无愧就行了，没必要去给领导找麻烦。”

不解释、不辩白、不迁怒、不申诉，他一如既往地该干什么还干什么，该怎么干还怎么干，如同没事儿人一样。这种隐忍与内敛既源于性格，更出于修养，他的自我要求正如先贤所推崇的那样“自处超然，处人蔼然；有事斩然，无事修然；得之淡然，失之泰然；思之坦然，为之善然”。

工作中谁也没有觉察出林华宝有任何情绪上的变化，看上去依然是那么有条不紊、从容淡定。生活中则不然，余雪敏发现平日里开朗活跃的丈夫近来变得沉闷寡言了，常常默默地独自一个人坐着发呆，看上去一副心事重重的样子，虽曾几次关切地询问，却都被他以“没事儿”搪塞过去了。

到底是什么事让他烦恼呢？妻子百思不得其解，直到有一天，一位同事突然问道：“××型号卫星的总师不是你们家老林吗？”

“是啊，怎么啦？”

“你还不知道啊？部长在大会上不点名地批评他了……”

余雪敏这才恍然大悟，难怪他这些日子看上去有些神情落寞、心绪不佳呢。回家后经她再三追问，林华宝这才道出自己心中的憋屈：“我怎么会不在现场呢，我是在塔架上……明知道当时我在干什么，还要向领导诬告，我就是想不明白到底做错了什么，以至于有人要这样对待我……”

“你为什么不去跟领导解释清楚呢？”

“大家都看到的事情，还有什么可解释的呢，清者自清吧！”

余雪敏太了解丈夫的为人了，遇到不顺心的事他总是宁可自己受委屈，也从不申辩、不抱怨。如若是无关痛痒的琐事，高姿态当然不成问题，可此事非同小可，她态度坚决地予以反对：“你不能这样忍气吞声，这可不是可以忽略不计的小事情，而是原则问题，不能就这样闷头认了，一定要把事情原委说清楚，这既是对自己负责，也是对组织负责！”

还从来没有为个人的事情找过领导，可又不能不承认妻子说得确有道理，他只好勉为其难地在余雪敏的坚持和陪同下，来到院领导的办公室，澄清了当天的情况。徐福祥院长当即明确表态：“你们做得对，既然是误会，当然应该讲清楚，我会尽快如实地向部长汇报的。”

部长也是位襟怀坦荡的正人君子，既没有诿过于人，亦没有文过饰非，得知自己错怪了一向敬业的总师之后，很快就给林华宝写来一封言辞恳切的道歉信。洗清了不白之冤，委屈烦闷烟消云散，他心无芥蒂，释然放怀，重又恢复了笑口常开的好心态。

林华宝

林华宝院士传记

Academician Lin Huabao's Biography

第二十一章

败走麦城 卫星坠落大西洋

经过这么多年攻艰克难的锤炼，返回式卫星研制团队一步步从最初摸索着干的生手变成了举重若轻的熟手，又从熟手成长为保持骄人业绩的高手，没想到却毫无征兆地失手了。

1993年初秋的一天，林华宝再次率队前往酒泉卫星发射中心，为发射我国第15颗返回式卫星做前期准备。

自1975年成功发射第一颗返回式卫星，已经过去了18年。这期间从第一代到第二代、第三代，先后发射了3个型号的14颗返回式卫星，全部都是成功发射、平安回收。百分之百的成功率，让中国的返回式卫星保持着称雄世界的良好业绩和口碑。

酒泉卫星发射中心属沙漠性气候，风沙大，空气含氧量只有16%，对哮喘病人是很大的考验。林华宝却没有丝毫的顾忌，无论条件多么艰苦，不顾哮喘发作如何难受，始终坚持与一线的研制人员一起摸爬滚打，自己都记不清到底来过酒泉多少次了。

无论是在技术阵地展开各种检测，还是转移到发射阵地进行准备工作，他都与队员们并肩作战，共同查找问题、分析问题、解决问题，虽然身为总师，却从不把自己的意见强加于人，总是多方征求大家的意见，综合考虑后才说出自己的看法，遇到观点有分歧，也不是简单判断对错，而是从理论上、技术上加以分析，最终达成一致。

发射中心条件艰苦，工作也比较紧张，无论是推进各种试验，还是执行发射任务，都免不了吃苦受累担风险，搞得身心紧张疲惫，还随时存在引发哮喘的可能，林华宝却很享受这种单纯而充实的生活——大家朝夕相处、同甘共苦，彼此心贴得很近，情来得很真，没有血缘却胜似手足，成功时同洒喜极而泣的泪水，失败时共铸从头再来的信心。

忙碌了一整天又不需要加班的黄昏，队员们三三两两、说说笑笑前往基地外面的戈壁滩，踏着夕阳洒下的余辉悠闲地散着步，惬意得让人顿生“偷得浮生半日闲”之感。这种时刻，他总是兜里装着小半导体，一只耳朵插着耳机听音乐，一只耳朵捕捉人们的谈笑声，偶尔也会充当侃大山的主角，风趣幽默的话语，直把人们逗得前仰后合、笑作一团。

10 月 8 日，一切准备就绪，卫星顺利升空并成功进入运行轨道。这是我国第二代返回式卫星“FWS-1”的第五颗星，原本“FWS-1”的预定任务是四颗星，也就是说实现双星高照时即已圆满完成了该型号的全部发射任务。

为了满足用户单位的工作需求，上级领导决定再增发一颗此型号的卫星。于是，各分系统纷纷找出库存的备用件，又对原本试验用的电性星进行了一番必要的改造，拼装出一颗旨在废物利用的卫星。

无论是在总装厂进行电性能测试，还是在酒泉卫星发射中心的技术阵地及发射阵地进行测试，这颗卫星的状态都非常正常，靶场开箱合格率及测试合格率均达到百分之百，超出了以往的好成绩，从而获得领导层的多次表扬。

发射前，有关领导接受新闻记者采访时曾信心满满地表示：我国已发射了 14 颗返回式卫星，回收成功率达到百分之百。这次靶场表现比历次都好，发射和回收成功肯定没问题，一定会创造出一个连续发射、回收成功 15 颗返回式卫星的新纪录。

然而世事无常，卫星入轨后，测控人员通过遥测数据，很快就发现控制系

1993年10月，林华宝（前排右二）与王希季院士（前排右三）、闵桂荣院士（前排右一）、中国空间技术研究院党委书记张浩（前排左一）以及院办公室等同志在发射塔前合影

统工作呈现出异常现象，以往的卫星与运载火箭分离后百秒内发动机就停止喷气，可这次发动机却一直不停地喷着气，俯仰的姿态输出也不正常，初步判断可能是控制系统出了问题。

俗话说“生手怕熟手，熟手怕高手，高手怕失手”，经过这么多年攻艰克难的锤炼，返回式卫星研制团队一步步从最初摸索着干的生手变成了举重若轻的熟手，又从熟手成长为保持骄人业绩的高手，没想到却毫无征兆地失手了。

因为是拼凑而成的最后一颗星，控制系统的关键部件没有适当的备份，也没有故障应急措施，如若此刻做出控制系统发生故障的结论，就等于宣布此次飞行彻底失败了。林华宝实在不甘心，就这样眼睁睁地看着造价上亿元的卫星变成毫无作为的太空垃圾，遂与总指挥薛继忠商定先稳住，继续进行观察，想方设法尽可能争取挽救它。

深入分析遥测数据，卫星姿态测量仪器滚动红外地球敏感器输出是正常的，而俯仰红外地球敏感器姿态输出则呈现异常。由于俯仰遥测数据是 4 度循环，0 度有可能是 4 度，也有可能是 8 度，无法判定卫星姿态的准确数据，也就难以摸清“病症”究竟是什么，更不可能“对症下药”。

接下来的日子里，尽管控制系统的技术人员挖空心思绞尽脑汁，却始终也未能得出行之有效的解决方案。每当卫星飞经国境上空，大家都目不转睛地紧盯着显示屏，怀着侥幸的心理盼望着能够有奇迹发生。然而事与愿违，卫星丝毫不顾忌主人们的迫切心情，始终是我行我素，在轨道上不紧不慢地运转着。

就这样束手无策，让林华宝平生第一次体会到度日如年的滋味，揪心扯肺的六天六夜真的是“熬”过去的。

虽然领导层针对卫星是否要回收召开了会议，却根本没人认为有讨论的必要——不回收卫星肯定回不来，回收还存有一线希望，没有办法的办法就是死马当成活马医，就算是撞大运也聊胜于坐以待毙。

第七天的中午时分，按原计划发出了回收指令，殊不知卫星姿态与正常回收姿态刚好差了 180° ，接到指令后本该制动减速，这下却变成了加速。卫星非但没有返回地面，反倒奔向了更遥远的太空。

这颗擅自出走的卫星，全然不顾那么多人的牵肠挂肚，就此在茫茫太空游荡了两年半之久，直到轨道逐渐衰减，最后坠落于大西洋中。“FWS-1”原定发射的四颗星均功德圆满，偏偏增发的这一颗星功败垂成，正可谓大风大浪都闯过来了，偏偏却在阴沟里翻了船。

虽说是祸从天降，根源还在于工作上的疏忽，尽管故障出在控制系统，可总设计师是负责抓总的人，林华宝认为自己有着不可推卸的责任，也承受着非常大的精神压力，痛苦、惋惜、懊恼、自责，说不清到底是种怎样的滋味，内心堪称是五味丛生，百感汇集。

事不避难，义不逃责，惨遭失败固然是个沉痛的打击，但他没有让自己太过沉溺于失落沮丧的负面情绪中，而是积极理性地对待这次事故——查明原因、接受教训，前事不忘，后事之师。

回到北京后，航天工业总公司成立了故障调查委员会，各级机关分别成立了故障分析小组，一次又一次地分析故障。后来，总公司制定了质量问题“归零”的“双五条标准”，其中，技术“归零”标准为：定位准确，机理清楚，问题复现，措施有效，举一反三。

在天上出问题不像在地面测试时发生问题，要准确定位很困难，问题复现更是不现实，问题出在控制系统是毫无疑问的，但仅凭掌握的遥测数据，根本无法断定具体哪个部件是“罪魁祸首”。然而，要想追究责任的话，就必须落实失效的部件究竟是哪一个，搞清楚是由谁经手负责的。

林华宝对追究责任没有兴趣，认为身为总师，自己就是最直接的责任人，理应接受相应的处分，当务之急不是追查责任人，而是要找出造成故障的真正原因，以杜绝日后此类情况再次发生。

为了掌握尽可能全面的第一手资料，实事求是地进行科学的分析研究，他不辞辛苦，做了大量的工作，白天马不停蹄地奔走于相关研究所和工厂之间，与工程技术人员进行深入的沟通，共同查找和分析问题，晚上匆匆吃过饭，便一头扎进数据分析中，直到夜阑更深。

亲人们都体谅他的心情，尽可能为他营造一个安静祥和、便于潜心专注的氛围。平日里爱说爱笑的林咏，为了避免影响爸爸的思考，不仅压低了说话的声音，连在房间里走动都变得蹑手蹑脚。

多年来一直在一线与科研人员摸爬滚打在一起，林华宝深知团队中的每个人都在尽心竭力地认真干工作，大家始终是心往一处想，劲儿往一处使，加班加点，废寝忘食，为的就是能让卫星发射成功，没有一个人愿意看到失败的后果。严格要求是对的，但不能够求全责备，更不应该干出成绩来功归领导，出了问题把责任推给一线从事具体工作的人员。

正因为如此，他一向力主“要求从严，处理从宽，预防为主，教育为主”，即便真的出了责任事故，也不赞成给当事人施加压力。特别是经历过“文革”时期，一旦工作上出了纰漏，出身不够“红”的同事精神上承受的压力极大，搞不好就会被扣上“搞破坏”“阶级报复”等莫须有的罪名。

一旦出现问题，他非但不会给相关人员施加压力，反而尽量帮助减压，好言宽慰和鼓励被领导批评的人：“接受教训，别背包袱，以后多注意，认真加严谨，用心更细心，就不会再出问题啦！”

卫星走失事故的“归零”报告，最后由北京控制工程研究所提交。虽然认定是控制系统的俯仰通道出了问题，但林华宝认为还是设计上有缺陷，以致受技术条件限制，需要有针对性地加以改进。在处理事故的整个过程中，他没有说过一句推诿的话，更没有指责过任何一个人。

有一年，中国航天工业总公司在京西宾馆举办质量复查学习班，在一份关于产品质量奖惩办法的文件上，出现有“严惩不贷”的用词。这让林华宝非常反感，都是自己队伍中的同志，即便犯了错误，也应该给予改正的机会，怎么可以持这样“一棍子打死”的态度呢？！

他在会上公开表达不同意见：“我认为还是正面教育和提出具体要求为好，工作上出了问题，本人压力已经很大了，往往吃不下睡不着，上面还要‘严厉惩处不予饶恕’，你叫他怎么办？！更何况，最了解该部件的就是当事人，排除故障主要还得靠他，解铃还需系铃人嘛……”

不轻易指责和施加压力，并不意味着没有原则地放任和迁就，一颗卫星上某个部件的插头有两排接点，其中一排的顺序竟然被焊反了方向，他在会场上毫不留情地公开予以批评：“这样的产品居然还能通过出厂检验关和交付验收关，而且进入了成品库，实在是太粗心大意，太不负责任了！”

对产品的质量问题，他从来不掉以轻心，哪怕下再大的力气，也一定要查个水落石出，不惜对所有可能产生问题的环节进行仔细的分析和反复的验证，不放过任何可能造成隐患的蛛丝马迹。

1994年4月28日，林华宝（左二）视察降落伞生产情况

针对队伍中存在的麻痹思想，对诸如接点电源极性、绝缘、外形尺寸、表面热控涂层等检查项目缺乏足够重视的状况，他不仅公开点名批评厂家，要求各单位引以为戒，加强质量管理，还由此发现了型号验收制度上存在的问题，要求质量部门尽快制订产品验收细则，杜绝再发生项目漏检的情况。

法国伟大的思想家、作家伏尔泰曾经说过："使人疲惫的不是远方的高山，而是鞋里的一粒沙子。"我们的先贤在《道德经》中也有"天下难事必作于易，天下大事必作于细"的教诲。

为了提高大家的精品意识，林华宝再三谆谆告诫身边的年轻人："千万不要忽视日常工作中的任何一个细枝末节，绝不能有半点马虎。把看上去不起眼的小事、琐事做好，固然算不上是成就，但若做不好，就有可能酿成事故，导致整个任务的失败。不论你在什么岗位上，我们每一个人的工作都关系到卫星的成功与否，小事不小，只有心里装着大责任，才能确保把小事做好。"

他经常深入基层，到各研究室和车间了解工作情况，认真倾听研制人员的心声，随时进行有效的沟通，平易近人，不唱高调，不打官腔，不独断专行，总是听大家说完，最后才发表意见。在他面前，各种不同意见都可以直率地表达，即便用词激烈，甚至有所冲撞，也会不以为忤地认真对待，用心斟酌且从善如流。

大家都知道，林华宝性情宽厚温和，对人充满善意，从不居高临下地发号施令，更不会疾言厉色地训斥谁，不管工作中出现了问题，还是发生了矛盾，总是体谅对方，平等探讨，协商解决，从来没见他发过脾气，抱怨过什么。

有意思的是，无论情况多么紧急，局面多么复杂，事情多么棘手，他都能保持一贯的沉稳安详、有条不紊，从未显现过手忙脚乱、惊慌失措的状态，给人感觉不是不紧张、不发火，而是压根就不会着急上火。这让人联想到弘一法师所言："有才而性缓定属大才，有智而气和斯为大智。"

正是因为林华宝知识丰富点子多，为人诚恳热心肠，敬业乐群好人缘，他磊落正派的作风与儒雅谦和的风范感染着身边的每一个人，从深厚的学养到上乘的人品都受到推崇，从而赢得同仁们由衷的拥戴，得以发挥承上启下的中坚作用。

在上面，他得到任新民、王希季等老专家们的悉心指导与倾力相助；在麾下，他得到团队成员们真挚的支持与协助。凡是他交代要办的每一项工作、每一桩事情，大家都会认真负责地努力完成，有些他没有想到的细节，他们也会替他想到并主动做好。

古人云"上下同欲者胜"，整个团队一条心，每个人都尽心尽力，尽职尽责，从而使我国的返回式卫星研制工作能够在遭遇挫折后，重获一次又一次的成功。

林华宝

林华宝院士传记

Academician Lin Huabao's Biography

第二十二章

心系卫星
衣带渐宽终不悔

时光荏苒，岁华摇落，不知不觉间他已经是65岁的老人了，却还是像年轻人一样终日忙碌，带领着试验队员们一遍遍地“筛查”问题，不放过任何一点存疑的蛛丝马迹，经常工作到深夜。

双星高照一举打破了“福无双至”的老话，不想接下来的航天形势却偏偏应了这话的下半句“祸不单行”。第 15 颗返回式卫星失控未能遵命回归，打破了此前我国返回式卫星一直保持的百分之百回收率，继而气象卫星在发射基地厂房中发生灾难性爆炸，中国空间技术研究院遭遇了前所未有的挫折，研制人员陷入巨大的压力之中。

气象卫星爆炸事件发生时，正值“FSW-2 ”的第二颗星即将出厂之际。我国著名“航天四老”之一任新民，特意把这颗星的正副总师林华宝和唐伯昶叫到他的办公室，详细介绍了事故发生的情况，并要求他们立即落实对卫星的安全性，特别是对星上新增加的重大危险源——用于变轨的肼发动机系统进行认真、细致、全面的检查。

林华宝指派两位干将前往卫星制造厂，与厂方共同对星上的肼系统进行检查，结果发现所有管路上的焊缝都没有进行 X 光探伤，并非出于工厂的疏忽，而是源于图纸上就没有这项要求。

对此事进行讨论时，出现两种不同的意见，一种认为这种管路的工作压力不高，已经做过比工作压力高数十倍的保压试验，没必要再做 X 光探伤；另一种意见则认为，肼管路至关重要，必须动用所有的检验手段，才能确保万无一失。

综合考虑两种意见后，林华宝决定先将备份变轨发动机推力组件上的四根管子卸下来，对焊缝进行探伤作为摸底，视情况再做最后定夺。结果发现这四根管子中，就有两个接头的焊缝不符合部颁标准。

此时距规定的出厂时间只剩三天了，卫星已经全部总装好，星上所有的管路液都检漏完毕，系统漏率的测定也已完成，要把所有肼管路卸下来补做 X 光探伤，工作量之大让人一时难以下决心。

正副总指挥薛继忠、徐庆祥与正副总师林华宝、唐伯昶“四巨头”，凑在一起进行紧急磋商，很快达成了完全一致的意见：事关卫星的安全，决不能有半点含糊，必须把肼系统的管路全部卸下来进行探伤。

经过车间现场紧急动员，所有人员都放弃了休息，加班卸管子进行探伤，结果探明有六条焊缝不符合一级标准。不合格的管子全部重新投料生产，经过 30 多小时一鼓作气地连续奋战后，经真空罐检漏合格的肼管路，终于在出厂前重新安装到卫星上。

在发射基地的技术阵地，肼系统的管路和推力组件又经过了单点检漏和保压试验，所有指标都等于或优于在工厂测试的数据。此外，他们还采取了将肼发动机点火指令电缆挂到入轨母线上等一系列安全措施。在安全评审会上，这些措施得到与会专家的一致认可和高度评价。

1994 年 7 月 3 日，“FSW-2”的第二颗星，亦即我国第 16 颗返回式卫星，承载着众人的厚望与祈福顺利升空，整个发射过程非常完美。虽有“良好的开端是成功的一半”之说，林华宝却不敢存丝毫的侥幸之心，第二天凌晨 4 时即率众乘专机飞往测控中心，开始对卫星一天两次迎来送往的密切关注。

记者们常爱用“魂系蓝天”来形容航天人，对这位返回式卫星的总师，则不妨说得更具体一些，那就是“心系卫星”。每次在发射现场，目睹火箭轰鸣着把卫星送入太空，他的心便会随之扶摇而上直抵九霄云外。直至结束遨游的卫星如期返回安然着陆，那颗高悬且忐忑着的心才能重归心房。

这颗星为期 15 天的太空运行十分顺畅，“FSW-2”第一颗星飞行试验中，曾发生过的发动机停止工作，及相机卡片的情况，经过专题小组的彻底解决，这次都没有再重现，除卫星总体质量大大增强外，此次发射和回收的精度也有大幅度提高。

这次飞行试验，不仅主要任务完成得空前出色，还成功地进行了全姿态捕获、单个红外地球敏感器、接口箱的并行口与串行口切换，及计算机切换等多项试验，全都取得了预期的成果。

卫星是 19 日下午 2 时圆满回收的，全姿态捕获技术试验定于当晚 12 时进行。这已经是第二次进行该项目的试验了，上一次是在两年前，回收“FSW-2”第一颗星时做的，可惜未能实现预期的目标。

返回式卫星完成预定任务返回时，返回舱与仪器舱分离后独自飞回地面，被遗弃在太空的仪器舱就成为了空间垃圾，任由其轨道逐渐衰减，直至坠入稠密大气层焚毁。其实控制系统、遥测控制系统、能源系统等都在仪器舱内，其本身就是一颗“五脏俱全”的卫星。如果能够在两舱分离后，及时将仪器舱从失去基准的翻滚状态调整到正常工作姿态，它就可以变身为一颗进行空间技术试验的应用卫星。

由北京控制工程研究所研究员陈祖贵研发的“全姿态捕获技术”，正是令仪器舱变废为宝的“杀手锏”，不仅能够让返回式卫星实现一星两用，还可以牢牢抓住在太空因故障失去姿态基准而发生翻滚的卫星或飞船，使之重新建立正常飞行姿态，因而被称为卫星和飞船的“救命技术”。

相比美国和苏联掌握的同类技术，陈祖贵的“独门绝技”要简单得多，根

1994年7月，林华宝（右三）与王希季院士（右四）、中国空间技术研究院党委书记张浩（右五）以及508所部分长期一起工作的女同志在酒泉卫星发射中心发射塔前合影

本不需要地球敏感器和太阳敏感器的配合，单凭一个地球敏感器即可实现定姿，挽救失稳或肆意翻滚的卫星。因此，很多人认为他的这一发明既不符合国际通行做法，又违反了“双矢量定姿”原理，是“根本不可能完成的任务”。

身为返回式卫星的总师，林华宝深知这项发明有多么重要，要是早掌握了“全姿态捕获”技术，那颗失去控制的卫星就可以及时得到挽救，既不至于酿成败走麦城的事故，也避免国家遭受重大损失。他全力支持陈祖贵的创新，大胆拍板决策，安排并配合他在 FSW-2 新型返回式卫星上进行试验。

第一颗 FSW-2 卫星返回舱回收后的试验中，地面发出“全姿态捕获”指令后，仪器舱竟全然不予理会，继续径自翻滚着游荡。事后的技术分析证实，试验失败的原因不是“全姿态捕获”的方法有问题，而是两舱分离时条件欠佳造成的。

尽管如此，可本来争议就大，试验还未能成功，陈祖贵心中难免感受到较大的压力。在林华宝看来，科学技术试验本来就不可能一帆风顺，要不怎么说失败是成功之母呢。他非但没有丝毫不悦和一句责难，反而热诚地为老陈打气：“贵儿，没关系，好事多磨，下一颗星咱们继续试，肯定能成功！”

1997年7月，林华宝（左一）在试验队开会前审阅文件，右一为总调度徐庆祥

距预定的试验时间还有一个多小时，参试人员们就已经聚集在测控大厅内，热切地等候决战时刻的到来。从北京专程赶来的王希季院士，以及测控中心主任李恒星少将，都亲临试验现场“坐镇”。

虽然已经很晚了，始终关注此项技术进展的杨嘉墀院士也还没有睡，特意在试验即将开始前从北京打来长途电话，关切地细细叮嘱陈祖贵：“这次试验非常重要，希望你一定要把它做好，准备工作要周到，要仔细，同时要做好故障预想和故障对策工作，不管成功与否，一定要保存好试验数据……”

12时整，在轨道上翻滚着的仪器舱飞临我国地面控制区。试验指挥员发出全姿态捕获指令，所有的人都屏住呼息，凝神注视着显示器上数据的变换。仪器舱果然不再翻来滚去，服服贴贴地调整了姿态，只不过遵照指令捕获地垂线后，很快即飞出了测控区。

遥测信号消失，试验是否成功，要等到它下一圈飞临国内测控区时才能揭晓。大厅中寂静无声，没有人走动，也几乎没有人说话，虽然已是深夜，大家的脸上却都没有显现出困倦之意，急切而又耐心地等待着。

熬人的一个半小时，终于在沉寂中悄悄流逝，仪器舱飞回来了，太空传来

1994年9月8日，林华宝（左四）与有关领导观看卫星照片

的遥测数据表明其姿态翻滚已经消除，偏航轴正指向地心，偏航姿态小于 2°，这就意味着仪器舱成功地颠覆了沦为太空垃圾的命运，华丽变身为一颗新的应用卫星了。

“全姿态捕获试验圆满成功！”指挥员话音刚落，沉寂的测控大厅内顿时掌声雷动，一片欢腾。王希季院士、李恒星将军分别与陈祖贵握手祝贺，林华宝更是与这位“假老乡”激情相拥，两个人的眼眶中都闪着泪花。（陈祖贵是重庆江津人，林华宝的青少年时代都生活在重庆，彼此戏称“假老乡”）

返回式卫星全姿态捕获技术试验的成功，在航天界引起极大反响。在科技成果鉴定会上，由资深航天技术专家组成的鉴定委员会对该成果给予非常高的评价：“该技术的试验成功为我国提高卫星和飞船的安全性和可靠性开辟了新的道路，该技术和国外同类技术比较，具有简单、可靠、捕获速度快、不受飞行时间和地点的限制等特点，达到当今世界先进水平。”

戚发轫院长指出：“返回式卫星全姿态捕获技术试验成功，比成功回收一颗卫星还要重要，怎么评价都不过分！”

王希季院士认为：“该技术为提高我国卫星和飞船的安全性和可靠性，提供

1994年，林华宝（左）与一起工作多年的周晓东（右）在西安测控中心合影

了新的技术途径。”

中国载人航天工程总设计师王永志院士说：“全姿态捕获技术试验等于为神舟飞船留轨舱提前做了一次免费的飞行试验。”

全姿态捕获技术试验成功之后，试验队又利用仪器舱留轨期间，成功地进行了一系列关乎提高卫星运行可靠性的技术试验。此外，还用星上变轨发动机剩余的推进剂进行了轨道变换试验，也获得了理想的结果。这些新技术的进一步实施，不仅有利于卫星可靠性和生存能力的提高，还对一星多用及发展载人航天有着重要的实际意义。

成功的发射，圆满的回收，丰硕的试验成果，大获全胜的喜悦如同一阵强劲的秋风，将一连串挫败造成的阴霾驱散得无影无踪，极大地鼓舞了航天人的士气，激发了大家尽快走出逆境、重铸辉煌的必胜信心。

因在FSW-2返回式卫星任务中作出的重要贡献，林华宝荣立二等功。

“FSW-2”的第三颗星发射于1996年。

此时中国航天仍未能走出流年不利的低谷，2月15日发射国际通信708卫星时，火箭起飞后姿态出现异常，坠地爆炸，导致星箭俱毁；8月18日一颗发射升空的卫星，因火箭第三级发动机故障未能进入预定轨道。加之1994年年底“东方红三号”通信卫星因推进剂泄漏，姿态失控，未能开展通信业务，1995年年初，“亚太二号”卫星在西昌卫星发射中心发射时，因火箭爆炸，星箭俱毁，接连的失利让中国航天人如坐针毡。大家再次把关注的目光和翻身的希望，聚焦在预定于10月发射的这颗“FSW-2”上。

这是我国第17颗返回式卫星，研制工作全面启动时，正值航天事业面临严峻形势之际，堪称是受命于危难之时。在动员会上，总公司领导神情严峻地发出悲壮的动员令：“我们失败不起了，没有退路，只能成功！”

这不是危言耸听，一次次发射失败，造成的不仅是巨额的经济损失，还有无法用金钱来衡量的国际声誉影响。第47届国际宇航大会即将在北京召开，届时会有50多个国家的近千名航天领域的管理者和承包商抵京，一旦发射失败，造成的负面影响有多大可想而知，如果长征系列火箭再出问题，与一些国家签订的卫星发射合同就会被迫终止。

为扭转被动局面，五院党委制定了“三步走”的战略目标，返回式卫星为排头兵，是否能成功发射和回收，打响第一炮，有着举足轻重的关键作用。对林华宝个人而言，这颗星也有着非同一般的重要意义——这是他作为卫星总设计师负责研制的最后一颗卫星，也是他耗费心血最多的一颗卫星。

这颗卫星的结构总装及电子线路的复杂程度都高过以往，除了满足国防建设需要的主任务外，还将进行多项重要的空间科学技术项目实验，搭载规模与设备也都远远超过历次飞行，使卫星技术状态有了很大改变，不仅增加了工作量和管理难度，也提升了责任与风险。

为了确保成功，在研制过程中，林华宝狠抓质量和管理，不仅形成一套行之有效的具体措施，还要求大家要时刻牢记“质量在我心中，质量在我手上，决不让质量问题发生在我的岗位上”的质量意识。

航天系统内部有一个大家普遍认可的特殊公式：$100-1\neq 99$。就是说，即便可靠性高达99%，出故障的概率只有小小的1%，也无法保证这1%不会让全部的心血都化为零，这是用惨痛的教训换来的经验。

高技术高风险行业稍有不慎，就可能导致所有的努力毁于一旦，每一个人工作质量的好坏，都直接关系着卫星的命运，必须坚持一丝不苟的严谨作风，以高度责任心做好每一项具体的工作。

回收系统研制中发生过这样一件事，按规定钟表上条用的微电机必须用当年的新产品，定点厂家寄来的货物合格证上写的是1996年出产，可产品的外观却让研制人员产生了怀疑，经仔细检查，发现外壳上有模糊不清的93、94字样，并在合格证下面找到被覆盖的旧合格证。显然这不是当年的产品，甚至还有可能是别人的退货，如果让其蒙混过关送上天，就有可能成为隐患，他们坚决做了退换货处理。

主伞验收中发现有一套伞没有装加强带，按说这只是一个小小的疏忽，把漏装的补上就行了。设计师系统和质量部门却“小题大做”，不仅对该产品主管进行了严肃的批评，还决定重新投料加工一套新伞。这套配备不齐的伞则被陈列起来成为永久的教材，警示大家避免再发生类似的疏忽。

虽然不是什么惊天地泣鬼神的大事，但恰恰是这些日常工作中平淡无奇的小事，让我们管中窥豹地感悟到航天人认真严谨的工作作风，精益求精的敬业精神，以及视质量为生命的安全意识。

为了确保卫星发射成功，林华宝与试验队全体队员们提前两个多月，就乘专列抵达酒泉卫星发射中心进行前期准备工作。虽然已经来过很多次了，可每次来到这里，大家还是会不由自主地产生一种别样的豪迈情怀。

此前不久，在单位的例行体检中，他的多项指标都超过了正常标准，由于觉得自己一直吃得下，睡得着，并没有什么不舒适的感觉，也就根本没有当回事儿。准备来基地之前，他发现有只耳朵后面长出个瘤子，医生诊查后，初步认为是良性的，但为保险起见，建议还是要及早住院进行手术切除。

即将率队开赴基地，投入卫星发射前技术阵地上紧张的准备工作，又不是得了什么要命的病，几十年来一直将工作放在第一位，此时怎么可能“临阵脱逃”呢？他毫不迟疑地一口回绝了医生的建议：“今年工作比较忙，明年再说吧！”

鸟飞兔走，时光荏苒，不知不觉间林华宝已经是65岁的老人了，却还是像年轻人一样终日忙碌，带领着试验队员们一遍遍地“筛查”问题，不放过任何一点存疑的蛛丝马迹，紧张工作一天后，晚上还要到厂区与加班的同事们一起工作到深夜。

星上控制系统红外地球敏感器必须与卫星绝缘，测试中发现俯仰红外出现过短路现象，但很快就消失了。虽然经反复调试，短路现象都未再复现，他却没有掉以轻心，认定不正常的现象既然出现过，就说明有问题存在，没有复现不等于问题得到了解决，只要存在隐患，就有可能酿成祸端。

经过反复拆装和多次试验，最终发现是由于红外法兰盘上的六角螺帽突出，会在特定情况下导致短路。采取措施彻底解决了问题后，他仍然没有善罢甘休，而是由此又联想到俯仰红外出现这样的问题，那么滚动红外会不会也有类似潜在的问题呢？于是，队员们又对滚动红外采取了相同的措施。

10月初，火箭已经竖立在发射塔架上，就在进行发射前最后一次总检查时，技术人员突然发现惯性平台上的高频电源出现瞬间电压不稳的现象。虽然经更换元器件后显示正常，但问题究竟出在哪里并没有搞清楚，按要求发射火箭不能存有任何疑点，因为疑点很可能就是安全隐患。

为了彻底查清高频电源的问题根源，紧急调来各方专家进行“会诊”，经过一番周折，终于查清作祟者是电源上的三极管，其支脚发生腐蚀导致了电源电压的瞬间不稳。好在这只是个别性情况，而非批次性问题，无碍于火箭的发射。

发射时间整整延后了15天，这样长时间与火箭一起搁置在塔架上，对卫星的质量是前所未有的考验，好在它经受住了。

20日下午2时许，林华宝组织队员们完成卫星临发射前的各项工作，直到

1996年8月12日，林华宝（右一）向国防科工委副主任沈椿年中将（左四）、酒泉卫星发射中心李凤州少将（左二）介绍情况

1996年9月3日，林华宝（左）听取529厂检测汇报

30分钟准备口令下达，全部工作就绪，才与大家一起从发射塔架的顶层走下来，进入发射中心控制室，等待最后的点火起飞命令。

3时20分，沉寂了两年的发射塔架上再次发出熟悉的轰鸣声，在熊熊赤焰的烘托之下，长征二号丁火箭如同一条腾云驾雾的巨龙，携着“FSW-2”第三颗星直冲九霄之外。

目睹这宏伟的画面，想到这是自己最后一次执行发射任务，林华宝的心中不由得产生了诸多的感慨，发射探空火箭时的情形还历历在目，当年意气风发的青年却已华发苍颜、年逾花甲了，虽说韶光易逝，岁月无情，好在初心不改，热忱未衰，干劲犹存。

回顾我国返回式卫星的发展历程，从第一代“FSW-0”到第二代“FSW-1”，再到第三代“FSW-2”，无论从星上软硬件产品，还是地面测试试验，技术上都经历了从简单到复杂、从初级到高级、不断进步、不断创新的过程。

算起来已经成功发射了17颗返回式卫星，没有哪一颗的技术状态是未经改进而依葫芦画瓢的，也没有哪一颗不曾浸有林华宝的心血才智与汗水。几十年

1996年9月30日，林华宝（中）与中国空间技术研究院院长徐福祥（左二）等同志在酒泉卫星发射中心发射塔前合影

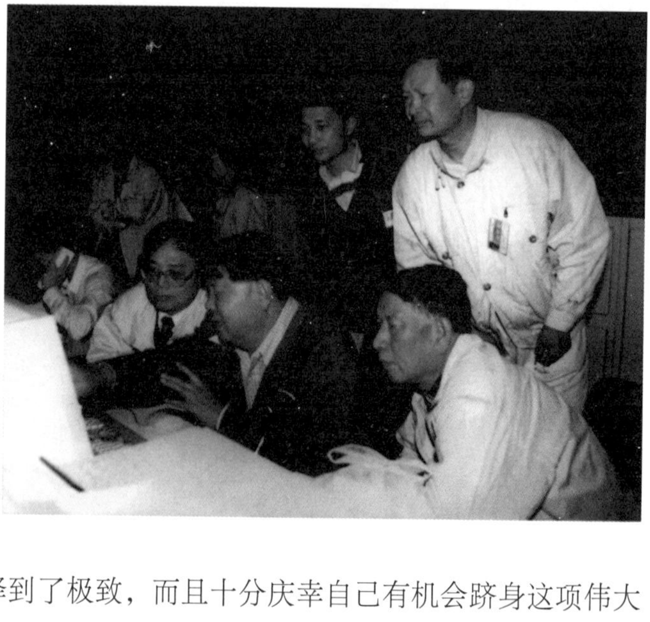

1996年10月22日，林华宝（前排右一）在卫星测试现场

来，他不仅将敬业精神演绎到了极致，而且十分庆幸自己有机会跻身这项伟大的事业，这个特殊的行业，这个光荣的集体。

次日清晨，天还没有大亮，他就与同伴们一起，乘专机飞往西安测控中心，再接再厉地投入到为期 15 天的又一场战役中。经历过十多次发射与回收，应该说对所有程序早已驾轻就熟了，可他工作起来却仍然像第一次执行任务时那样高度紧张，全神贯注，没有丝毫的松懈与倦怠。

11 月 4 日中午，卫星环绕轨道 239 圈后，按预定时间在四川蓬溪县山坡上的一块红薯地中安全着陆，参试队员们终于彻底放松了下来。

新型返回式卫星连续三颗发射与回收都获得了圆满成功，不但飞行过程中没有出现大的故障，而且一颗比一颗表现出色。尤其是第三颗星，重量最重，质量最好，有效照片张数最多，实际覆盖面积最大，搭载项目最多，获取科研成果最丰硕，搭载有效载荷的总重量达 265 千克，相当于发射了一颗不小的科学实验卫星。

此次搭载的科学实验项目或填补空白，或为航天开辟新路，不仅具有重要的科学价值，也蕴含着广阔的应用潜力，前所未有的突破性成果，显现出空间科学技术转化为生产力的可行性，勾勒出航天效益工程的美好前景。

所有搭载物中最特别、最惹人注目的是两面旗帜：一面是中华人民共和国国旗，另一面是香港特别行政区区旗。中国航天工业总公司借发射这颗返回式卫星之际，组织了“五星·紫荆翔太空”活动，为即将到来的“九七”香港回归特制两面旗帜，遨游太空后赠送给全体香港同胞，以表达航天人对他们回到

1996年，林华宝（右一）与总指挥薛继忠（右二）在酒泉卫星发射中心留影

1997年5月23日，林华宝（左）与中国空间技术研究院党委书记朱爱康（右）代表中国航天工业总公司和中国空间技术研究院向香港特首董建华（中）赠送双旗仪式

祖国怀抱的热忱欢迎。

1997 年 5 月 23 日，在人民大会堂举办的赠旗仪式上，林华宝作为中国航天工业总公司和中国空间技术研究院的代表，亲手将两面旗帜交到香港特首董建华手中，并与其合影留念。

除了主任务与微重力搭载之外，这颗星还利用“全姿态捕获技术”，首次在由仪器舱变身的卫星上，进行了载人航天工程轨道舱留轨新技术、复杂的新型遥感装置、GPS 卫星自主定位、控制计算机的切换、红外地球敏感器的备份等，一系列有着重要意义的工程试验，最大限度地发挥了仪器舱的“剩余价值”。

为此，林华宝主持制定了保证两舱分离时的安全措施，以及留轨试验的技术状态。这些试验在卫星正常飞行时无法进行，可一旦卫星控制系统发生故障了就得应用，而不经过试验就应用难免存在风险。利用仪器舱进行这些新技术试验，不仅实现了空间垃圾变身应用卫星的壮举，还为日后新型号卫星和飞船的研制进行了很好的技术铺垫。

“长征二号丁”与“FSW-2”是最完美的组合，箭无虚发，星创佳绩，三战三捷的完胜惹世人瞩目，彻底扭转了中国航天业“瓶颈期”的被动局面，并就此拉开了长征系列火箭连战连胜、捷报频传的序幕。

FSW-2 返回式卫星的许多关键技术指标，以及所获得的成果，都达到了国际同类卫星的先进水平。三颗星上的相机不仅都圆满完成了任务，而且一台比一台好，轨道飞行实测结果均优于设计指标要求，赢得用户单位很高的评价。

这既是研制团队共同努力的结果，也与总师的运筹帷幄密切相关。他在抓好卫星总体设计的同时，还与各分系统的设计师一起做了大量深入细致的工作，解决了一系列关键性技术难题，使卫星的技术水平得以不断攀升。

1996 年度，FSW-2 返回式卫星获国家科学技术进步奖一等奖，林华宝为第一获奖人。随即，由于在完成“FSW-2”第三颗卫星任务中贡献突出，他再次立功，并且是一等功。

他既没有沾沾自喜，更没有躺在功劳簿上睡大觉，而是积极组织各分系统将经验和教训总结归纳出来，以便使今后的研制工作更上一个台阶，并为完成后续型号任务摸索出带有规律性的经验来。

林华宝

林华宝院士传记

Academician Lin Huabao's Biography

第二十三章

愧对亲人 自古忠孝难两全

虽说自古忠孝不能两全，既没能报答父母的养育之恩，生未能尽孝，死未能送终，又无以回馈兄弟姐妹的手足之情，还是让他内心深感愧疚，每每忆及此事，他总是感慨万端，悲不能抑，并引以为此生最大的憾事。

从本性上说，林华宝本是个内心温暖、充满关爱、把亲情友情都看得非常重的人。遗憾的是在政治凌驾和统治一切的那段历史时期，受特殊的工作性质和所处环境的限制，却不得不违心地与一些亲人及朋友拉开距离，这让他一直深感无奈和愧疚。

好多年中，一想起可亲可敬的大姐夫，他总是满心的歉然与不安。

林华宝的大姐夫林汝良并非等闲之辈，不仅是“两航起义”的核心领导小组成员，还是曾经受过嘉奖的从头至尾参加驼峰航线飞行的幸存者之一。抗战期间，他是中航公司的一名飞行报务员，勇敢地往返于危机四伏、险象环生的驼峰航线，为被困的远征军将士空投救援物资，多次与死神擦肩而过都义无反顾。

他不是共产党员，却冒着生命危险为党组织作了许多贡献。他把自己的住所用来作厦门地下党的联络点，想方设法资助和掩护地下党，还利用飞行的便利条件开辟重庆到昆明的交通线，用以传递党的文件，并将相关报纸夹在《中央日报》中带到海外，扩大共产党在侨胞中的影响。

在中航任办事处副处长时，他利用职务之便安插地下工作者，设法帮助党组织把从香港筹措的黄金通过海关安全带入内地，还将被敌人盯上的进步人士安排在自己飞行的航班上，使他们得以顺利脱离险境安抵香港。

起义回归后，林汝良被安排在民航总局工作。林华宝刚从苏联回来那段时间，大姐林华媛和孩子们还没有迁来北京，大姐夫那间位于民航大楼地下室的单身宿舍，对他而言有着家一般的意味。

每到星期天休息，同在北京工作的四姐华娴和妹妹华玫总是与他相聚在这间小屋里，一起分享亲情的温暖与慰藉，欣赏悦耳动听的古典乐曲，享受大姐夫精心准备的可口饭菜，度过了许多温馨惬意的快乐时光。

直到“反右”运动后期，大姐夫不幸蒙难成为“右倾”分子，被调离民航总局，下放到湖南省交通厅下辖的公路运输局，这种好日子才被迫终止。

调到上海工作后，林华宝居然有一次在街上巧遇出差来沪的大姐夫，暌违多年再见面，二人都非常兴奋，站在街边就聊了起来。不单在北京期间享受到大姐夫给予的温暖，小时候在家中也没少得到他的关照和接济，就算不讲“受人点水之恩当涌泉相报”，仅凭多年来的兄弟之情，也很想请大姐夫到自己家中好好款待一番，可他却不能够这样做。

不仅如此，当大姐夫关切地问起他的工作情况，以及住在哪里时，也碍于严格的纪律要求而无法作答，不擅撒谎的他只好尴尬地顾左右而言他。这种谨

1956年，林华宝（左一）与大姐林华媛（左二）、大姐夫林汝良（后中）、四姐林华娴（右二）、妹妹林华玫（右一）在北京民航大楼前合影

言慎行的态度，难免不引起对方的误解和反感，大姐夫“识趣”地匆匆告别。

那一刻，伫立在路旁看着远道而来的亲人独自离去的背影，林华宝真是有种“在风中凌乱”的感觉。他知道大姐夫此行，是借着出差的机会来看望林林的。林林是当年牺牲在驼峰航线的机长林擎岱的遗孤，曾由姐姐姐夫视同己出地抚养了八年，后来被她亲生母亲领回去了。大姐夫对战友的孩子尚且用情这样深，自己却对兄长般的他却如此薄情，并不是有心要这样，实属无可奈何呀！

还有一个亲人也让林华宝多年来一直心怀歉疚，就是他唯一的哥哥林华清。

林华清是位天资聪颖、多才多艺却命运多舛的知识分子。早在上海教会学校麦伦中学读高中时，他就受新西兰共产党员艾黎的影响而思想激进，曾参加著名的“一二·九”学生运动，到南京金陵大学读书后，又瞒着家人奔赴延安，在抗日军政大学担任大队教育干事，并加入了共产党。

精通多门外语的他，在延安期间曾多次为毛主席翻译白求恩大夫的来信，后来因患严重肺病，经组织批准离开延安回家休养。抗战胜利后，经过组织的严格审查，他又参加了军委系统情报部的工作，虽然曾经先后两次考取赴美攻读学位的资格，却都因为地下工作的需要而主动放弃了。

全国解放前夕，他利用自己在上海中央银行工作的便利条件，及时向党组织传送重要情报，从而挫败了国民党政府欲提取大量黄金和外汇携往台湾的企图，使得这笔巨额财富保留下来，在新中国建设中发挥了重要的作用。

解放后，这位 1938 年就在延安加入了党组织，曾在谍报战线有着出色表现的资深革命者，却在政治运动中屡受冲击，先是被停止党籍，继而又被打成“右派”，从繁华的大上海贬到偏僻的宁夏，从当中学教师到去农场劳动改造，从年富力强到华发苍颜，前后度过了整整 18 年远离家乡和亲人的非常岁月。

即便在这样的人生逆旅中，林华清也不肯荒疏自己的才华和生命，依然痴迷于创造性的工作，白天从事繁重的体力劳动，夜深人静时独自坐在马厩里，

林华宝大哥林华清

在昏暗摇曳的油灯下，不是读书写作，就是翻译书稿。

他还认真研习马克思著作，读的是德文原版的著作，发现国内出版的中译本有很多地方翻译得不准确。为了避免以讹传讹，他把错误之处一一指出并加以更正，寄给相关的出版社提请纠错。可惜，出版社根本不会拿一个“劳改犯”的意见当回事。尽管劳动成果得不到应有的尊重，他却依然乐此不疲，为的就是让自已活得像个真正的、大写的“人”。

每次从宁夏回上海都要经过北京转车，尽管有弟弟妹妹住在这里，可他不愿意给亲人带来负面的影响，索性就在火车站过夜，却从不因境况落魄而降低自己的人格。有一次，他想去看望多年不见的老朋友艾黎。这位新西兰人是著名的教育家、作家，也是对中国帮助最大、最受中国人民爱戴的十位国际友人之一。

林华清来到艾黎所住的台基厂附近的那座小楼前，门口站岗的军人见他衣着寒酸、风尘仆仆的样子而不肯放行。他不急不恼、不卑不亢、语气平和地说：“那我写个条子请你们送进去，他若是不愿见我，我二话不说，立即就走”。

艾黎看见条子，立即打电话过来请林华清上楼，带路的女护士也不大相信这个“乡巴佬”会是艾黎的朋友，直到看见二人热情拥抱，用英语亲切交谈，才放心地离去。不单艾黎见到久违了的老朋友十分高兴，他的干儿子艾雪闻讯也赶来相见。

艾雪和林华清是志同道合的好朋友，当年曾结伴一同奔赴延安。久别重逢，悲喜交集，二人彻夜长谈，再续前缘，从那次见面之后，林华清再经过北京时，就住在艾雪家中。

虽然很惦念困境中的哥哥，可由于航天工作的保密性质，林华宝既不能把他接到自己家中安置，也不方便与他直接接触，只能让妻子代表自己在远离单位的地方请大哥吃顿饭，略表一下心意。

林华清衣着破烂不堪，手背干枯粗糙得如同老树皮，只有清癯的面容上温文儒雅的气度和睿智深邃的目光，让人不至于将其误认为是乞丐。善良的余雪敏看到这种情形，心头涌起了强烈的同情与辛酸，若不是环境的严苛，真想不顾一切地将他接到家中，奉上亲情的温暖和切实的帮助，可是……

林华宝内心对哥哥充满敬重与钦佩，在精神肉体双重折磨的境况中，有许多被打入“另册”的人都被迫走上了绝路，他却不仅靠顽强的毅力活了下来，还在艰难困苦的境遇中坚守对自我的要求，从而积攒下丰厚的知识储备。

拨乱反正后退休回到上海，林华清先后在多所大学里教书，并率先在外语学院开办了科技英语课，在上海交通大学开用英语讲授高等数学之先河，并撰写出《科技英语构词法》《科技英语同义词》等著作，实现了“读书人第一要上讲台，第二要有著作”的自我要求。

哥哥的品格、才华与能力，都得到了周围人的认可。大哥昔日的同学、战友，原中国人民大学常务副校长谢韬曾动情地说：“华清是我们同辈人中最杰出的、最忠诚的一个，但他也是一生最坎坷、受苦最多，受到最不公平待遇的一个，是我们这一代知识分子悲剧中受折磨、受煎熬、痛苦最深的一个……”

一位曾经听过林华清讲课的交大教师，则存有这样的记忆：“交大首次在外语专业开设理工课程，高等数学使用的是美国加利福尼亚大学英文原版教材，全部用英语讲授，林先生以其非凡的数学才能及一口流利、运用自如的英语被聘为该课程的主讲。他讲课独具风格，论述问题深入浅出，融会贯通，从不拘泥对数学定理和公式的一般解释，而总是从数学理论与方法的高度，分析讲解高等数学的基本问题，以及当代世界数学发展中的新问题……使人感到身在课堂如坐春风。”

让林华宝感到欣慰的是改革开放之后，社会大环境及单位小环境都发生了极大的变化，政治运动和阶级斗争淡出了人们的生活，一度迷失了的人性与人情重新归位。这使得他有机会在自己家中好好款待哥哥和大姐夫，有机会言明当年不得不恪守保密制度而身不由己的处境，以及长久以来心中难以言传的遗憾与愧疚，并得到两位兄长的体谅，令前嫌得以涣然冰释。

百善孝为先，最让林华宝感觉愧疚不安的，还是未能为父母双亲尽孝，并引此为终生之憾。

从上小学就开始住校，中学、大学、出国留学，离家越来越远，很少有机会在父母膝下承欢，终于学成归来，7 月底才回到国内，12 月父亲就突发心脏病溘然辞世。匆匆一晤竟成永诀，这让他深切地感受到“子欲养而亲不待”是种怎样痛彻心扉的悲哀与遗憾。

父亲离世之后，为了让母亲不至太过伤心，众子女决定让她换个生活环境，将老人接来北京居住，由大姐和四姐轮流负责照顾，重返上海后就一直与弟弟华峰一起生活，兄弟姐妹们都各尽所能地给予经济上的支持。

从小就没有享受过母爱和家庭温暖的母亲，并没有因在孤儿院里长大而被扼杀掉天性中的善良与贤淑。身为一位热忱慈悲的温良女人，一位充满爱心的伟大母亲，为了照顾体弱多病的丈夫，为了抚育八个子女，她几十年如一日地克勤克俭、辛苦操劳。不仅关爱家人，善待亲友，在战火纷飞的艰难岁月中，她还接济过不少陷于困境中的难民。

林华宝还记得小时候，在重庆的乡下躲避战乱，每天一大早，母亲都要走很远的山路去买菜。为了能让家人和留宿者填饱肚子，在料理一日三餐之外，她还要饲养鸡鸭，在房前屋后种植蔬菜，终日难得有歇息的时候。

他上学时住校，学校只供应主食，菜品需要从家里带。尽管多次告诉母亲，只需多炒些辣椒能下饭就行了，可她总是精心准备，哪怕只是些廉价的咸菜丝，也会炒得有滋有味，还要尽可能放上些许难得的腊肉。

“文革”中，由于父亲曾服务于美帝国主义的教会，大哥又是右派，华峰自然难逃受冲击的厄运，先后被抄家三次。母亲年轻时写下的日记，以及身为基督徒几十年来每日必读的《圣经》，都被毫无道理地当成罪证抄走了。

古稀之年的老人一次次遭受惊吓刺激，又失去了一直视为心灵指南的《圣经》，变得惶惶不可终日，一听到有敲门声，就吓得想从窗户跳出去逃避，并就此患上了老年痴呆症，一阵一阵地犯糊涂。

正应了“屋漏偏遭连阴雨，浪急又遇打头风”的老话，得了痴呆症的母亲不慎跌倒，摔致大腿骨折，不得不卧床休养，生活自理能力完全丧失，需要有人在身边随时照料。而此时正值林华宝率众攻关研制降落伞，一年之中的大部

20世纪80年代，林华宝夫妇及小女儿与弟弟林华峰（右一）在北京家中

分时间都出差在外，忙着进行一次次的空投试验。

兄弟姐妹们并不清楚他究竟从事的是何种行当的研制任务，只是知道他的工作很重要，肩上的担子也很重，都主动承担起轮流照顾母亲的责任，没有牵扯他的一点精力。大哥还特别嘱咐弟弟华峰："不要告诉华宝，他的头脑是搞科学的，不能让这些生活上的事情干扰……"

直到母亲的腿伤恢复，可以下地行走了，林华宝才知道这一切。如果不是研制工作让他忙得身不由己，何尝不想把病榻上的母亲接到自己家中，端茶喂饭精心侍奉，陪她回忆昔日趣事，为她解乏揉腿捶背，可惜……

兄弟姐妹们的深情与体谅，既让他非常感动，也让他甚感不安。想当年，为了帮助父母贴补家用，聪明能干的三姐华娟主动放弃了学业，很早就参加了工作。每每念及这些，他心中充盈着的不仅是对亲人们的爱，更有深深的歉疚，总觉得自己从他们那里得到的太多，也亏欠的太多了，且不知道这笔感情债能否偿还，以及如何偿还。

三年困难时期，食品极度匮乏，航天工作者也没办法保证得到足够的营养。二姐华颜夫妇俩都是高级别的教授，享有"特供"的待遇，可以买到些黄油、

1994年10月15日，林华宝夫妇（左二、左一）在重庆与二姐林华颜（右三）、四姐林华娴（右二）、四姐夫狄化龙（右一）相聚

20世纪90年代，林华宝夫妇与三姐林华娟（中）在北京家中

巧克力等市场上根本看不到的食品。他们自己舍不得吃，都寄来给身体瘦弱的林华宝补充营养。

弟弟华峰身为沪东造船厂的厂长，既要忙工作，又需照顾母亲及岳母两位老人，一直辛苦维持了很多年。后来，70多岁的大哥实在不忍看小弟负担这么重，将老母亲送往南京，安置在妹妹家中。在华玫一家人的精心照顾下，母亲平安度过了幸福的晚年。

1979年清明时节，老母亲以83岁高龄驾鹤西行，林华宝正在基地忙着进行试验，也未能送老人最后一程。

对父母双亲徒有一片孝心，却生未能尽孝，死未能送终，每每忆及此事，他总是感慨万端，悲不能抑，努力克制着不让眼中泪水奔涌，心中却已是汪洋一片。虽说自古忠孝不能两全，但既没能报答父母的养育之恩，又无以回馈兄弟姐妹的手足之情，还是让他的内心深感愧疚，并引以为此生最大的憾事。

一段时间，八十多岁身体健朗的岳母从上海来到北京，与他们一起生活了一段时间。没有机会侍奉母亲，林华宝便将一片孝心都用在了岳母身上，只要是不用出差的日子，下班回来就会给老人斟茶倒水，陪着聊天说笑话，老人看电视时，还贴心地削好水果，切成小块放在旁边，惹得岳母不单开心，还逢人就忍不住要夸女婿有多孝顺。

林华宝

林华宝院士传记

Academician Lin Huabao's Biography

第二十四章

父爱如山
舐犊之情深似海

他从来不给孩子们施加任何压力，也不会长篇大论进行枯燥空洞的批评说教，总是润物细无声的予以启示，言传身教，潜移默化。他对女儿们的要求都很具体，并且让她们明白之所以这样要求的缘由。

两个女儿一致认为，林华宝是位极好的父亲，生为他的女儿不仅十分幸福，而且相当幸运。大女儿林音至今都记得，小时候外婆经常会说：“看你爸爸多疼爱你啊，想要什么都想方设法满足你，刚一说想吃刨冰了，就马上带你到南京路去吃。你就是要月亮，怕是他也会摘来给你的。”

外婆说得或许有些夸张，而且林音从六岁起就离开了爸爸妈妈，一直在上海与外公外婆一起生活，每年只有暑假才能来北京与父母短暂团聚，可她从小到大的记忆中，却存储了太多爸爸妈妈给予的呵护与疼爱。

至今林音都还记得，小时候她享有两处特别的“专座”：一处是爸爸结实的大腿，坐在上面听他讲故事，跟他学唱歌，和他一起猜谜语，是非常快乐的时光；另一处是爸爸宽厚的肩颈，骑在上面逛公园、遛马路，视野开阔，感觉特别开心，不论去多远的地方都不累。

每逢暑假女儿回到家中，爸爸只要不需出差外地，不用加班赶任务，总是尽可能地抽时间陪着她，想方设法买好吃的东西给她吃，放好听的音乐给她听，星期天带她到各处风景名胜去游玩儿。

我国返回式卫星的发射期大多是在每年的 9 月份，每次执行发射任务都需要提前一个多月进驻基地，投入紧张有序的各项前期准备工作。只要遇到有发射任务，林华宝就必须出差，不能陪伴女儿过完整个假期。

好不容易才盼到一年一度与父母相聚的幸福时光，林音怎么舍得放爸爸走呢。每次分别之际，她都依依不舍，哭得梨花带雨、涕泪滂沱，小手紧紧抓住爸爸的衣角不肯放开，撕心裂肺的悲切哭声令左邻右舍闻之都免不了伤情落泪。

看着心爱的宝贝女儿楚楚可怜的样子，林华宝感觉自己的心都要碎了，怎奈重任在肩，身不由己。哄了又哄，劝了又劝，依然不能奏效，他只能硬起心肠挣脱稚嫩的小手，大步流星地匆匆离去，留待悲伤失落的孩子自己慢慢平复下来。

虽然林音的整个学生时代都不在父母身边，但他们一直都很关心她的学习与成长。林华宝经常在信中谆谆教诲："……不要死记硬背，重点在于理解，要会推理……"即便得知她考试成绩不理想时，也从不严词苛责，而总是安慰鼓励："这次没考好，没关系，总结一下原因，争取下次考好。"

假期里，爸爸还会兴致盎然地帮助她修改作文，订正错别字，连标点符号都不放过，还特意有的放矢地强调："做事情一定要认真细致，千万不能粗心大意，就拿我们研制卫星来说吧，一点小毛病就有可能导致整颗卫星报废，搞不好还会出安全事故……"

1980 年暮春的一天，林音正在四舅家全力以赴备战高考，远在北京的爸爸突然从天而降般地出现在面前，让她又惊又喜。原来他两天后就要随舰队远赴南太平洋，执行"580"洲际导弹试验任务，特意忙中抽暇赶过来，与女儿商议如何填报高考志愿。匆匆离去时，他还不忘叮嘱女儿："考试时不要紧张，发挥出正常水平就可以了！"

林音是在天津上的大学，每到寒暑假回到家，都会给爸爸妈妈的生活增添很多的内容。只要爸爸在家一定要起个大早，骑上自行车到农贸市场买只鸡回来，给宝贝女儿改善伙食，还什么家务事都不肯让她插手，陪她一起坐在收音机旁欣赏心仪的古典音乐。没有立体声，没有音响效果，丝毫不影响父女二人陶醉在美妙旋律带来的欢乐与感动中。

没能在林音的成长岁月中给予她更多的关爱，林华宝夫妇心中一直都怀有一份深深的歉疚。好在女儿非但没有任何的怨尤，反而更懂得珍惜及感恩从父母那里得到的温暖与关爱，并在日后努力地给予回馈。

大学毕业后，林音成为南京林学院（今南京林业大学）的一名讲师，婚后随丈夫去了美国。两个白手起家的年轻人，要立足于一个完全陌生的社会，必然会遇到各种各样难以预料的困难和麻烦。他们不仅从来没有向家人诉过苦，还用自己辛苦打工积攒下来的钱，给父母买了彩色电视机和双卡收录机等家用电器。双卡收录机深博爸爸的欢心，从此成为他生活中利用率极高的挚爱，用来录下无数经典的乐曲。

一次林华宝利用去美国参加国际会议的机会，顺便去看望林音一家。那时候人们走出国门的机会很少，从国内来的家长们大都要借此难得的机会，到美国各处名胜观光游览一番。虽然小两口经济上并不宽裕，但考虑到爸爸难得来一趟，怎么也应该陪他去附近的几处景观转一转，也算不虚此行。

没想到爸爸却说："哪儿都不用去，类似的地方我也见识过，来看看你们的家，切实知道你们在这里生活得不错就足够了。不用管我，你们该干什么就去干什么，我自己在家里看看书，听听音乐就可以了。"

晚上，两个年轻人放学回到家，发现换下来的衣服都被洗净了，烘干了，整整齐齐地叠放在沙发上，厨房里也被擦得一尘不染。虽说洗衣服、打扫房间，不过是普通的家务活儿，可出自远道而来且平素无需干家务事的爸爸之手，怎么能不让他们感动呢！

还有一次林华宝到美国出差，正赶上女婿樊志强研究生毕业，很高兴能有

1985年，林华宝夫妇（左一、左二）及岳母陈小云（中）、大女儿林音（右二）送大女婿樊志强（右一）赴美

机会与孩子们一起分享获得硕士学位的那份高兴与自豪，送上祝贺的同时也给予了激励。可当小樊郑重地把论文拿给身为资深专家的岳父看，并请“爸爸指教”时，他却局促不安地说：“噢，化工可不是我的专业，我不懂的，你们才是专家，得向你们学习啊！”

慈祥体贴，博学谦虚，质朴平易，爸爸高调做事、低调做人的处世态度与规守方圆的人格操守，在女儿们的人生旅途中产生着持久的影响。

小女儿林咏出生于1973年，比姐姐小11岁，从小在父母身边长大，得以经年累月的尽情享受他们的关怀与宠爱。上小学时，父女之间有个不成文的约定：每天傍晚快到下班时，女儿就下楼等在单元门口，爸爸骑车到楼前先不急着回家，而是等她一跃坐稳在车后架上，再绕家属区足足蹬上两大圈。

父女二人都很享受黄昏时分的这个小游戏，每天乐此不疲，却没想到竟然发生了意外。

这天，工作中遇到一个关卡，想了许多办法也未能破解，人下了班，心却还在工作上，回家的路上，林华宝一直在琢磨此事，载上女儿后思绪又回到原点。一门心思考虑技术上的可行性，却忽略了后座上的宝贝女儿，以致她的一

1973年，林华宝与小女儿林咏在北京

只脚不慎卷入后轮的车条中，他都没能及时察觉。

林咏的脚伤得不轻，被打上厚厚的石膏，可把爸爸心疼坏了，自责了好长一段时间。脚伤好了之后，他不肯载着女儿骑车了，唯恐再伤着她，为了满足她过“车瘾”，索性教她自己学着骑。说不清在那些日子里，爸爸微胖的身躯跟着左摇右晃的车子跑了多少路，反正林咏很早就掌握了熟练的安全骑车技巧。

姐姐没有买回来双卡收录机之前，家里最奢侈的物品就是一个单卡收录机。跟着爸爸一起欣赏美妙的音乐，坐在爸爸的腿上学唱英文歌，不仅是林咏儿时的快乐时光，还陶冶了幼小的心灵，培养出对音乐的由衷热爱。

伴随着优美旋律成长起来的她，很早就对诸多世界名曲都耳熟能详，只要一听开头就能随口哼唱出整首曲子。可是直到成年后，她也说不清这些曲子的名称及作者，以致忍不住向爸爸抱怨：“就是因为您当年为了节省磁带，每次都要等播音员报完曲目后才按下录音键，那么多熟悉的乐曲我都不知道名目。”

爸爸在女儿心中留下了许多温馨美好的记忆。早年间，电视台推出一档教儿童学英语的节目《兰兰学英语》，为了激发林咏的兴趣，林华宝就陪着她一起

1973年，林华宝与大女儿林音、小女儿林咏摄于北京

学。买不到相关的课本，只有广播电视报上刊有每期讲授的内容，他就一期不落地剪下来，细心地粘贴成册，制成简易的小课本。

姐妹俩还都记得，爸爸从内蒙古出差归来，扛回用旧裤子装着的好几个当地大西瓜。家人一起分食时，他只吃一两块就不吃了，笑眯眯地看着母女三人吃，还一个劲儿地加以鼓动："难得能吃到这么甜的西瓜，要尽力多吃呀，再吃一块！"

姐妹二人充分发挥"战斗力"大吃特吃，待切开的瓜全部被"报销"之后，却见爸爸拿起她们吃过的、还残留些红色瓜瓤的瓜皮逐块啃干净，然后心满意足地抹抹嘴。

北京刚刚开设第一家麦当劳快餐厅时，人们对其充满好奇，追求时尚的年轻人尤其感兴趣，以致餐厅内总是人满为患。林华宝外出参加一个交流活动，中午的工作餐就是每人一份麦当劳套餐，汉堡、薯条、鸡翅一应俱全。他居然一口也没有舍得吃，原封不动地带回来给女儿享用。

上中学后林咏开始住校，每次周末回到家，家中都准备好各种诱人的食物，爸爸不停地让她吃这个尝那个，直到胃里塞满了好吃的，实在撑得不行了，还要再陪着她一起去院子里转着圈儿“消食”。

周日傍晚要回学校时，爸爸都要送女儿到三营门的公交车站，自行车把上挂着一大包时令水果，后架子上驮着她，送到车站还不舍离去，总要等到车来了，看着她上去了，还会微笑着目送汽车直到从视线中消失才转身回家。

无论对大女儿还是小女儿，林华宝从来不曾给孩子施加任何压力，也没有用严厉的口吻讲过话，总是亲切和蔼地与她们平等地进行探讨，摆事实，讲道理，不是长篇大论进行枯燥空洞的批评说教，而是循循善诱地予以点拨启迪，更重要的是言传身教，潜移默化。

不施加压力并非意味着无条件的溺爱，他对女儿们的要求都很具体，并且让她们明白之所以这样要求的缘由。譬如，他要求她们吃饭时不能挑食，即便是不爱吃的食物也必须吃，同时告知：“这样才能增强自己的适应能力，以后不管到哪里都能很好地生存。”

他支持女儿利用暑假外出旅游，告诉她们自古就有“读万卷书，走万里路”之说，有机会去各地走走，可以开阔眼界，增长见识，拓展襟怀。每次女儿出游，他都会赞助充裕的经费，要求则是“要省着花，不能浪费”，因为“浪费是对别人劳动成果的不尊重”。

林咏从小就很崇拜爸爸，觉得他什么都会，什么都懂。上高中之后，自己掌握的知识日渐丰富宽泛起来，就开始不断向爸爸提出一些自以为生僻刁钻的问题，目的不在于获取这些边边角角的知识，而是想要试探有没有可能问倒他。结果屡试屡败，一直未能得逞，她只好乖乖地偃旗息鼓，甘拜下风。

不论上中学还是读大学，林咏的朋友都特别多，大家都喜欢到她家来玩儿，并且都与林华宝夫妇建立起很好的感情。有的同学甚至不肯对自己父母讲的话，却愿意向林爸爸和林妈妈倾诉，以致女儿笑称："妈妈是同学们的'知心姐姐'，爸爸是同学们的'贴心大哥'。"

林咏文理各科成绩都很优秀，尤其作文写得出色，高中分文理班时，从小就以爸爸为楷模的她没有丝毫的犹豫，理所当然地选择读理科，高考第一志愿报的是南京航空航天大学，选择的专业是计算机工程。

在她心目中继承父业，在航天系统内从事与卫星相关的工作，是顺理成章的不二选择。以优异的成绩毕业后，她被中国空间技术研究院的北京控制工程研究所聘为助理工程师，工作稳定且称心如意，生活温馨又安逸舒适，本以为此生就这样顺顺当当、太太平平地过下去了，没想到却被爸爸中途"搅了局"。

1995 年深秋，林华宝随由国家航天局副局长白拜尔率领的代表团前往挪威，参加在奥斯陆举办的第 46 届国际宇航大会。一年一度的国际宇航大会享有"宇航界奥林匹克"之誉，共有来自 60 个国家和地区的 1600 多位代表参加了本届年会，他受命在会上作了专题报告。

虽然只是短暂的逗留，他却一见钟情地喜欢上了这个宁静整洁、富庶祥和的国度。地处北欧斯堪的纳维亚半岛西部的挪威三面环海，平原、山峦、冰川、瀑布、湖泊、峡湾，各种地貌应有尽有，既具备海滨城市的旖旎风光，又拥有高山密林的雄浑气势，还能观赏到绚丽神奇的北极光。

幽雅安谧、恬静和谐的自然与社会环境，不仅可以愉悦视觉，更能陶冶性

1995年10月10日，林华宝参观挪威奥斯陆大学

情，涵养心灵，与之相匹配的就是挪威人那种温和稳重、悠然从容的行事风格，这一切与林华宝的内心向往非常吻合。

外甥女狄青的丈夫易樟正在奥斯陆大学的理论天体物理研究所攻读博士学位，为了招待远道而来的二舅，小两口不仅精心准备了可口的饭菜，还特别邀请导师——国际知名的太阳物理学家恩沃尔教授来作陪。

小夫妇俩原本还有点担心，怕二舅与教授没有太多的共同语言而冷场，没想到他对天文学的认识远非一知半解，相关的话题一出口就激发出教授畅谈的热情。接下来，从易卜生的《玩偶之家》到格里格的《A 小调钢琴协奏曲》，两位不同国度、不同领域的长者不仅话题不断，交谈甚欢，而且彼此尊重，相互欣赏。

恩沃尔教授热诚的为人与深厚的学养，以及奥斯陆大学校园宽松平和、清虚澹泊的氛围，都给林华宝留下了深刻的好印象，认定这里是个可以心怀澄澈做学问的好地方。归国的飞机上，一个大胆的念头浮现在他的脑海中——鼓动小女儿继续读书深造，就上奥斯陆大学，就考恩沃尔教授的研究生。

林咏从小就是爸爸的拥趸，基本算得上是言听计从，面对他这一突发奇想，却实在难以认同：“我学的是计算机工程，干的是应用卫星，完全与天文毫不搭界，怎么会要去研究天文学？就算要出国留学的话，首选也应该是美英德法，干嘛要去那个偏远的蕞尔小国呢！”

面对女儿的“逆反”，林华宝不急不恼，和颜悦色地耐心开导：“学科不应该成为屏障，学什么并不重要，专业学到深处都是相通的。你看爸爸是学水利的，却干了一辈子航天，不也一样干得有滋有味嘛。苍龙、白虎、朱雀、玄武，星辰、星座、星云、黑洞，天文学可谓是充满神奇魅力的学科，有那么多未知的东西足够你探究一辈子的。别看挪威地域不大，却是世界上幸福指数最高的国家之一，除了气候有些特别之外，自然环境与社会环境都非常好，是最适宜潜下心来做学问的好地方……”

“可是我没有一点基础，完全不懂天文学，怎么考？”

“不懂就学嘛，不给自己压力，就无从得知自己究竟有多大的潜力。试想一下，如果能够在最优质的环境中，与最聪明的人一起从事最神秘、最有意思的研究，你将有机会达到一个其他路径达不到的平台和高度，何乐而不为？爸爸留学几年最深的体会，就是通过对不同文化、不同种族的了解和融入，不仅能够感悟世界的神奇与美妙，更可以促进自身的丰富与升华。”

最终，林咏心悦诚服地接受了爸爸的建议，经过一番努力，顺利地获取了奥斯陆大学理论天体物理研究所的研究生资格。她放弃了国内安稳的工作，以及父母呵护下安逸的生活，远赴遥远的异国他乡，跟随恩沃尔教授潜心做学问，从硕士读到博士，再到博士后，专业上得到了很好的发展。

两个宝贝女儿都不在身边，身为慈父的林华宝不可能不思念。但他认为经历是人生必不可少的铺垫，为了她们的全面成长与顺畅发展，为人父母者不应该出于私欲而羁绊她们，天空那么高远，大地那么广袤，应该放手任由她们在

1999年8月，林华宝夫妇与暑假归来的小女儿林咏在北京家中

2000年7月，林华宝与小女儿林咏及其导师恩沃尔教授（中）在奥斯陆大学天文系

天地间自由自在地闯荡，去拓展属于她们自己的生活与事业，不论在哪儿扎下根，都会发芽开花结果。同时，他也相信女儿们不管飞多高，走多远，她们的心都会与父母永世相牵连。

好在如今资讯发达，父女之间可以通过网络顺畅交流。每次出差归来，他一回到家，就会迫不及待地打开电脑，查看女儿们发来的邮件，再有的放矢地回复一封充满深情的信。一旦在报刊杂志上发现与女儿们的学业或工作相关的报道，他都会及时地剪下来，寄给她们作参考。

林华宝

林华宝院士**传记**

Academician Lin Huabao's Biography

第二十五章

宅心仁厚
人格魅力口碑传

别看工作上干得风生水起，做人上却低调谦和，不知道的人根本看不出他是院士、资深专家、博士生导师，随意的小平头，简朴的旧衣衫，慈眉善目的一张脸，俨然就是一位和蔼可亲的邻家大叔。

出差对林华宝而言如同家常便饭，外出开展协作，进行各种试验，去基地执行发射任务等，一年中几乎有一半的时间都不在家。不出差的日子里，他也很少有个人的空闲时间，加之秉性俭朴淡泊，与工作上追求高标准恰好相反，生活中满足于低标准，随遇而安，从来不挑剔，不苛求，不奢望更高的物质享受，只要能填饱肚子，能穿得干净整齐，就别无所求了。

几乎全部的心思都放在工作上，并没有导致他忽略家庭，冷落亲人。深知自己能够在事业上有所作为，与家人的理解和支持是分不开的，他几十年如一日地挚爱家庭，珍爱妻子，疼爱女儿。

一般认为，喜欢音乐的人感情大都丰富而细腻，这一说法在林华宝身上得到了验证。虽然不是特别擅长用语言来表达内心情感，但不论是妻子，两个女儿，还是女婿和外孙们，都不难从日常生活中感受到他的心意，他的温情，他的关爱。

在全力支持和辅佐丈夫的同时，余雪敏也未放弃自己事业上的发展，经过多年科研实践的历练，巾帼不让须眉地成为了一名高级工程师，随着科研任务的变化，从搞部件转而从事与飞船着陆有关的预研项目，经常需要去外地进行相关的调研。

毕竟人的时间和精力都有限，夫妻二人同为事业型，工作是人生的主旋律，生活就只好尽可能地简单化。就生活习惯而言，南方人饮食上比较精细讲究，且大都擅长烹饪，从我国八大菜系中南方菜占了七席之多就可见一斑。

同为南方人的林华宝夫妇却很少在伙食上下功夫，平日里饭菜就不讲究，工作一忙起来顾不上买菜做饭，就去单位食堂就餐，吃完饭再买上几块炊事班自制的点心，捎带着连次日的早餐也解决了。有的时候，甚至连去食堂的时间都省了，索性打发林咏拿个小锅去把“大锅饭”买回来吃。遇到二人同时有出差任务时，女儿就只能拜托给邻居帮忙照管，好在都是单位里的同事，既能体谅，又肯尽心。

别看林华宝对自己的生活粗枝大叶，对同事们可是既用心又细心。当年基地的条件有限，招待所只有总师的房间里才有电话机，其他人要打电话只能在楼下排队。一天，他晚饭后出来散步，看到试验队的冯纪生正在等着打电话，前面还排着好几位，便马上邀他到自己的房间去打。

上楼时得知，冯纪生不是给家人打电话，而是打给控制系统搞陀螺的孙柏，他不久前刚查出得了癌症，待二人通完话，林华宝马上接过电话，关切地询问了孙柏的身体状况，安慰他积极治疗、安心调养，并嘱他有什么需要随时打招呼，一定负责协调解决。

还有一位老同事也不幸罹患癌症，听人说南方某地有种草药有奇效。他刚好有机会去那里出差，工作之余四处打探，颇费周折地买到此药带回来，虽说并没有显现出药到病除的效果，却让病人感受到莫大的温暖与安慰。

单位刚迁到上海时，刘朝元的妻子未能随同前往。得知她在北京生了小孩，林华宝利用到京出差的机会，特意去家中看望她，回上海后才告诉这位搭档：“放心吧，我去看过他们了，大人孩子都很健康！”

虽说二人交情匪浅，刘朝元也想不到林华宝能这么有心，妻子住在前门外珠市口附近一条不出名的小胡同里，本地人找起来都不容易，真不知道对南城根本不熟悉的他，是如何曲里拐弯、费尽周折地找到的。

与刘朝元一样，徐仲珊也有一件陈年旧事，一直存储在大脑的记忆库中，没有被岁月的鼠标删除。邻居家有个小伙子对科技持有浓厚的兴趣，一天拿着份稿件来找他："我试着写了一篇国际前沿科技方面的文章，其中有些内容吃不准，想请您帮忙找个专家给看看……"

徐仲珊心目中最信服的专家非林华宝莫属，可又不免有所顾虑，虽说平日有问题请教他时，总能得到细致透彻的指点，从来没有过敷衍或不耐烦，可毕竟那都是与工作相关的事。他既是所领导，又是技术负责人，业务行政都要抓，终日忙得不可开交，这种八竿子打不着的闲事能管吗？

既受人之托，就得忠人之事，他只好硬着头皮去碰碰运气。没想到这位大忙人二话没说就把稿件接了过去，第二天一上班还主动找上门来，笑呵呵地说："你交代的任务完成了，小伙子思维活跃，文笔也不错，是棵好苗子！"

徐仲珊接过稿件翻开一看，字里行间密密麻麻地写满了蝇头小楷，既有充分的肯定，又有具体的修改意见，最后还提出了有针对性的建议，指导他应该进一步关注哪些问题。一个根本不认识的小青年，一件完全可以不管的闲事，一位大专家却能如此用心地认真对待，甚至很可能还牺牲了自己的睡眠时间，怎能不让人感动呢。

被林华宝感动的远不止刘朝元、徐仲珊，提起这位温和敦厚的总师来，很多人都有可以倾诉的故事。他不仅对共事多年的老同事情深义重，对身边的年轻人更是呵护有加，术业上悉心指导，工作上热心点拨，生活上无微不至地关心，每次去外地出差，还总不忘给平时协助工作的秘书们带些当地特产的小零食回来。

麾下的年轻人都觉得与林总相处轻松自如，充满亲和力的谈心，热情的褒奖与鼓励，取代批评的善意提醒与告诫，都让人心悦诚服：“工作中要善于动脑筋，学会从多个角度看问题，书本知识固然重要，也不能忽视在实践中积累经验，‘纸上得来终觉浅，觉知此事要躬行’嘛。”

青年人性情活跃，喜欢玩笑，当面都恭敬地尊称各位总师为“张总”“李总”，背地里却统称“老头儿”，为了区分开来还要各加定语，不是取自姓氏的“张老头儿”“李老头儿”，而是源于各自特点的“胖老头儿”“倔老头儿”等。林华宝则是有口皆碑的“好老头儿”。

20 世纪 80 年代中期，林华宝开始带研究生。如今已是我国载人航天工程领军人物之一的童旭东是他的“大弟子”——1985 年首批招收的硕士研究生。为了让“孩子们”能对新环境有个大致的初步印象，他特意安排他们先到 508 所来实地考察一番，再回学校去上研究生的基础课。

身为副所长的导师亲自引领他们各处参观，并详细介绍各有关部门的业务范围及人员情况。初次涉足如此规模的研究所，大家感觉眼前的一切都很新鲜，对航天领域形成直观认识的同时，也对导师的关切与和善有了初步感受。

1986年，林华宝出席508所青年座谈会

童旭东在做硕士论文期间，得到林华宝不断地悉心指导，深感导师知识的渊博，对结构和力学的精通，而且不仅擅长理论分析，还有着丰富的实践经验，并善于将具体工程内容提升到理论高度进行分析和总结。研究生毕业后，他留在508所工作。此时，林华宝已经调往五院，担任科技委常委和返回式卫星总师。师生间工作上的接触相对少了，但导师对他关怀依旧，总是以一贯的和风细雨式提点，指导着他做人与做事。

童旭东被任命为回收技术室副主任时只有28岁，尚不具备相应的工作经验，自然感觉压力很大。每次林华宝到所里来，只要时间允许，都会到他的办公室看看，像对待自己的孩子一样，轻轻拍着他的头，关切地询问工作和生活的情况，有的放矢地叮嘱一些注意事项。话虽不多，却总能令这个年轻人受益匪浅，铭记在心。

弟子们学习上的每一点进步，工作上的每一次成功，都让林华宝感到由衷的高兴；无论是谁遇到困难或遭遇失利，他总会及时给予安慰和勉励，除助其减轻压力、稳定情绪外，还帮忙认真分析，找出可行的解决方法。

2003年，童旭东承担神舟飞船飞行试验的回收着陆任务。已经重病缠身

1991年，在508所举办的年轻人集体婚礼上，林华宝夫妇（右二、右三）作为主婚人，与新婚的童旭东夫妇（右一、左一）合影

的林华宝还挂念着这位大弟子，多次跟妻子念叨：“小童这次压力太大了，太大了……”

北京航空航天大学研究员、博士生导师贺卫亮，1987 年考取林华宝的研究生，在学校完成基础课来到 508 所时，导师已经调往五院工作，无法在学业上给予具体的指导，只能由其他同事代劳。

虽然学术上没机会亲炙，贺卫亮却认为自己获益颇深，不仅在完成论文的过程中得到了悉心的点拨和中肯的建议，毕业后在工作中也多有受教，而导师在为人处世上言传身教、潜移默化的影响，更是受用终生。

既然已经调到院里接受新的工作任务了，所里培养研究生的事情完全可以一退六二五，林华宝却没有这样做。他非常负责任地向贺卫亮推荐了几位适宜做导师的同事，不仅逐一介绍了他们的术业专长与性格特点，还具体告知哪些方面的问题最适宜向哪一位老师请教。

在完成学业的过程中，以及通过工作之后的深入了解，贺卫亮常常免不了想到林华宝当年的那些介绍，由此而产生了两点很深的感悟：一是导师对身边同事了解得非常到位，真是知人善任；二是他看重的都是别人身上的长处和优

1990年，林华宝（右三）在其研究生贺卫亮（右四）、王喜民（前排左一）论文答辩后，与其合影（前排左二为王希季）

点，包容性相当强。

分明是师生关系，是德高望重的长辈与初出茅庐的后生，林华宝题赠自己的著作时，写的却是“贺卫亮学弟雅正”。在年轻人的心目中，这一切既是修养，亦是襟怀，更是人品，从而便有了心中的标杆，修为的榜样。

还有件事令贺卫亮至今难忘。20 世纪 90 年代中期，他被派去俄罗斯的莫斯科航空学院进修一年，临行前去向导师告别。除了一番关切的叮嘱外，林华宝还特意拜托他：“方便时替我去看看老同学柯利亚，我们是同一宿舍的好朋友，他腿有些残疾，目前独自一人生活，经济状况也不太好，我挺牵挂他的……”

柯利亚早年曾任苏联农业部的农机司司长，苏维埃联盟解体后生活没落拮据，不很宽敞的家中呈

1956年，林华宝（左）与同班同学柯利亚（右）合影

20世纪90年代，林华宝（后排右一）到俄罗斯出差，与同事一起到当年的同班同学柯利亚（后排左二）家中做客

现着老年单身汉的凌乱。贺卫亮的造访，让他犹如见到亲人般的高兴，执意亲手做米饭猪肝招待来自远方的客人。

提起往昔的事情，柯利亚兴奋不已：“……华巴什卡，我们像亲兄弟一样，他对我很好，你看这些蜂王浆，我身上穿的这件毛衣，都是他送给我的……你要常来看我！”

在俄罗斯期间，贺卫亮多次去看望这位导师的同窗，学成归国前，还把自己剩下的外币全部留给了他，并谎称：“这是我的老师让我送给您的，请您务必收下！”

林华宝听说后非常高兴，亲切地拍着贺卫亮的肩膀，连声夸赞：“你做得好，做得好！”

为了表达谢意，林华宝还特意与妻子一起去选购了一个漂亮的电火锅送给贺卫亮。

酷爱音乐的林华宝堪称重量级乐迷，只要在家，收音机总是开着，而且固定在音乐台，无论工作还是学习，都是在乐曲的陪伴下进行。美妙的旋律非但不会干扰他的思绪，反而可以帮助他心思更沉静，头脑更活跃。

如此喜欢音乐，他却从不奢求去音乐厅聆听现场音乐会，对音响等硬件设施也没有过高的要求。在得到林音送的双卡录音机之前，很多年中他都是用一台简易的单卡录音机，把特别喜欢的乐曲录下来随时听，直到晚年才给自己装备了一套标准的家庭影院。

一位比较熟悉的记者，曾善意地提醒余雪敏："阿姨，您花点心思给林总打扮打扮，您看他身上那件西装，袖子都快磨破了……"

自己生活上很节俭，吃穿都不讲究，他对别人却相当大方。一位老同事的爱人去世时，林华宝早已调到五院工作，大家就没有惊动他。事情都过去好几个月了，听别人在电话中提起他才知道，马上托人送上一笔钱以示慰问。

去外地出差时，顺便去住在当地的亲戚家看望，无意中发现他家的孩子对自然科学很感兴趣。本来随口夸赞几句也就可以了，可他回到北京后，专门去邮局定了一份适宜中学生阅读的科普杂志，每收到一期就及时转寄过去。

留学期间，林华宝与苏联同学建立了深厚的友谊，两国交恶后通信被迫中断，虽然多年失去了联络，心中依然有所牵挂。有机会前往俄罗斯访问，他抽空去看望了好几位老同学，发现柯利亚生活很清苦，回国后就设法换了几百美元寄过去，随后又陆续多次寄钱寄物，还拜托前往该国进修的弟子代为探望。

2000年，他得到国家奖励的两万元奖金，这笔额外的收入完全可以用来添置一套高档的音响，给自己或妻子买身名牌的西装。可他却另有想法，要将钱捐给母亲曾经寄宿的"善育堂"孤儿院，以弥补情感上对老人家的亏欠。

善解人意的余雪敏全力支持，却没想到经过多方打听，该院早已不复存在了，转而想捐给父亲执教过的哲理中学，亦未能如愿。还真是好事多磨，既然已经决定要把这笔钱捐出去，他就不想再收归已有了。该怎么办呢？

夫妻二人商议，要不就捐给家乡的希望工程吧，正待出去寄钱，一位在京工作的莆田老乡听说此事，提出来一个建议："咱们家乡科技事业经费严重短缺，我看还不如捐给当地的科委呢。”

林华宝觉得这是个好主意，自己一辈子搞科研，支持家乡的科技事业发展义不容辞。高高兴兴去邮局寄钱时，他在汇款附言中写道：“区区两万元，不会起到大作用，但表达了我的一片心意。”

老院士关心家乡科技事业发展的捐资之举，在莆田当地传为美谈，单位里却很少有人知道这件事。

长年一起共事的同事们，都视林华宝为可以推心置腹的“哥儿们”，而不是需要敬而远之的领导。出差去外地，他考虑开车的司机患有高血压，长时间开车比较劳累，每天晚上都不忘为他按摩肩膀，给他测量血压，不知道的还以为他是个保健医生呢。这位司机师傅有收集院士签名的爱好，每次与院士们一起开会，林华宝总不忘请诸位帮忙签名送给他。

女儿忍不住笑他：“你们互相帮助啊！”

他乐呵呵地回答：“我们都是好哥们儿，相互服务嘛。”

这话听上去还真不像是出自总师和领导之口，可林华宝又曾几何时端过总师的架子，摆过领导的谱呢？别看工作上干得风生水起，做人上却非常低调谦和，不知道的人根本看不出他是位院士、资深专家、博士生导师，随意的小平头，简朴的旧衣衫，慈眉善目的一张脸，俨然就是一位和蔼可亲的邻家大叔。

随着社会环境日渐宽松，航天工作不再是高度机密的性质了，以前碍于保密要求不得不疏远了的亲友们重又恢复了来往，工作不忙时在家中款待亲友，温馨欢快的氛围中轻松地谈天说地。看着天性热情好客的丈夫开心享受的样子，余雪敏再忙再累也不觉得辛苦。

林华宝是个重情念旧的性情中人，与初中、高中、大学的不少同学都维系着长达几十年的友情，风风雨雨中相互关心、彼此帮助。

与昔日同桌袁隆平睽违多年，突然一日在报纸上发现了这个名字，他即刻认定就是那个教会自己游泳的同窗好友，试探着按报纸上披露的有限信息发去一封信，居然很快就得到了回音，中断了三十多年的友情就此重续前缘。

袁隆平出差到北京，特意来看望老同学，到了楼下，拿不准该进哪个单元门，一眼看到了正与小伙伴们在院子里玩耍的林咏，顿时心中暗笑，单看小脸上那端端正正的大鼻子，绝对是林华宝的遗传基因，马上对小姑娘说："快带我去找你爸爸！"

老同窗相见分外亲，忆起当年的趣事笑个不停。袁隆平还不忘找后账："我教会了你游泳，可至今数学还是算不清啊……"

1999年7月24日，林华宝（右）在北京京丰宾馆开会时，与袁隆平院士（左）合影

"算不清没关系，只要你的杂交水稻技术过硬，增产多少自会有人替你算个清清楚楚、明明白白。"

"哈哈，那倒也是。"

二人你一言我一语地开着玩笑，好像进入了时间隧道，重又回到无忧无虑的少年时光。两位同桌虽然术业不同，却都在各自的领域做出了不俗的业绩，温暖的友情之外，他们还在太空育种探索方面，携手进行了有益的尝试。

因为歌剧《江姐》而一举成名的词作家阎肃，是林华宝高中时同年级的学友。尽管当年他的名字不是阎肃，而是阎志扬，文艺细胞之发达就已经初见端倪了，不单是学校合唱团成员，还活跃在话剧舞台上，主演的独幕小话剧《张天师做"道场"》，讽刺喜剧《升官图》等，赢得师生们如潮好评。

一位投身国防工程，一位从事文艺工作，看上去两人毫不搭界，说起来却还真是有种特别的缘份：同期在南开中学读书三载，毕业后双双考入重庆大学，读了一年又前后脚离开，一个考进清华大学，另一个调入青年文工团工作，各自有了一番经历后，又都定居于北京，还能有机会不期而遇。

虽然《红梅赞》《我爱祖国的蓝天》等歌很早就会唱，林华宝却一直不知道，

1993年4月，林华宝（前排左三）、著名词作家阎肃（前排左二）等人在北京参加重庆南开中学老同学聚会

这些广为传唱的歌曲居然出自老同学之手。重逢得知真情后，他开起了玩笑：“真没想到大名鼎鼎的阎肃竟然是你老兄，当年可是风趣活泼一点都不严肃，是参军后性情变了，还是故意名不副实呀？”

阎肃也不含糊，莞尔笑道：“华宝，中华之宝，你倒真是名副其实啊！”

玩笑归玩笑，两个老同学可谓相互钦慕，彼此欣赏，都为对方事业上取得的成就而感到由衷的高兴。虽然因为工作都很忙，不可能频繁走动，除偶尔小聚一下外，平日只能靠电话互致问候，但他们诚挚的友情，一直延续到生命的尽头。

秦天信是林华宝高中时无话不谈的同班好友，二人真挚的友情从青年、中年到老年，一直延续了半个多世纪。他从苏联留学回国时，秦天信在解放军后勤学院任教，节假日经常聚在一起，不是去另一位学友何高毅家包饺子吃，就是去北海或颐和园划船，留下很多美好的情景记忆。

后来，秦天信被打成“右派”，开除团籍，转业北大荒。在那政治挂帅的岁月中，为保住自己不受牵连，人们视“右派分子”如同瘟疫，避之唯恐不及，为此不惜夫妻离异，父子隔绝，甚至还有人落井下石。

林华宝非但没有为了自保而抛弃朋友，亵渎友谊，还冒着肆虐的冬雪，到火车站去为落难的好友送行，分别之际紧握着他的手，再三地叮嘱：“有需要就告诉我，自己一定要多多保重！”

接下来的日子里，他经常写信安慰和鼓励被打入“另册”的朋友，让他不要背包袱，要向前看，相信未来一定会是美好的，直到秦天信得到平反，恢复了团籍。春风得意时锦上添花的人，未必是真正的朋友；困顿无助时雪中送炭者，绝对值得义结金兰。

高中毕业50周年之际，为参加母校举办的庆典活动，林华宝专程赶去重庆，并深情地写下“感谢母校给我打下的‘基础’”之留言。这个“基础”绝非

1999年，林华宝（右三）参加中学毕业50周年庆典，左二为秦天信，左三是其夫人罗达芬

仅指学识上的，更涵盖了人生观、价值观、道德品质、人文素养等多方面。半个世纪以来，正是秉承着“允公允能，日新月异”的校训，他尽心为公，努力增能，不断进取，勇于创新，始终把国家的利益、工作的需要置于首位。

光阴的侵蚀，岁华的摇落，当年青春年少的俊男靓女，如今都成了年过花甲的老翁老妪。变了的是外在的容颜与身份，没变的是胜似手足的真情和超凡脱俗的友谊。辨认出彼此后，大家一点不觉得生分，依然像当年一样亲密无间，说不完的心里话，叙不完的昔日情，追忆起青葱岁月的趣事囧事笑语不断，放喉高唱校歌激情不减当年。

林华宝邀着几位同学一起，在校园各处找寻当年的“印迹”：足球比赛的操场，毕业前夕与张伯苓校长合影的鱼池畔，三层楼的图书馆，剧院般的午晴堂……每一处都能勾起昔日的记忆，恍惚间仿佛时光倒流，重又回到了青春洋溢的学生时代。

回顾走过的人生旅途，他觉得这旧梦依存的校园正是自己的“开蒙”之地，学习能力、理解能力、思辨能力、解决问题的能力，都是从这里开始由老师们的言传身教中点点滴滴积累而成，并受用终生的。

这一刻，他的脑海中不由地涌现出《忆南开——难忘的中学时代》的诗句，便动情地高声朗诵起来："我问高山，我问大海，这一生哪段时光最愉快？啊，难忘的中学时代，在重庆，在南开……"

听完大家不约而同地鼓起掌来，得知此诗为阎志扬（阎肃）所作后，更是赞不绝口："情真意切，朗朗上口""不愧是大手笔，写出了我们的心声！"

林华宝平时工作忙，与几位在北京的老同学也不可能经常走动，但隔段时间就会打个电话问候一下。每年春节期间，他不单安排大家聚会，还要联络几个人结伴去看望不方便出来聚会的几位病号。凡有外地的同学来京，只要他知道，都会热诚地邀请到家里来做客，有需要者还会留宿，并约上在京的其他同学作陪，大家欢聚一堂，共叙友情。

2001 年 5 月 29 日，林华宝迎来了 70 岁的生日，本想不事声张地在家里吃碗长寿面，意思一下就行了，没想到一大早，院党委书记王永汉、科技委副主任焦世举一行人就登门致贺，并送上由 70 朵鲜艳的红玫瑰组成的大花篮。

他们代表全院职工，除了"生日快乐，健康长寿"的祝愿外，还特别表达："感谢您为返回式卫星事业作出的不朽功绩，希望您为新型号返回式卫星再谱新篇……"

刚把院领导送出门，感动的心情还未及平复，

2001年5月29日，中国空间技术研究院党委书记王永汉（前排左一）、院科技委秘书长侯深渊（前排右一）、院科技委副主任焦世举（后排右二）、院办主任张学会（后排左二）以及学生李健全（后排左一）等人来家中祝贺林华宝70岁生日

寿星又收到一份新的温馨——由18位高中老同学签名的祝福不期而至："衷心祝贺你70大寿！请忘记你的年龄，做一个年轻型老人……愿你永葆青春，愉快地度过晚年生活，莫道桑榆晚，为霞尚满天！"

友情总是相互的，大概也就是人们通常所说的"投之以桃，报之以李"吧。他对老同学们情真意切，大家自然也会把他放在心上。

林华宝

林华宝院士传记

Academician Lin Huabao's Biography

第二十六章

实至名归 荣膺工程院院士

理论上广泛汲取，实践中不断积累，遇到不明晰的地方，随时向内行请教，谦逊坦诚地拜能者为师。钻得深，悟得透，想得远，正是这种多思、深思和善思的良好习惯，造就了他的前瞻性目光，不断拓展创新意识。

林华宝既拥有扎实的理论基础，又具备丰富的实践经验，深受同行们的敬重与推崇。真才实干源于他对学问孜孜矻矻地探索，对技术勤勤恳恳地钻研。

说他是终身学习型一点不夸张，工作之余的空闲时间大多用来“充电”，乐此不疲地游弋在知识的海洋中吮吸营养，用各种学识来充实和丰富自己，既是出于工作的实际需要，也是为了满足长盛不衰的求知欲。

几十年来，他从未停止过学习的步伐，并不断拓展研究的范畴，不仅通晓俄、英、法、德等多门外语，还涉猎了概率论、数理统计、可靠性评估等各类跨界的学问，并运用自如地掌握了 BASIC、FORTRAN 等计算机语言。

理论上广泛汲取，实践中不断积累，遇到不明晰的地方，他就随时向内行请教，谦逊坦诚地拜能者为师，绝不会为了顾忌领导或总师的“尊严”而不懂装懂。钻得深，悟得透，想得远，正是这种多思、深思和善思的良好习惯，造就了他的前瞻性目光，不断拓展创新意识。

自 1975 年至 1996 年，我国共发射了三个型号的 17 颗返回式卫星，除了那颗因失去控制而未能回归的卫星之外，其余全部安全回收，成功率高达 94%，创造了世界航天史上的奇迹。

身为中国第一代航天人、卫星回收技术的开拓者和返回式卫星的技术带头人之一，林华宝参与了每一颗返回式卫星的研制、发射和回收，亲历了返回式卫星从无到有的发展全过程。从满头青丝到华发苍颜，他把最好的年华都奉献给了祖国的航天事业，并且作出了不可磨灭的重要贡献。

几十年来，他致力于返回式卫星型号相关的深入研究，及时有效地解决了诸多研制中的重大关键技术问题，并在实践中形成一整套科学严谨的质量管理制度，建立起系统完善的研制规程和检验条件，为返回式卫星成为我国发射次数最多的卫星，以及最成功的航天计划之一奠定了坚实的基础。

完成了“FSW-1”“FSW-2”两代返回式卫星的研制后，他从卫星总设计师的岗位上退下来，被任命为中国空间技术研究院返回式卫星系列首席专家，担纲包括“FSW-3”“FSW-4”等后续新型号，以及专门为开展农作物空间育种而研制的“SJ-8”卫星的技术总负责人。

虽然这几个新型号都是在“FSW-2”的卫星平台基础上升级设计的，但无论卫星功能、轨道控制精度，还是返回控制计算等整体性能方面，都有很大的改进和提高，飞行时间最长的延至 27 天，需要他继续在返回式卫星技术领域进行深入探索研究，积极组织力量攻关解难。

与此同时，他还致力于发展和稳定研制队伍，积极培养和大力推荐合格人选，提携年轻技术人才到关键岗位经受锻炼和施展才干，为此而不惜多方奔走呼吁。他是院所内的研究生导师，带出多名品学兼优的硕士、博士，还是北京航空航天大学、西北工业大学、厦门大学等高校的兼职教授，致力于为航天事业打造高规格的新生力量。

他勇于承担风险与责任，有意识地大胆放手让年轻人挑担子，在工作实践中造就了很多年轻的技术骨干，以身垂范地带出一支理论与实践水平俱高、事业心与责任感均强、擅于集智攻关和奋勇拼搏、肯于吃苦耐劳和无私奉献、老中青相结合的精锐队伍。其中不少人陆续被输送到其他型号研制队伍及上级单位，成为我国航天领域的技术中坚或领军人物。

林华宝还致力于著书立说，积极推动返回技术的发展，撰写有《返回式卫星》《卫星和飞船的返回》等技术专著，先后发表译作、论文、技术报告多达50余篇。

他与闵桂荣合作的《中国的返回式卫星》、与李颐黎合写的《返回式遥感卫星》，对向社会介绍和普及航天知识，让更多的人关注我国的航天事业，起到了积极的推进作用；与马宏林共同完成的《苏联载人飞船的返回技术》，详尽介绍了当时还鲜为人知的苏联"东方号""上升号""联盟号"飞船的返回技术，对我国从事载人航天技术发展途径及多用途飞船概念的研究，有着非常重要的参考价值。

作为副主编，他协助主编王希季做了许多具体的编审工作，圆满完成了《航天器进入与返回技术》（上、下册）的编写和出版，并与陆章福合作撰写了该书的第六章《弹道及弹道－升力式进入器的回收和着陆系统》。

他还与侯深渊共同担纲《卫星工程概论》（上、下册）一书副主编，除了协助主编徐福祥积极推进编辑出版工作外，还与李颐黎一起完成了该书第13章《卫星返回与再入》的编写工作。《卫星工程概论》《航天器进入与返回技术》是《导弹与航天丛书》的重要组成部分。由于这套丛书的封皮是红色的，又对航天从业者有着重要的参考价值，航天科技人员的年轻人不仅人手一册，还亲切地称之为"红宝书"。

为了让国际同行了解中国航天事业的进展，林华宝还在院领导的支持下，积极开展对外交流与协作活动，多次参加国际会议，先后去美国、德国、巴西、俄罗斯、意大利、奥地利等多个国家进行学术交流，宣传介绍我国返回式卫星的成就及应用。

1983年10月17日，林华宝（左三）在美国洛杉矶参加美国第54届冲击与振动年会

1987年，林华宝参加第一届中西德微动科学研讨会，在波恩科学技术中心作报告

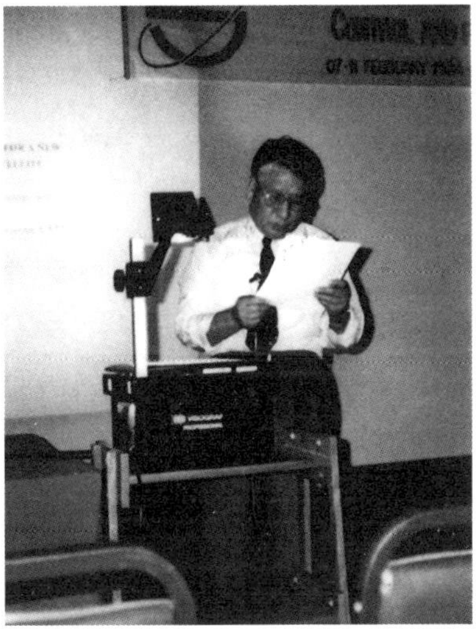

1994年2月，林华宝在巴西圣何塞参加国际航天器地面控制和飞行力学研讨会

对外交流带给他的最深感受，就是各国强调国际合作的呼声相当高，都希望通过合作，实现取长补短、避免重复、节省投资、共同受益的愿望，关键是如何选择合适的合作项目，以及恰当的合作模式。每次回国后，他都会将自己的设想与考量，详细地写在工作汇报中，提供给决策层作参考。

做为院科技委的一名常委，他还要参加与返回技术相关的发展规划讨论，参加有关卫星设计及单项技术的评审，面对社会开展空间技术的科普教育工作等。总之，年逾花甲后，他非但没能清闲下来，反倒变得愈加忙碌了。

1996 年 7 月，林华宝荣膺国际宇航科学院通讯院士。国际宇航科学院是在世界著名科学家冯·卡门的倡导下，于 1960 年正式成立的非政府性国际学术组织，简称IAA，旨在利用航天技术促进人类的和平与社会的发展，院士成员由各国航天技术及航天活动的先导们组成。能够被接纳为院士，意味着他在航天科技领域取得的卓著成绩，获得了该院的认可。

一年之后，他又光荣地当选为中国工程院院士。这个我国工程科学技术方面的最高学术称号，是对他数十年来勤勉工作、无私奉献、为祖国航天事业作出重要贡献的充分肯定与褒奖，亲朋好友们纷纷打来电话祝贺。

虽说喜悦之情溢于言表，但他不厌其烦地一再强调:“特别感谢与我一起工作的团队，是大家的努力成全了我！”

这绝不是老于世故处事圆滑的故作姿态，而是他发自内心深处的肺腑之言。

长期的并肩作战，悲欢同享，甘苦共担，他与研制团队早已结下了不可分割的深厚情谊。他由衷地感谢团队中的每一位成员，正是由于大家不讲条件，不计报酬，坚守在平凡的岗位上尽心竭力地辛勤工作，同心同德地通力合作，才能够一次又一次出色完成型号研制任务，赢得用户及上级领导的好评。

对林华宝而言，院士是一种值得珍惜的荣誉，更是一份沉甸甸的责任，要对得起这个头衔，就要加倍努力地履行自己的职责。他非但没有因此而故步自

1998年，林华宝（中）与研究生合影

封，反而更被一种紧迫感驱使着“无需扬鞭自奋蹄”——事业上的追求是永无止境的。

年近古稀的他又被聘为返回式卫星工程总师，仍像年轻时一样不辞劳苦地奔波着，深入卫星、运载火箭、发射、测控及地面应用等各大系统，合理掌控总体设计与技术协调，并组织解决多项工程技术问题，毫不吝惜地燃烧着生命的薪火，义无反顾地继续散热发光。

当年，返回技术的突破促进了中国航天的发展，铸就了我们航天大国的底气；目前，我国航天器的返回能力却与运载火箭的发射能力不成比例，发射能力已达到 25 吨，最大的卫星却不过才只有 3 吨。

始终以敏捷目光捕捉着世界航天前沿技术，林华宝深知返回能力不仅体现在重量、数量和频率方面，在应急返回与实时性等方面也都大有文章可做。如何尽快将其提高到一个新的层次？怎样推进可持续发展？是他长期以来一直在认真考虑和不断探索的问题，为此而搜集了大量资料，投入了很多精力与时间。

外出参加活动，社会上的人们尊称他“林院士”，单位里的人大多叫“林总”，也有人戏称“领导”，或者干脆叫“头儿”，他都欣然应诺。曾有老同学和老战友分别问起过：“你是喜欢被称为院士呢，还是喜欢被称为总师呢？”

他的回答很质朴：“虽然称什么并不重要，但我还是喜欢你们像从前一样叫

1998年9月8日，林华宝（右二）在奥地利格拉茨出席联合国发展中国家利用空间技术经济效益研讨会

我‘阿宝’或‘宝儿’，听上去最亲切、最顺耳。”

回 508 所办事，林华宝特意利用午休时间，找到当年曾一起艰苦创业的老伙计：“总想让你再给我剃回头！”

“怎么，还想找找当年的感觉？”

“真是让你说着了，最近一直想着得来找你。”

“想要个什么发型？”

“老样子，平头！”

“都当上院士了，还留平头？”

“你还不了解我嘛，平头清爽利索！”

剃着头聊着天，不大会儿功夫就大功告成，老伙计说：“我这儿也没个镜子让你照照！”

林华宝像当年一样开着玩笑：“还用得着照镜子，难不成老没人找你，手艺退步啦？”

老伙计却没有笑，看着那满头霜染一般的白发，想起他当年英姿勃发的样子，不由地感慨道：“发型未改，青丝已去呀！”

“是啊，不知不觉间咱们都老喽！”

如若有幸目睹这一温馨的场面，你看不到院士，看不到总师，也看不到上下级关系，能看到的只是一对惺惺相惜的老朋友，以及彼此坦诚默契的好交情。

20 世纪末，“两弹一星”的授勋表彰活动，将长期在幕后默默奉献的航天工作者推到了台前。多次获奖立功的林华宝，也成为媒体记者追逐关注的热点人物。面对采访的记者，他讲的不是返回式卫星，就是攻艰克难的研制团队，却不大愿意谈及自己。

他多次坦诚发声：“返回式卫星研制是庞大的系统工程，任何一项工作都不是一个人能独立完成的，航天事业的每一次成功，都凝聚着成百上千乃至上万人的辛勤劳作和忘我奉献。站在聚光灯下立功受勋的，只不过是极少数的领军人物，荣誉是属于大家的。没有拼搏进取和勇于奉献的精神，没有深厚的爱国情操、忧患意识与民族责任感，没有对事业孜孜不倦的追求，以及一代又一代航天人忘我牺牲的优良传统，就不可能有航天史册上一个又一个奇迹的出现。”

即便在记者的一再追问下，不得不谈到自己时，他也总是强调：“一颗卫星从设计制造到回收成功，无不是集体智慧的结晶，我个人的作用不值得一提，不过是团队的一个代表而已。我们的团队最可贵的就是无私奉献和精诚合作的精神，大家克服了很多困难，在各自的岗位上都有着出色的表现，我为此而感到由衷的骄傲……”

人一旦上了些年纪，常常免不了触景生情地追忆起往昔的历程，林华宝也不例外。每逢回首往事，他总是怀着一颗感恩的心对身边的人说：“我是很幸运的，学生时代受到良好的素质教育，步入社会又遇到诸多的好领导……经过近半个世纪的努力拼搏，我们国家已经拥有了一支特别能战斗的航天团队，我为自己是这个团队的一员而感到无比的自豪！”

不停步地研精探微，不知疲倦，不辞辛苦，不知老之将至，残忍的病魔却不肯因此而放过他。

林华宝

林华宝院士传记

Academician Lin Huabao's Biography

第二十七章

光前裕后
薪尽火传光不绝

先后求助了多位医生，吞下去不少中西药品，身体还是每况愈下，很快就发展至走路都抬不起腿来。但他仍然坚持工作，直到住院接受透析的前一天，还不忘把为一位同事写好的院士推荐材料，托妻子给院领导送去。

耳朵后边长出的瘤子已经不痛不痒的存活了一年多，虽说医生初步判断是良性的，毕竟没经过活检，谁也不敢保证就没有恶变的可能，还是把隐患消除了心里才踏实。在妻子余雪敏的再三督促下，林华宝勉强放下手上永远做不完的工作，住进医院接受切除肿瘤的手术。

手术进行得很顺利，经活检验证瘤体确实为良性，不存在癌变的危险。在告知他这个好消息的同时，医生还非常负责任地提示："术前检查中，发现您的尿蛋白呈阳性，出院后一定不要大意，尽快去相关医院进行检查和治疗。"

可惜，医生的忠告并没能引起林华宝应有的重视。自恃身体一直健壮，除了老毛病哮喘时有发作外，并没有出现其他异常症状，出院后他非但没有去做进一步的检查，还一如既往地服从工作的需要，该加班就加班，该熬夜就熬夜，该出差就出差，全然没有留意健康方面的相关事宜，也根本不知道尿蛋白阳性意味着什么。

应邀去珠海参加第二届中国国际航空航天博览会之后，他还忙中偷闲地利用短暂的假期，与妻子一起前往挪威奥斯陆看望林咏。在那里，他们初次见到了未来的女婿，并拜访了他的父母与外公外婆，看到心爱的小女儿在异国他乡能收获爱情，并得到那么多家人温暖的关爱，而感到由衷的欣慰。

看上去林华宝似乎一切照旧，但细心的同事们还是发现了一些变化：过去他食欲很好，饭量也大，出差在外大家围在一张桌子上吃饭，有人不爱吃肉，特别是肥肉，以往全都交由他代劳，他吃得津津有味；现在却不行了，不要说替别人吃，自己的那份都吃不下了。

看到他的食欲与饭量都明显大不如前，即便面对着原本非常爱吃的牛肉面，也提不起兴致来，秘书曾关切地问：“怎么现在不爱吃了？”

他认真而无奈地回答：“不是不爱吃了，是医生不让吃了！”

直到林华宝随代表团访问香港回来，看上去人消瘦了许多，饭也吃得很少，余雪敏才意识到丈夫的身体可能真的出了问题，赶紧找来相关医学书籍查阅，本以为尿中有蛋白不是什么大问题，没想到竟然是肾脏出了毛病。虽说不懂医，却也知道肾为生命之本，事不宜迟，她赶紧陪着他四处寻医问药，遍访中西医

2001年，林华宝在中国空间技术研究院讲解返回式卫星

肾病专家。

对林华宝而言，工作永远是第一位的，看得简直比生命还重要。接到参加神舟飞船最后评审的通知后，本来遵医嘱病休在家的，他却全然不顾忌病体亮起的红灯，带着药就去了基地。评审结束回到北京，在南苑接机的余雪敏见到他时，着实被吓了一大跳，分开只不过数日，他却如同变了一个人，疲惫衰颓的龙钟样子，像是一下子老了十几岁。

先后求助了多位医生，吞下去不少中西药品，身体还是每况愈下，很快就发展至走路都抬不起腿来，他只能吃力地一点点蹭着慢慢往前移动。即便如此，他在家中仍然没有放下工作，直到住院接受透析的前一天，还不忘把为一位同事写好的院士推荐材料，托妻子给院领导送过去。

2001 年 5 月，林华宝住进了北京人民医院。还真是父女情深，林咏接到妈妈的电话，得知爸爸住院的消息，立即放下手上的一切，携夫婿第一时间赶回来，不顾长途飞行的劳顿，下了飞机就直奔医院。

宝贝女儿与挪威女婿给予的深情拥抱，带给爸爸非常大的感动与快慰。善解人意的林咏还准备了一份特别的慰问礼物——一张自己录制的 CD，封面特别标明："爸爸挚爱的古典音乐"，背景选择为色彩斑斓的湖畔秋色，正是拍摄于爸爸妈妈去挪威探亲时，每天黄昏一起散步的那处湖畔。

收到这份别出心裁的礼物，病榻上的林华宝特别高兴，边看乐曲目录边微笑着不住地点头，看来女儿投其所好的目标选择得精准无误。这盘 CD 从此就一直放在他的枕边，每天至少要听上一两遍，而且百听不厌。

不知是女儿女婿不期而至激起的兴奋，还是医疗器械起的作用，接受了透析之后，他好像恢复了以往的健康状态，不仅面色好转了许多，而且又可以迈着轻松的步伐走路了。这让余雪敏母女似乎看到了亲人康复的曙光。

医生却告诉她们，透析第一次效果肯定好，但时间越长，体内毒素积累越多，身体也会越来越差。要想彻底解决慢性肾衰竭，唯一的途径是换肾，也就是进行肾脏移植，可除了肾源缺稀、费用高昂外，手术本身的风险也不可小觑。

第二年春节过后不久，一位好心的同事设法联系了301医院的院长，301医院同意接收林华宝住院治疗。夫妻俩满怀希望地前往入住，情况却不像预期的那样，科主任坦诚地讲出了实情：院长本人年龄大了，不可能亲自做手术，由于患者是位院士，年轻的大夫们不敢担此风险，而且一时也没有合适的肾源，已经帮助联系了另一家医院，那里刚好有肾源，可以去接受移植手术。

此时的林华宝已经又处于无比虚弱的状态，只能在妻子的搀扶下拖着沉重的腿脚，缓慢艰难地向前挪动。好不容易来到这家医院的肾病科，竟被告知当天就实施手术，而且无需进行任何检查。

这期间查阅了不少相关的医学书籍，余雪敏知道仅配型就需要做各种检查，又不是危急病人抢救，怎么可能入院当天连常规检查都不做就进手术室呢？肾脏移植可不是一般的小手术，竟可以如此草率地进行吗？

对此，夫妻二人都觉得难以理解和接受，一番商议后决定，为了稳妥起见，还是放弃这次机会。

病人只好又回到人民医院，继续接受每周三次的透析治疗，几个月下来身心都疲惫不堪。一方面，看着丈夫日益虚弱单薄的身体，余雪敏既心疼又焦虑；另一方面，女儿们都不在身边，操心受累都得由妻子独自承担，还要频繁在家与医院之间奔波，憔悴无华的面容也让林华宝甚感怜惜与不安。

虽然内心压力很大，可余雪敏在病人面前总是表现得乐观而坚强，不断地鼓励他："别气馁，只要坚持治疗，熬过这一段就会好起来的，不用担心我，你的身体能保持好，我辛苦点没什么……"

SARS（非典型肺炎）在北京流行起来，人民医院成为被隔离的重灾区，在此透析的病人都被分散到各个区医院。林华宝先是在海淀医院透析了两次，之后又被转到大兴的一家医院。如此频繁地更换医院，对一个体弱的透析病人来说，无异于一场灾难。

疫情解除后，他又回到人民医院，接踵而来的是名目繁多的各项检查。余雪敏费力地用轮椅推着他，艰难穿梭于医院的各个楼层，看着曾经生龙活虎的亲人羸弱无力、恹恹不振的样子，心中充满了酸楚与焦虑，既无助又无奈。

即便住在医院里，被病魔折腾得万分辛苦，林华宝还是一如既往地牵挂着工作，关心着他人。同事们来探望时，他谈得最多的不是病痛，不是透析，也不是身不由己的无奈，而是研制工作的推进，是返回式卫星的发展前景，是技术队伍的提高和稳定。

得知林总病情危重，502所的领导前往医院慰问。他关注的话题仍然不是自己，而是该所的研究员陈祖贵："贵儿的院士问题我没能帮上忙，感到很内疚……"

闻听所领导转达的此情此景及此言，在困难与挫折面前从不低头的硬汉子陈祖贵禁不住热泪盈眶：FSW-1返回式卫星上首装机载计算机、FSW-2返回式卫星上进行全姿态捕获技术试验、主动推荐自己申请工程院院士，多次得到林华宝热诚无私的支持和帮助，此刻却无法为他做点什么……

远在异国他乡的两个女儿既牵挂着爸爸危重的病情，又担心着妈妈内心与体力的双重负荷，隔一两天就会打个越洋电话过来，尽可能地多与爸爸聊天，以减轻和分散疾病带给他的肌体痛楚，以及精神不安。

为了安抚病痛中的爸爸，她们向他汇报一个又一个有着“强心剂”作用的好消息：大外孙麦克（樊华）和妹妹樊夏林在圣诞晚会上表演钢琴四手连弹大受欢迎、麦克代表学校参加辩论比赛成绩不俗、小外孙福福也表现出对音乐的浓厚兴趣、林咏的第一篇文章被发表在一个国际著名学术刊物上……

这些消息确实给林华宝带来很大的快慰，不仅笑逐颜开，连说话声音中也洋溢着无比的喜悦与欢欣。亲朋好友、老同学、508 所和院里的领导们及同事们，都时常打来电话给予关心、慰问和鼓励，让他感受到被亲情友情时时环绕着的温暖。

暑假期间，姐妹俩相约两家人同时回国来看望爸爸。突然降临的孩子们大大小小站满了一屋子，让躺在病床上的林华宝喜出望外地一下子坐了起来，含着激动的泪水依次与每一个晚辈深情拥抱，还不忘幽默地夸赞大女婿：“你真是越长越帅呀！”

亲人们轮流陪伴在身边的日子里，沉醉在天伦之乐中的他全然忘却了病痛，不论是亲情的交流，还是学识的探讨，彼此总有说不完的话题。与小女儿夫妇谈论太阳物理，老爸发起的“矢量磁场演化”“螺度与太阳爆发”等话题，令这

2002年夏天，林华宝夫妇与两个女儿在家中

2002年夏天，林华宝夫妇与两个女儿、二女婿、外孙在家中合影

对专业人士丝毫不敢小觑。与外孙麦克和外孙女夏林探讨报考大学和选择专业的关注点，外公的合理化建议让两个年轻人感觉颇受启发。

病房中最快乐的时光，当属麦克陪护的日子。当年林音夫妇忙于学业上的冲刺，托朋友把不到一岁的儿子送回国内，请妈妈代劳照顾。麦克在外公外婆身边生活了一年，给他们增添了丰富的内容和无尽的乐趣。

长大后的每年暑假，他都会与妹妹一起回国来看望他们。林音在上海读书时，暑假曾是家中最开心的日子，光阴荏苒，白驹过隙，已换做她的儿女们接棒，在假期中充当林华宝夫妇的“开心果”，让家中每天欢声笑语不断。

得知这两个孩子都在学钢琴，外公外婆不惜斥“重金”为他们买来钢琴——那架星海牌钢琴很多年中一直是林家最贵重的“宝贝”。兄妹俩弹琴时，林华宝只要在家，总是兴致盎然地依偎在钢琴旁，微笑着用心聆听，有时还会跟着旋律哼唱。

麦克与外公一样喜欢唱歌，也同样拥有一副好歌喉，在医院陪护外公时经常唱英文歌曲给他听。每逢唱到经典的老歌时，就变成外孙深情唱、外公轻声合，祖孙二人幸福温馨的笑容和深情美妙的歌声，温暖着在场每一个人的心，让大家暂时忘却了病魔的狰狞与无情。

1995年，林华宝与大外孙和外孙女在北京家中

1995年，林华宝与家人在北京合影

林咏正在攻读博士，陪床的日子也随身带着书，利用病人休息的时间准备课业。看着曾经那么健壮的爸爸，就这样躺在病床上日渐单薄地虚弱下去，她的心里很不是滋味，许多幸福的往事涌上心头，多想时光能够倒流，爸爸能够重新健康起来，恢复年轻时的风采……

林华宝一觉醒来，发现女儿正目不转睛地盯着自己看，马上替她着急起来："看我干什么，快好好看书！"

知道她要去西班牙参加一个国际会议，爸爸一直督促她快点上路，别耽误了正事。其实在女儿心中，哪儿还有比爸爸更重要的事情啊。

幸福美好的时光总是匆匆流逝，假期即将结束，孩子们依依不舍地与爸爸、外公紧紧相拥告别，谁也没有料到这居然就是最后的诀别。目送孩子们走后，好一会儿林华宝才收回目光，动情地看着妻子说："谢谢你！"

"谢什么？"余雪敏不解地问。

"我对咱们这个家非常非常的满意，孩子们都很懂事，我很知足，也很放心……"

一种不祥的感觉突然掠过心头，余雪敏慌忙将话题转移开。

几天之后的周六，与往常一样，林华宝一大早打来报平安的电话，只是说感觉有点不太舒服。想到一整夜未停歇的雷雨，余雪敏担心低气压对病人不利，匆匆赶去医院，见他有憋气的现象，马上找大夫申请增加一次透析。

医生认为前一天刚透析过，应该不至于有问题，是否需要增加一次要看抽

2000年7月，林华宝夫妇在挪威奥斯陆皇宫前留影

2001年5月，林华宝夫妇在清华大学留影

血化验的结果再决定。下午化验结果出来，护士通知可以下楼去透析了。就在起身的一瞬间，林华宝猝然倒下，就此再也未能起来。

一声声深情的呼唤，却怎奈回天乏术，无情的死神就这样强行将他掳走了。相濡以沫几十年，余雪敏万没想到朝夕与共的亲人竟会如此溘然而逝，却深知他走得有多么不情愿，多么不甘心，他还牵挂着未竟的事业，眷顾着挚爱的亲朋，留恋着多姿多彩的世间。

徐福祥院长、侯深渊秘书长等领导，第一时间赶到医院，安慰悲痛欲绝的家属，并帮助料理后事。很快，讣告发至各有关单位：“我国空间返回技术和卫星总体技术专家、中国返回式卫星的主要开拓者之一、中国工程院院士、国际宇航科学院通讯院士、中国航天科技集团公司第五研究院科技委顾问林华宝同志，因心脏病突发医治无效，于 2003 年 8 月 17 日 16 时在北京逝世，享年 72 岁……”

简直是晴天霹雳，虽然人们都知道林总的肾脏出了问题，但无论如何也想不到这位好领导、好兄长、好伙伴、“好老头儿”，竟会如此猝然地离开他深情眷恋的亲朋好友，离开他倾力打造的返回式卫星团队，离开他无限热爱的航天事业。虽说死亡是任何人都无法抗拒的宿命，但他的离去还是让大家黯然神伤、痛惜不已。

告别仪式在北京八宝山举行，前来吊唁的人很多，除了部、院有关领导外，更多的是与他相识或共事多年的老同学、老同事、老朋友，每一个人都心如刀割、泪流满面，从各自不同的角度追思怀念着难以忘怀的往日情景。

比林华宝整整年长十岁的王希季院士动情地追忆："他的学养深厚而扎实，对工作非常热爱，无论是交给他的任务，或是他自己认为可以做的事情，都是尽心竭力做到最好。从探空火箭起，他就是我的得力助手，工程技术方面解决了很多关键性的问题。每次回收任务不管多么困难如何危险，他总是身先士卒……

"我心里很感谢他，工作中我经常是少数派，但每次都能得到他的全力支持。特别是'文革'中，他是八院支撑局面者之一，我是'美帝'，他是'苏修'，两人待遇差不多，但我受保护，相对要自由些。在那种艰难复杂的情况下，请他做的事情，他都很好地完成了……就是不知道爱惜自己的身体，不顾一切地工作……实在太可惜了！"

《礼记·学记》有云："善歌者使人继其声，善教者使人继其志。"人生有限而事业无涯，林华宝以有涯之生投入航天伟业的无限发展中，鞠躬尽瘁死而后已，幸有战友、同事、弟子秉承遗志，以令人瞩目的佳绩告慰英灵。

他刚刚离开两个月，生前一直牵挂着的神舟五号飞船，就载着中国首位遨游太空的航天员杨利伟平安归来，一举圆了中华民族几千年的飞天梦。不仅如此，这一年中，航天人创造了"五星高照、一船报捷"六战六捷的骄人业绩，为中国航天史册书写下浓墨重彩的辉煌篇章。在庆祝活动上，老战友们高举酒杯动情地说："阿宝，你可以含笑九泉了！"

亲人们为林华宝选择的长眠之地在南京，是毗邻雨花台烈士陵园的功德园。选定这里一是女儿们都与这座六朝古都有着特别的情缘，林音曾在南京林业大学工作，林咏曾在南京航空航天大学读书，她们也都喜欢这里；二是林华宝的妹妹和余雪敏的哥哥都居住此地，独居的妻子也想就此迁来这里与亲人们相伴。

安葬之际，单位领导与员工代表，以及亲朋故友计三十余人，从北京一路护送至此。林咏体贴地将亲手为病中的爸爸录制的那张古典交响乐CD放进墓穴，希望他在天国也能有美妙的乐曲和女儿的孝心相随相伴。

虽然没有落叶归根，故乡莆田也没有淡忘他，市政府第一时间发来唁电，并表示希望林华宝院士魂归故里。

回乡投资的澳门企业家黄春水为了回报社会，不仅做出捐资兴学修路等诸多善举，还斥巨资在凤凰山麓建起了一座依山傍城的公园。他认为院士既是国家的栋梁，亦是地方的荣誉，应该昭示他们的丰功伟绩和高尚品德以垂范后世。为此，黄老先生特意在公园内修筑了一条长620米、宽7米的名人路，沿途为已故的莆田籍院士建碑立坊。率先矗立起来的两座古朴大气的朱红色冲天式碑坊，分别属于同一年先后辞世的科技女杰林兰英和航天精英林华宝。

如今，这两位曾携手共同开创我国利用太空微重力进行科学实验先河的林氏同宗，已经离开我们十多年了。他们的名字与业绩被镌刻在祖国的科学及航天史册上，他们的精神与人品依然存活在许多人的心目中。

尾　声

时光飞驰如电，不知不觉间，林华宝已经仙逝十多年，余雪敏也已年逾八秩，独自一人生活难免会有些不便之处，遂决定实施迁往南京的计划，那里不仅是丈夫的长眠之地，还有不少亲人们在期盼着她的到来。

就要离开生活了半个世纪的北京，搬出充满昔日温馨生活印记的家，远离并肩工作了几十年的老同事们，她的心中自然有颇多的不舍，惜别之外还有一件心事没有了却——如何完成华宝生前想做而没有条件实现的遗愿。

趁女儿们从国外回来帮忙打包搬迁的机会，余雪敏将心中酝酿了许久的计划和盘托出："爸爸生前一直崇尚科技，关心教育，热衷培养年轻人，我想替他捐出一笔钱设立个奖学金，不知道你们是否同意？"

让她备感欣慰的是，姐妹俩一拍即合，都举双手赞同妈妈的想法。母女三人商定捐出100万元，经院里相关部门研究批准，在神舟学院设立"林华宝院士研究生教育奖学金"。

该奖学金旨在促进本院高层次创新人才的培养，为年轻人营造勇于创新、善于创新、乐于创新的科研学术氛围，奖励对象为学习成绩优异，以及在空间飞行器研制方面具有创新研究成果的自培研究生。

2017年7月27日，"林华宝院士研究生教育奖学金"捐赠仪式在中国空间技术研究院中礼堂举行。张洪太院长和院办、人力资源部、财务部相关领导，以及神舟学院的80余名研究生代表参加了此次活动。

张院长代表研究院全体，对余雪敏母女捐巨资设立奖学金表达了诚挚的谢意。他认为此举给在读研究生们带来的，绝不仅是物质上的帮助，还有更重要的精神上的鼓舞，从而激励这些航天事业的新生力量，更好地继承前辈赤诚报

国的热情、发愤图强的精神、严谨科学的学风、勇攀高峰的胆识，努力为祖国航天事业的发展作出应有的贡献。

林华宝院士在天之灵若有知，一定会为妻女如此慷慨的善举而感到欣慰与自豪！

附录一　西昌感怀——怀念亲爱的二舅林华宝

杜伊林

到西昌自驾游，最希望参观的地方就是西昌卫星发射中心。因为这里的一切，都让我联想起亲爱的二舅——为祖国航天事业奋斗了一生的航天专家林华宝院士。在发射中心出售旅游纪念品处，我选购了一个小小的卫星模型，拿在手中时，情不自禁地泪流满面，以致引来人们诧异的目光。

很小的时候，我就从妈妈口中得知，二舅林华宝从小就是个绝顶聪明的人。抗战时期，他跟随家人从上海逃难到重庆，在这座山城完成了小学到中学的学业，高中时就读于著名的南开中学。妈妈是二舅的姐姐，每次提到这个弟弟，赞美和骄傲之情总是溢于言表。据说他每到期末总是考第一名，姐姐也总是以请吃冰淇淋为犒劳。

新中国成立前夕，尚未解放的重庆时局动荡，通往外阜的交通基本中断，本欲投考清华大学的二舅，只好就近报考了重庆大学。在该校就读期间，形势发生了巨变，不甘心的他再次参加高考，目标直指清华大学，收到录取通知书后，不惜放弃已修了一年的学业，直奔向往已久的清华园。

不过学业优秀的二舅在清华也没长驻，刚读到二年级就被选派去苏联留学，学成归国后即成为中国航天事业的拓荒者之一，并为发展我国返回式卫星作出了卓越的贡献。长期以来，他工作紧张辛苦，压力大，最后因肾功能衰竭而过早地离开了我们，真正做到了鞠躬尽瘁、死而后已。

二舅一直很疼爱我，小时候我喜欢集邮，他送给我很多苏联的邮票。他喜欢音乐，特别是古典音乐，有了好听的乐曲就会复制或翻录寄给我妈妈，让亲人们共同分享。不管是出差还是路过，一有机会，他就会到重庆看望我们。

二舅为人谦和低调，和蔼可亲，对曾经培养了自己的母校怀有很深的感情，曾两次到重庆参加南开中学的同学会，还应邀给小校友们作报告，勉励他们好好学习，将来攀登科技高峰。虽然只在重庆大学很短时间，他也视之为母校，应邀参加校友活动。

以往我到北京出差或开会，总要去看望二舅。这次到西昌来旅游，也是出于对二舅的怀念，希望能亲眼见识到航天人为祖国努力工作无私奉献的地方。

亲爱的二舅，安息吧！您永远活在我们的心中！

附录二　怀念姑父林华宝

余笛　江沛霖

2003年8月17日是周末，下午我们正开车过南京长江大桥在回家的路上，手机铃声响了，是父亲沉重焦急的声音：“大姑姑刚刚来电话，大姑父去世了，希望你们能尽快赶到，帮忙料理后事。”

父亲余邱敏在兄妹六人中排行老三，被大姑姑称为“三哥”。余家家教甚好，兄弟姐妹相濡以沫、感情笃深。作为晚辈的我们亦自幼受教，敬为楷模。

20世纪80年代，我们旅行结婚去北京，乘了近两小时的公交车去拜望姑姑、姑父。那时他们住在位于京城南郊的一栋宿舍楼里，房子不大，稍显拥挤。姑父工作的地方就在卧室中，一张蛮大的写字台，堆放着一摞摞的纸张，上面密密麻麻都是我们看不懂意思的数字和符号。

在姑姑家住的几天里，只有在吃饭的时候，我们才能和姑父近距离接触，其余时间内，他都伏案埋首于那一摞摞的纸张中。虽然很好奇他做的是什么工作，但他们不说，我们也不便询问，这份神秘一直延续了很多年。

常有机会去北京，只要有可能，我们必定去看望姑姑、姑父，随着社会环境的日渐宽松，才知道他们夫妇从事的竟是一项如此不平凡的事业。

大姑父去世，虽是突来噩耗，但事先多少也有些心理准备。此前数月我们去北京，曾专程到人民医院探望了大姑父。他罹患肾衰竭，已经是第二次住进这家医院了。那次见他，明显面容憔悴，苍老了许多，看上去竟如九旬耄耋。

即使这样，姑父见我们到来，还是强撑着坐起来，感谢我们远道探视，还告诉我们说:“你姑姑为照顾我很辛苦，每天要做饭、送饭，挤公交车……”

我们当时心里一阵酸楚，又看到他当时住的是一间在走廊最西端两墙之间砌出来的不到5平方米的单人间，就对他建议，这家医院虽然是卫生部属下的三级甲等医院，是不是考虑换个条件更好点的医院，比如301医院等。

他却摇着头否决了我们的建议，认为这里条件已经很好了，况且离家很近，离单位也不远，并说:“你看，我这是单人间啊，病房这么紧张，还有那么多重病人睡在过道里，我已经很感谢组织了！”

我们苦笑着说不出话来，姑父显然已经忘记了，前不久他自己就是这医院里的过道睡客。

那是最后一次见到大姑父。回到南京后，向父母亲诉说了他的情况，他们一致主张让他到南京来，去军区总医院找著名肾病专家黎磊石救治，并联系到了黎教授。黎教授得知是林华宝院士，立即作了相应的安排。但是，姑父一怕麻烦亲戚，二不愿意在医疗费报销上给组织添乱，婉言谢绝了。

我们当晚赶到大姑姑家，与大家一起连夜布置灵堂，守夜到天明。次日一早，大姑父单位的领导和同事陆续前来吊唁，他们当中好些名字如雷贯耳，都是我国航天事业的精英和泰斗。后来在神舟系列飞船成功发射的新闻报道中，我们多次看到他们的名字。也是到那时，我们才深深体会到大家吊唁时溢于言表的惋惜之情。大姑父享年仅七十二，在科学家的行列中堪算英年早逝。作为团队中的一员，他本应该和同事们一起为“神舟”作更多的贡献。

大姑父一生唯两件事为大：一是工作，这是被他视为历史使命的事业；二就是家庭，除了工作以外的时间，他的心都在妻子女儿身上，特别是对两个女儿，堪称慈父，疼爱有加，但又要求严格，希望她们能成为有用之人。

及至有了第三代，我们又体会到一个在工作中极其认真严肃的老人含饴弄孙、和蔼可亲的另一面。有一年我们带着女儿去北京过暑假，正好大姑父的外孙女也在。两个女孩儿当时都在学钢琴，于是就来了个“四手联弹”。

大姑父微笑着坐在沙发上，听得很开心，手指还在扶手上敲着节奏。我们这才知道，原来他有着很好的音乐素养——在孩子们不怎么合拍的伴奏下，用优美的嗓音深情演唱了一首俄罗斯歌曲。

大姑姑告诉我们，由于受家庭影响，他从小就酷爱古典音乐，留学苏联时接触到更多的交响乐、芭蕾舞和俄罗斯歌曲，回国多年后，依旧有很多动听的歌曲可以用俄文唱出来。

大姑父落葬时，林咏将一张名为“爸爸挚爱的古典音乐”的CD放入墓穴中，里面收录了他最爱听的十多首古典名曲。这还是他第一次住进医院时，她为之精心录制的，一直陪伴着他跟病魔做斗争，直到生命的终点。

大姑父那一代从事“两弹一星”事业的科学家们，工作条件之艰苦是我们所无法想象的，生活条件的改善也是20世纪90年代以后才开始的。正是因为他们经历了共和国最最困难的历史时期，对于荣辱、生死都看得很淡，对于日常生活起居，都很随意，毫不讲究。

每次在大姑家吃饭，无论味道怎样，他都夸赞手艺不错。大姑姑后来回忆这些生活琐事的时候说：“其实我真的不会做菜，那么多年，我们就是这样凑合着对付过来了。”

大姑父的身教言传的影响，使得女儿们及再下一代，都养成了好的作风：对工作要求极高，对生活要求很低。长外孙和外公相处时间较多，耳濡目染，传承家风，自小用功读书，考上哥伦比亚大学法学院，考取律师执照后进入美国法律界从业，对饭菜从无过多要求，一份西红柿炒鸡蛋足矣。

大姑父辞世后，家人们除了无尽的哀思，重要的议题就是选择何处为亲人的安息之地。祖籍莆田市政府第一时间发来唁电，同时表示希望林华宝院士魂归故里。北京的八宝山革命公墓、万安公墓也在可选的目标内。

综合考虑诸多方面的因素，最后确认了南京雨花台畔功德园内一处比较特别的地方——位于望江矶之顶的“红星园”。拾级而上，苍松凝翠，鲜花映日。落葬那天，从北京专程赶来的单位领导和同事们，以及亲朋好友三十余人，以简朴而隆重的仪式送他入土为安。

附录三　怀念亲爱的外公

樊华（Michael）　樊夏林（Charlene）

亲爱的外公离开我们已经12年了，回想小时候暑假回北京和他一起度过的时光，就像是用破碎的望远镜试图望穿记忆的迷雾。然而，渐渐那些散碎在心中的往事，一件件又清晰地浮上了心头。

有一天，外公上班前，故意拒绝了我和妹妹想买一盒鸡翅的请求，让我们好一阵子不开心。没想到下班回到家，他居然拿出来满满的一盒鸡翅。喜出望外的我们不禁兴奋得跳起来，紧紧地和他拥抱在一起。

记得有很多次，妹妹因为这样那样的原因，走到正在伏案工作的外公身旁，撒娇赌气地跺着脚，双手交夹在胸前，大声宣称："我又不高兴了！"

每次面对这种状况，外公总是摘下老花镜，微笑着充满慈爱地看着她，认真地聆听，耐心地劝慰，直到那张可爱而又任性的小脸上重又绽放出笑容。

外公工作很忙，偶有闲暇时也曾带我们去公园游览，给我们讲故事，教我们捉蜻蜓。最难忘的一次，他为满足我们兄妹的要求，带着我们去吃披萨，吃饱喝足之后，才发现居然带的钱不够。

吃完晚饭后，外公的习惯是一边看电视新闻，一边自己玩一种需要动脑筋计算的扑克牌游戏，而我和妹妹总是尽可能地在家里四处乱跑，争先恐后地想吸引外公的注意，好让他和我们一起玩儿。

儿时与外公相伴的时光，在记忆中慢慢淡去，可他对我们浓浓的疼爱和关心，已经凝聚成永驻心中的幸福和安全感。

还记得很小的时候，因为一点小事，我和外婆吵了起来，从大喊大叫到赌气不和她讲话。晚上外公下班回来，马上就觉察出家里的气氛不对头，看看一脸不悦的外婆，再看看赌着气不讲话的我，微笑着轻轻摇了摇头。

其实他完全可以无视我这种孩子气的执拗，这种小小的争执通常过一会儿自然也就缓和了，或者可以训斥我，因为晚辈对长辈发脾气是不礼貌的。但外公却没有这样做，而是先将外婆安抚得脸色“阴转晴”，然后才与我聊起来。

没有一句批评和斥责，外公先了解我不高兴的原因，然后解释了外婆之所以这样做的理由。随着他的娓娓而谈，只觉得一股暖流在心中激荡，让我意识到自己是多么幼稚和不懂事，没能正确理解外婆的良苦用心。

外公的一席话，不仅使我与外婆和好如初，而且让我意识到两位老人都深爱着我们，只是成天陪伴着固执任性的大外孙，调皮叛逆的外孙女，外婆在施教的时候难免会多一丝严厉，而外公的温厚与宽容，则恰好起到调和作用。

妹妹很小的时候，我们和外婆一起去菜市场买回几个大西瓜。一路上她反复叮嘱要小心地拿着西瓜，走到家门口时，顽皮的妹妹却开玩笑似地直接把瓜扔在了地上。西瓜被摔得四分五裂，面对一地狼藉，妹妹也傻眼了。开门出来的外公见状，马上动手收拾残局，还不忘安慰一脸惊慌的妹妹，和蔼地说：“没有关系的，没有关系……”

在我们心目中，宽厚仁爱慈祥的外公有着不可替代的地位。在我们成长的过程中，无论烦恼看上去多么微不足道，不管他的工作怎样紧张忙碌，总能忙中偷闲地挤出时间来，认真耐心地聆听，细致周详地分析，毫不敷衍地帮助我们解决问题。

2003 年的暑假，我和妹妹又回到北京看望外公和外婆。这是外公生命中最后的几个月，外婆消瘦了很多，平日都是她独自照顾病人。为了能让她稍事休息，妹妹每天中午都去医院送饭，我则常在医院里陪外公聊天。我们无所不谈，

1999年，林华宝夫人余雪敏与大外孙麦克、外孙女夏林在家中为林华宝庆祝生日

分享我中学点点滴滴的趣事，以及我的远大理想。

每天我会唱外公喜欢的歌给他听，妹妹则给他捶背。记得有一次，妹妹本想把有很大鱼腥味的菜倒掉，却不小心把整份病号餐都倒入了厕所，外公被逗得开怀大笑。许多美好愉快的回忆，让我们怀念至今。

那时我们都没有意识到，这是与最亲爱的外公一起相处的最后时光。直到许久以后，甚至现在，我们忆起当时的情景，还会反思应该怎样做才能让他身体更舒适些，应该花更多的时间陪伴他，留下更多温馨美好的回忆。

外公喜欢唱歌，最钟爱的歌曲之一是电影《音乐之声》的主题曲《雪绒花》。电影里孩子们围坐在父亲身边，听他弹着吉他深情地唱着这首优美而舒缓的歌曲。 他们目不转睛地望着父亲，灿烂的脸上写满了对他的爱与崇拜。父亲是他们宇宙的中心，而他那优美浑厚的声音，则是他们安全感的源泉。

外公于我们也是同等的重要——他是我们的精神支柱。只要外公在，没有问题会难倒我们，没有分歧会无法解决。如今，我们都已长大成人，在人生的浩瀚海洋中，无论经历怎样的风暴，心中总是有外公那座明亮的灯塔，指引着回家的方向。我们知道，外公一定在天上，和小时候一样微笑地看着我们，您对我们的爱，不曾离开，也永远不会离开。

2015年9月

In loving memory of our Grandfather

When we try to recall the time we spent with our grandfather as youth, it oftentimes feels as if we are piercing the fog of our memories with a broken spyglass. Little by little, fragments of scenes will slowly float to the surface of my mind. One day where we begged our grandfather to buy him chicken wings, a plea initially rejected only to find Michael joyfully hugging him, when he came home for dinner with a surprise box full of chicken wings. Many times that Charlene angrily stomped to our grandfather, childishly pouting with arms petulantly crossed, stating that "[she was] not happy again" after who-knows-what disagreement with a family member. Another time where we visited one of the many parks in Beijing, as our grandfather attempted to teach us how to capture dragonflies. And of course, our grandfather's habitual routine of watching the news everyday after dinner while playing solitaire, as we ran around the apartment seeking to distract him to the best of our abilities.

The memories of our grandfather are relatively few and largely fleeting. Instead, what has never left our minds is his overarching presence, a presence of comfort and security. We remember one time as a child, Michael got into a huge argument with our grandmother. The issue in contention we've already long forgotten. Maybe it had something to do with refusing to eat his vegetables. Or perhaps he wanted to watch television before finishing his homework. In any case, the argument quickly escalated into a screaming match, the ceasing of which only represented the commencement of a cold war. Michael and grandmother refused to speak with each other for the rest of the day, and that was the state our grandfather found them in after coming home after a long day at work. At that point, he could have just ignored Michael's childish tantrum and assumed the cold war with our grandmother would go away after a few days. Or, he could have yelled at Michael to stop being disrespectful and that what our grandmother said would be the law, pure and simple. Of course he did neither. After soothing our grandmother's anger, he then turned his attention to Michael, and they talked. For hours. They talked about why Michael was upset, what our grandmother did, why Michael's feelings were hurt, and why she acted the way she did. There was no blame, just an attempt to help Michael understand himself as well as our grandmother a little bit better. The warmth and compassion in his voice dissolved Michael's frustration, and the logic behind his words helped Michael realize how foolish he was being. By the next day our grandmother and Michael were back to normal, their relationship repaired through his efforts.

As the gentle and calm force within an often headstrong and stubborn family, our grandfather frequently served the role as peacemaker and mediator. There was one day when our grandmother bought a few watermelons from the local market and asked us all to help carry them inside, reminding us to be careful. Charlene, in her typical childish rebellion, purposefully dropped her watermelon on the ground. Not thinking beforehand of the consequences, but instantly regretted her actions and terrified of the repercussions even as the watermelon broke all over the floor. Our grandfather could have berated Charlene and punished her for her misbehavior, which certainly would have been completely warranted. He instead immediately helped her clean up the mess, told her these things happen and to not be scared, that he would help smooth things over with our grandmother. Whether he saw the panic in her face and decided the lesson was already had, or whether that was just his nature to protect his grandchildren and help keep the peace during silly family disagreements, our grandfather's simple actions in the face of conflict left more of an impact on his grandchildren's lives than any amount of scolding could have made.

These are but a few examples of the effect our grandfather had on us. Our grandfather was a hero to us, a figure larger than life. To us, he was more than just a scientist working on projects we could never begin to comprehend. He was an imperturbable rock, someone we could grasp onto when we felt like our childish problems were sweeping us away. Someone we could always run to with our gripes and trivial problems, and he would always be there with open arms and ears no matter how busy he must have been.

During the last few months of his life, Charlene was able to spend some time in China and they developed a routine where Charlene brought him lunch at the hospital every day. Even then, only snippets of memories come up, yet they remain to this day. Happy ones when they talked about anything and everything while she rubbed his back. Funny ones like when he asked her to dump out some food he didn't have a taste for and Charlene instead accidentally dropped his entire lunch container in the toilet. And unexplainable ones when the family would watch him get wheeled into periodic dialysis treatments. During that time, it never truly hit home that these would be the last few memories we could make with someone so important to all of us. It really wasn't until later on and even now, when looking back you cherish the few moments you remember and wonder whether you could have done more during those last few months to make him more comfortable, spend more time with him, and share more stories.

Our grandfather's favorite song was Edelweiss, the famed song from the Sound of Music. One of the iconic scenes from that movie involves Captain von Trapp singing Edelweiss to his children as they sit around him in a circle, listening attentively. A gravitating figure, you can tell from the captivated faces of the children that Captain von Trapp is the center of their universe, a reassuring presence with a soothing voice that engenders a sense of security. Our grandfather was very much the same. He was the central pillar of our family and for the rest of us, so long as he was there, it felt as if there was no problem too difficult to handle, no disagreement too difficult to resolve. Regardless of any turmoil we experienced in the sea of life, he was always the guiding beacon that would bring us back home. That will always be the way we remember our grandfather. You are forever in our hearts.

Your grandson, Michael and your granddaughter, Charlene

Sep.2015

林华宝大事年表

1931 年
5 月 29 日，出生于上海。

1946 年　15 岁
博学中学初中毕业。

1949 年　18 岁
重庆南开中学高中毕业；重庆大学工学院学习。

1950 年　19 岁
清华大学工学院土木系水利专业学习。

1952 年　21 岁
苏联列宁格勒建筑工程学院工业和民用建筑结构专业学习。

1956 年　25 岁
毕业获得苏联国家考试委员会授予的工程师资格。

中国科学院力学研究所任研究实习员。

1958 年　27 岁
上海机电设计院，先后任结构动力学小组长、结构试验大组长、结构研究室副主任。

1960 年　29 岁
与余雪敏结婚。

1962 年　31 岁
应邀到上海科技大学力学系讲授火箭结构力学。

1965年 34岁

随上海机电设计院由上海迁至北京，改为七机部八院，任结构研究室副主任。

1970年 39岁

历任508所回收技术研究室副主任、回收系统主任设计师、副总工程师。

1980年 49岁

五院第一届科学技术委员会委员。

参加我国首次在南太平洋海域洲际导弹全程飞行试验。

晋升为高级工程师。

任508所副所长。

担任中国宇航学会第一届返回与再入专业委员会常务副主任委员。

1981年 50岁

七机部第一届科学技术委员会委员。

508所第一届科学技术委员会副主任。

1982年 51岁

中国宇航学会《宇航学报》第一届编辑委员会委员。

10月20日加入中国共产党。

1983年 52岁

航天部五院学位委员会委员。

首次出席在美国召开的第54届冲击和振动研讨会。

1984年 53岁

荣立航天工业部一等功。

1985年 54岁

中国宇航学会第二届理事会理事。

获国家科学技术进步奖特等奖。

在京接待巴基斯坦航天技术代表团。

1987 年　56 岁

晋升为研究员。

参加由国家科委组织的中国空间技术代表团赴联邦德国考察，并在波恩科学技术中心作报告，报告被联邦德国因茨市《Augemeine Zeitung》全文刊载（1987.1.21）。

1988 年　57 岁

任五院科技委常委，返回式卫星代总师、总师。

出席在联邦德国举行的庆祝中西德科学技术研究工作 10 周年活动。

1990 年　59 岁

获国家科学技术进步奖特等奖。

1992 年　61 岁

出席在俄罗斯萨马拉市举办的第二届中俄空间科学技术研讨会。

1993 年　62 岁

获准为博士生导师。

1994 年　63 岁

被聘为北航和西工大兼职教授。

出席在巴西圣何塞召开的国际航天器地面控制和飞行力学研讨会。

1995 年　64 岁

出席在挪威召开的第 46 届国际宇航大会并作报告。

1996 年　65 岁

当选为国际宇航科学院通讯院士。

获国家科学技术进步奖一等奖。

1997年　66岁

当选为中国工程院院士。

出席在意大利都灵召开的第48届国际宇航大会。

被任命为中国空间技术研究院返回式卫星系列首席专家。

1998年　67岁

出席在奥地利格拉茨召开的联合国发展中国家利用空间技术经济效益研讨会。

2000年　69岁

任中国航天科技集团公司科技委顾问。

2003年　72岁

8月17日于北京逝世，享年72岁。

林华宝获奖情况

国家级奖：

1. T7A-S1 生物火箭，被列为 1978 年全国科学大会表彰项目，为箭头总体与全箭结构系统负责人。

2. FSW-0 返回式卫星及东方红一号卫星，获国家科学技术进步奖特等奖，证书号：85-KG7-002-6，为第六获奖人。

3. FSW-1 返回式卫星，获国家科学技术进步奖特等奖，证书号：90-KG7-01-07，为第七获奖人。

4. FSW-2 返回式卫星，获国家科学技术进步奖一等奖，证书号：96-KGJ07-1-05-01，为第一获奖人。

5. 获人事部颁发中青年有突出贡献专家证书，编号：329（90）077。

6. 1991 年 7 月起享受国务院政府特殊津贴。

部委级奖：

1. FSW-0 返回式卫星回收系统，获 1978—1979 年国防科委重大科研成果一等奖，证书号：790013，为第一获奖人。

2. 在发展航天事业中贡献突出，1984 年 10 月荣立航天工业部一等功。

3. 东风三号导弹增程数据舱回收系统，获 1985 年航天工业部科技进步奖二等奖，证书号：85B2250，为第一获奖人。

4. 东风三号导弹小型化海态数据舱回收系统，获 1985 年航天工业部科技进步奖二等奖，证书号：85B2249，为第一获奖人。

5. 大面积环帆伞研制，1985 年获航天工业部科技进步奖三等奖，证书号：

85B3558，为第一获奖人。

6. FSW-1 返回式卫星，1989 年获航空航天工业部科技进步奖一等奖，证书号：89B1027，为第三获奖人。

7. FSW-1 返回式卫星回收系统，1989 年获航空航天工业部科技进步奖三等奖，证书号：89B3258，为第一获奖人。

8. FSW-2 返回式卫星，1993 年获航空航天工业部科技进步奖一等奖，证书号：93B1035，为第一获奖人。

9. 1991 年获航空航天工业部颁发从事航天事业 30 年荣誉证书。

10. 因在完成 1992 年度任务中贡献突出，航空航天工业部特授予航天一等奖。

11. 荣获 1998 年中国航天基金奖。

院级奖：

1. 1959 年下半年至 1961 年年底，被评为上海机电设计院先进工作者。

2. 1977 年被评为北京市科学技术先进工作者。

3. 1989 年在完成 FSW-1 返回式卫星任务中，荣立一等功。

4. 1995 年在完成 FSW-2 返回式卫星任务中作出重要贡献，荣立二等功。

5. 1997 年在完成 FSW-2 返回式卫星第三颗星任务中作出突出贡献，荣立一等功。

6. 1998 年被评为五院学位与研究生教育工作优秀导师。

7. 2001 年因“九五”期间在航天标准化工作中事迹突出，成绩显著，被授予五院标准化先进个人。

林华宝主要论著

[1] 林华宝．火箭结构力学讲义．上海科技大学，上册 1962，下册 1963.

[2] 林华宝．加筋圆柱形壳体在塑性区域的稳定性．上海力学学会学术讨论会，1964.

[3] 林华宝，冯纪生．T-7A(S1) 生物箭头研制总结，1964.

[4] 林华宝．T-7A(Y6) 结构系统说明书，1969.

[5] 林华宝．T-7A(Y6) 照相舱现场操作规程，1969.

[6] 林华宝．“联盟号”飞船．航空知识，1975.

[7] 林华宝．人造卫星是怎样返回地面的．科学实验，1976.

[8] 林华宝．卫星和飞船的返回．航空知识，1976.

[9] 德威斯 JH. 气动力减速器原理及设计．回返技术翻译组，译．北京：国防工业出版社，1976.

[10] 林华宝，林仙友．降落伞在火箭和空间技术上的应用 // 降落伞技术导论编写组．降落伞技术导论．北京：国防工业出版社，1977.

[11] 林华宝．载人航天飞行的安全和救生．航空知识，1977.

[12] 林华宝．水星探险记．天文爱好者，1979.

[13] 林华宝．“天空实验室”空间站上的天文观测，1980.

[14] 林华宝．“水手号”星际探测器．航空知识，1980.

[15] 林华宝，张志敏．平面圆伞两级开伞过程分析．中国空间科学技术，1981.

[16] 林华宝．返回式空间飞行器的分类．国外导弹与宇航，1981.

[17] 林华宝．探索彗星的秘密．航空知识，1981.

[18] 林华宝，李颐黎．飞行器是怎样返回地面．百科知识，1981.

[19] 林华宝，黄元美．物伞系统稳定性的初步探讨．三机部“航空救生、空降技术讨论会”，1982.

[20] 林华宝．探测哈雷彗星．航空知识，1983.

[21] 林华宝．美国第54届冲击与振动年会技术介绍．出国考察技术报告，1984.

[22] 林华宝．复合材料在飞行器结构上的应用．复合材料应用技术交流会文集．航天工业部华北技术交流站，1985.

[23] 林华宝．航天器返回技术//中国大百科全书总编辑委员会《航空航天》编辑委员会．中国大百科全书·航空航天．北京：中国大百科全书出版社，1985.

[24] 林华宝．空间飞行器的返回//钱骥．空间技术基础．北京：科学出版社，1986.

[25] 林华宝．返回式遥感卫星//《当代中国的航天事业》编辑委员会．当代中国的航天事业[M]. 北京：中国社会科学出版社，1986.

[26] 林华宝，张贡年.FSW-0降落伞系统的研制．航天工业部科技报告，1986.

[27] 林华宝．载人航天的救生问题．空间站系列文集第4集，1987.

[28] 林华宝．联邦德国空间技术研究现状．出国考察技术报告，1988.

[29] 林华宝．美国研制航天飞机的教训．世界导弹与航天，1988.

[30] 林华宝．弹道式航天器的发展和展望．空间站文集第12集，1988.

[31] 林华宝．苏联载人飞船技术的发展，空间站文集第17集，1989.

[32] 林华宝．弹道式航天器在西欧的发展概况．世界导弹与航天，1989.

[33] 林华宝．发展我国载人航天技术的意义和条件．航天技术与国民经济建设研讨会文集，1990.

[34] 闵桂荣，林华宝．中国的返回式卫星．中国空间科学技术，1990.

[35] 林华宝，范剑锋，张照炎．载人航天的需求分析．航天情报研究报告，1991.

[36] 林华宝．回收技术的现状和发展．出国考察技术报告，1992.

[37] 林华宝．中国的国土普查卫星（俄文）．第二届中俄宇空间科学术研讨会，1992.

[38] 林华宝．空间系绳技术的发展及应用．空间技术情报研究，1993.

[39] 闵桂荣，林华宝．FSW-1 卫星技术总结．航天科技报告，1993.

[40] 林华宝．返回式卫星近十年来的发展．空间技术情报研究，1994.

[41] 林华宝．着陆缓冲技术的发展与现状．空间技术情报研究，1995.

[42] 王希季，林华宝．中国返回式卫星的搭载服务．航天科技报告，1995.

[43] 王希季，林华宝，苏连凤．中国返回式卫星的搭载任务——空间材料科学试验．中国空间科学技术，1995.

[44] 王希季，林华宝，苏连凤．中国返回式卫星的搭载任务——空间生物科学试验．中国空间科学技术，1995.

[45] 林华宝．FSW-2 卫星技术总结 // FSW-2 卫星科技报告汇编，1997.

[46] 林华宝．探索“快好省”之道——研制 FSW-2 卫星的几点体会．返回式卫星研制工作经验总结，1997.

[47] 林华宝．FSW-2 卫星的安全性保证．返回式卫星研制工作经验总结，1997.

[48] 林华宝．我国第一个卫星降落伞系统的诞生．返回式卫星研制工作经验总结，1997.

[49] 林华宝．中国新型返回式卫星．国际太空，1997.

[50] 林华宝．科普返回式卫星．国际太空，1998.

[51] 林华宝．中国返回式卫星的发展．中国工程院第四次院士大会《机械与运载工程学部新当选院士发言汇编》，1998.

[52] 林华宝．中国返回式卫星的发展//宋健.1998中国科学技术前沿·中国工程院版．北京：高等教育出版社，1999.

[53] 林华宝.28个月拿出新型返回式卫星//《中国航天腾飞之路》编委会．中国航天腾飞之路．北京：中国文史出版社，1999.

[54] 林华宝．返回式卫星．北京：清华大学出版社；广州：暨南大学出版社，2001.

后 记

心力交瘁地与病魔抗争了数年，仍未能挽留住亲人的生命，意态索然的我不甘心被命运击垮，强忍住内心的哀恸，全力以赴地投入了为航天界院士写传的工作中。完成了《童铠院士传记》的初稿后，未及喘息，又马不停蹄地开始了《林华宝院士传记》的访谈与写作。

受前辈们不同凡响的事迹、纯净高尚的人格、克己奉公的精神感染和滋养，让我在完成写作任务的同时，也得以平顺渡过了这段惨淡的人生逆旅。

撰写本书的过程中，得到了薛继忠、李颐黎、陈祖贵、包锦忠、许汉成、唐伯昶、徐仲珊、盛磊、贺卫亮等先生和冯幼芳、张秋梅女士的热情帮助，在此一并致以真诚的谢意。

还要特别感谢余雪敏阿姨及林音、林咏两姐妹，她们不仅对书稿的完成付出了心血，也给予我个人很多的温暖与支持。

还要感谢为本书付出辛勤劳动的张铁钧副社长和刘凯编辑。

受学识及水平的局限，难免挂一漏万，甚至出现谬误，恳请读者朋友批评指正。

朱 晴

2017 年 7 月